Couvertures supérieure et inférieure manquantes.

ANNALES DU MUSÉE GUIMET

Bibliothèque de vulgarisation

LES

MOINES ÉGYPTIENS

BAUGÉ (MAINE-ET-LOIRE), IMPRIMERIE DALOUX.

LES
MOINES ÉGYPTIENS

PAR

E. AMÉLINEAU

VIE DE SCHNOUDI

PARIS
ERNEST LEROUX, ÉDITEUR
RUE BONAPARTE, 28

1889

Portrait de Schnoudi

PRÉFACE

Ce livre est le résultat de l'étude faite sur les monuments que j'ai livrés au public savant, dans le recueil des *Mémoires publiés par les membres de la Mission archéologique française au Caire*. Comme ce recueil est avant tout un recueil scientifique, la manière dont il est composé ne comportait pas l'insertion d'une œuvre que j'ai cherché à rendre littéraire autant qu'il m'était possible, sans sacrifier cependant aucun des droits de la science qui ne sont autres que ceux de la vérité. J'ai simplement voulu rendre mon livre accessible à un plus grand nombre de lecteurs en le dépouillant, autant que faire je pouvais, de tout l'appareil scientifique qui, à tort ou à raison, effraie ce qu'on est convenu d'appeler le grand public ou les gens du monde. Ce grand public, ces gens du monde méritent bien toutefois que l'on s'occupe un peu de satisfaire leurs goûts et qu'on leur présente une œuvre historique dans la forme qui leur plait, car autant que les autres ils ont droit à être instruits. A quoi servent les résultats péniblement obtenus par les chercheurs dans toutes les œuvres de l'esprit, si l'on ne prend pas soin de les faire connaître, de les faire passer au nombre des vérités courantes et reçues ? Si les grands inventeurs de notre siècle s'étaient contentés de consigner les résultats obtenus par leur génie dans des ouvrages tout hérissés de formules algébriques ou de chiffres, les changements merveilleux opérés dans notre civilisation depuis le commencement de ce siècle n'auraient pas eu lieu. Sans doute la possession de la vérité procure déjà un plaisir intime, plus doux et plus délicat que ne peut le croire la foule : l'apparition claire et lumineuse de la vérité au bout de recherches souvent pratiquées dans une obscurité plus ou moins profonde emplit l'âme d'une joie ineffable, véritable ivresse du commerce secret qui a lieu entre l'esprit et la vérité. C'est là la plus solide récompense du travailleur : s'il lui était permis d'être égoïste, il lui serait en même temps permis de s'en tenir là. Mais avec la possession de la vérité commencent pour lui de nouveaux devoirs auxquels il doit se consacrer. Chacun dans la société humaine est tenu de fournir son contingent à l'avancement, au progrès de la civilisation et de la science : tous n'ont pas le même rôle, la même gloire ; les astres au firmament n'ont pas tous la même clarté, mais tous envoient leur lumière quelle qu'elle soit. Pour le voyageur qui marche dans une nuit obscure, la plus faible lueur est toujours la bienvenue. C'est ainsi que je comprends le rôle du travailleur qui forge ses idées, comme d'autres le fer et l'acier. C'est pourquoi après avoir amassé, traduit, commenté et édité les matériaux que j'ai livrés au public restreint de la science, tout en attendant le verdict que porteront sur mon travail les juges compétents dont les critiques elles-mêmes seront un honneur pour moi, j'ai cru que je ne devais pas laisser à d'autres le soin de faire connaître les résultats qui se dégagent des monuments publiés.

Je ne me fais pas l'illusion de croire que mon œuvre a une grande importance : ce n'est qu'une minime contribution à l'histoire d'une époque troublée et d'un pays marchant rapidement à la ruine et à la désolation. Le héros de mon récit n'est pas l'un de ces personnages qui ont attiré sur eux l'attention de l'histoire par l'éclat de leurs crimes plus que par l'excellence de leurs services envers l'humanité ; ce n'est ni un roi, ni un grand capitaine, ni un législateur, ni un artiste, ce n'est qu'un pauvre moine ayant passé sa vie presque tout entière dans un petit coin de l'Egypte et n'ayant fait de bruit que dans son petit pays. Si le récit de sa vie ne devait servir qu'à le faire connaître personnellement, il serait inutile de l'entreprendre : le monde a sans doute vu et verra encore beaucoup de personnages semblables dont le nom restera toujours inconnu. Mais par un heureux concours de circonstances, à l'histoire de ce moine se rattache l'histoire du développement du Christianisme en Egypte, et l'étude de sa vie fait mieux comprendre le phénomène étonnant qui se produisit à cette époque. D'un autre côté ce moine fut animé de passions extraordinaires dont on peut faire une analyse aussi minutieuse qu'exacte, et par là sa vie appartient aux recherches du philosophe. Si de ce livre il peut sortir des idées générales qui, je ne dirai pas changent, mais éclairent un peu plus vivement les obscurités de l'histoire à cette époque, je me tiendrai pour amplement récompensé de l'avoir écrit. C'est dans cette espérance que je le publie. On connaît bien les faits et gestes des grands acteurs du drame religieux et chrétien de cette époque : on pourra peut-être rectifier certains contours, mais les grandes lignes de l'histoire des Athanase, des Cyrille, des Dioscore sont tracées de telle manière qu'elles défient toute rectification. On ne peut guère non plus espérer jeter quelque lumière nouvelle dans le chaos des disputes théologiques qui ont perdu l'Orient tout entier et principalement l'Egypte. Mais ce qu'on ignore à peu près complétement, ce sont les idées des peuples dont quelques grands personnages agitaient arbitrairement le sort, c'est la manière dont on le conduisait et dont il se laissait conduire. L'histoire de l'Egypte chrétienne s'est trop résumée jusqu'ici dans celle des patriarches d'Alexandrie ; il ne sera donc pas inutile de connaître quelle était dans la Thébaïde officielle la vie de ces moines dont la réputation a survécu jusqu'à nos jours, de les interroger eux mêmes sur leurs idées, leurs passions, leurs actions et de voir s'ils nous répondront conformément à l'idée que nous nous en formons.

Pour écrire cette vie, je me suis exclusivement servi de sources indigènes. Je dois dire tout d'abord que ces sources sont les seules qui pouvaient être employées, car à l'exception de certains grands événements auxquels il est fait allusion, les faits racontés ici ne constituent qu'une histoire purement individuelle et locale. Mon récit n'est autre chose qu'une monographie plus détaillée que ne l'est d'ordinaire ce genre d'ouvrage. Les sources employées sont de deux sortes : les unes proviennent d'œuvres étrangères à notre héros, je veux dire écrites par d'autres que par Schnoudi, qu'elles se rapportent directement à lui ou non ; les autres découlent de ses propres œuvres. La première catégorie comprend des ouvrages de diverses sortes et de valeur fort diverse : les uns, comme les règles monastiques, les lettres d'administration intérieure, matérielle ou morale, méritent une confiance absolue ; les autres, vies, sermons, actes ne doivent êtres crus que sous bénéfice d'inventaire. La seconde catégorie on le comprendra facilement est d'une valeur inappréciable en l'espèce. Il en est de même de quelques œuvres similaires de l'un des disciples de Schnoudi, Visa. Si ces œuvres ne comprennent pas le récit suivi de la vie de Schnoudi, on y trouve à chaque instant des allusions à des faits passés et la mention de certains actes que les panégyriques des autres auteurs avaient omis. Si nous ne possédions que la première catégorie de renseignements, nous nous ferions une idée tout à fait fausse de ce que fut ce moine extraordinaire : la seconde catégorie nous permet de compléter ces renseignements, de les vérifier, et de connaître comment les auteurs coptes comprenaient l'histoire.

Dans l'introduction placée en tête des monuments que j'ai publiés, j'ai discuté et cherché à établir la valeur de chacun des textes que j'ai traduits. Ce n'est pas ici le lieu de refaire cette introduction, mais il sera bon de dire quelques mots de la manière dont un auteur copte composait un ouvrage et des idées qui présidaient à cette composition.

J'ai comparé ailleurs les œuvres coptes aux chansons de geste ; plus je me suis avancé dans l'étude de la littérature copte, plus j'ai vu que ma comparaison offrait de points de rapprochement. Si l'on ne faisait attention qu'à la forme des œuvres coptes, elles n'offriraient qu'une ressemblance très éloignée avec les chansons de geste : leur forme ressemble bien plus à la forme des antiques contes d'Egypte, et l'on retrouve dans les écrits chrétiens la même manière de raconter, souvent les mêmes, expressions que dans le *conte des Deux Frères* ou dans celui du *Prince prédestiné*. Mais il n'y a pas que la forme du récit dans la chanson de geste, il y a encore et surtout le but cherché par l'auteur, la conviction intense qui remplit son âme et la trame merveilleuse des faits : sous ce multiple rapport les *Vies* écrites par les moines égyptiens se rapprochent de très près des œuvres produites par les trouvères de notre moyen-âge. Le but cherché est le même, la glorification du héros, de la religion au lieu de la patrie ; la conviction est aussi intense dans l'âme de l'auteur copte que dans celle du poète français, je dois dire qu'elle est même infiniment plus intense parce que cet auteur ne se laisse pas la ressource de la réflexion pour se convaincre du jeu de son esprit : ce qu'il écrit, il le croit parce qu'il écrit dans un état de perpétuelle exaltation mentale ; enfin la trame merveilleuse est la même, elle enserre un seul individu à la louange et à l'apothéose duquel concourent tous les faits incroyables qui constituent le récit. Je sais bien que l'unité doit régner dans toutes les composition littéraires ; mais l'enthousiasme qui divinise tous les traits du tableau donne, dans la vie du moine copte, qu'il s'appelle Schnoudi, Pakhôme ou Macaire, un tout autre tour à la peinture et la hausse jusqu'à la peinture épique. Il n'est pas jusqu'à la manière dont ces œuvres devaient être lues aux moines qui ne rappelle la chanson de geste : car ceux qui les lisaient n'étaient pas des *anagnostes*, des lecteurs ordinaires, mais des chanteurs comme l'indique le nom copte de ceux qui faisaient la lecture aux frères assemblés. Les notes manuscrites ajoutées à la fin d'un grand nombre d'œuvres coptes, notes qui sont sans doute le prototype de celles que l'on trouve dans les manuscrits de notre moyen-âge, énumèrent souvent les noms des *chanteurs* qui ont récité le livre aux frères : « Souvenez-vous de moi, écrivait un chantre à la fin de l'une des œuvres que j'ai publiées, souvenez-vous de moi, le pauvre, le pécheur, Victor fils de mon père Isaac, le psalmode et le *chantre* du seigneur abba Macaire, de son père selon la chair et de son frère Michel, afin que le Seigneur leur fasse grande pitié en ce monde et qu'il leur donne, lorsqu'ils en seront sortis, le repos pour leurs âmes ; » et ailleurs : « Souvenez-vous de nos frères qui ont *chanté* le livre de mon père Sarapion, de mon père le diacre Mîna fils de Pidjol et de mon père le diacre Mîna de la grande cellule. Que le Seigneur leur fasse grande miséricorde en cette vie et la future : Amen. » Je crois en effet que la lecture dont il s'agit se faisait comme celle de nos aèdes antiques ou comme celle des récitateurs arabes modernes ; je n'oserais affirmer qu'on s'accompagnât d'un instrument quelconque, car je n'ai jamais rencontré une allusion à pareil fait, mais, tout au moins, le lecteur copte *récitait* son livre comme le font aujourd'hui les Arabes qui lisent des vers à haute voix ou récitent le Coran. Souvent quelqu'un agitait les cymbales ou des crotales, comme je l'ai vu faire dans un monastère. Cette manière de lire ressemble bien plutôt à un chant qu'à la lecture telle que nous la comprenons ; mais ce chant lui-même ne ressemble que de fort loin à notre chant européen : c'est une mélopée uniforme, nasillarde et sans secousse, ne donnant lieu à aucun de ces sauts subits de la voix qui ne manquent jamais d'exciter l'hilarité des Arabes ou des Coptes, lorsqu'ils sont à même de les entendre, et qu'ils regardent comme une parfaite barbarie.

Si la manière dont on lisait les œuvres coptes nous permet d'entrevoir le but cherché en nous montrant à quel genre littéraire elles peuvent se rapporter, la manière dont on les composait ne contredit point cette première vérité. L'écrivain copte ne se soucia jamais de la critique, il racontait ce qu'il avait vu, ce qu'on lui avait raconté, employant les ornements du style comme il le pouvait, modifiant à sa guise, croyant parfois qu'une autre phrase, ou même un autre tour de phrase, rendait mieux sa pensée et les ajoutant l'une à l'autre sans souci de ce qui précédait. De là vient qu'il est presque impossible de rencontrer deux manuscrits semblables, quand même le second a été copié sur le premier. De même lorsqu'un nouvel auteur composait quelque ouvrage, il en faisait entrer quelquefois de vive force un autre dans le sien, ne connaissant aucunement la propriété littéraire. Si l'on traduisait, la traduction ne fut jamais la reproduction fidèle, dans un autre dialecte ou dans une autre langue, de l'œuvre originale. Quand il ne s'agissait pas de l'Ecriture, le plus simple copiste pouvait donner carrière à son amour du beau style et changer presque toutes les phrases. Cette année même, il n'y a pas un mois, ayant eu l'occasion de confier à un jeune homme copte la copie de plusieurs actes de martyrs, je restai stupéfait de l'entendre me dire qu'il me mettrait ces actes « *en meilleur style.* » Je ne pus qu'à grand peine lui faire comprendre qu'il devait bien s'en garder.

Si tel est le caractère de toutes les œuvres coptes qu'on a voulu nommer historiques, il est facile de préjuger quelle doit être leur valeur pour l'historien qui cherche la vérité sans ornements littéraires entendus à la manière copte. J'ai discuté ailleurs cette valeur historique : il me suffira de dire ici que la recherche de la vérité, telle que nous l'entendons en Europe, est le dernier souci de l'écrivain copte, même s'il se livre à une enquête, comme quelques uns affirment l'avoir fait. Lorsque le brave Copte, à qui je dois en grande partie d'avoir pu écrire ce livre, me remit l'un des trois exemplaires arabes de la vie de Schnoudi qui ont servi à ma publication (il se nomme lui-même Schnoudi et a une grande vénération pour son patron), il me dit : « Il y a beaucoup de choses à lire dans ce volume, et elles sont toutes une grande *édification.* » Ce mot fut pour moi un trait de lumière. Je l'ai médité, longtemps et souvent, en traduisant les documents d'où j'ai tiré ce livre, et il m'est apparu comme le mot le plus exact que je pusse désirer pour exprimer la pensée qui peu à peu s'est fait jour dans mon esprit. *Edifier*, dans le sens mystique de ce mot, voilà bien le but cherché par ces écrivains qui nous ont laissé cette littérature à part parmi toutes les autres littératures. Or, pour édifier, la réalité historique a besoin d'être ornée, et les bons écrivains coptes ne se sont pas fait faute de l'orner. Sans doute pareille méthode est faite pour nous déconcerter, pour nous faire regretter qu'il en ait été ainsi. Pour ma part, j'aurais bien mieux aimé trouver des récits nombreux, circonstanciés et historiques sur les luttes entre le Christianisme faisant un dernier effort pour s'établir vainqueur et le paganisme étreignant sa dernière lutte et faisant aussi un dernier et nerveux effort avant de disparaître vaincu, que les récits prestigieux que l'on rencontrera par la suite. Mais les écrivains coptes étaient-ils chargés de donner satisfaction à mes goûts de préférence aux leurs ? Puis-je leur reprocher de s'être fait un bonheur autre que celui que je me forge de mille couteux efforts comme la plupart de mes pareils en Occident ? Quand je vois ces moines tapis dans un coin bien exposé au soleil, tenant sur leurs genoux accroupis le livre où ils vont trouver leur édification, je comprends que les merveilles qui vont passer sous leurs yeux, remplir leur imagination facile, délectent en même temps leur âme d'un plaisir aussi simple que raffiné, ce qui n'implique point contradiction ; je fais mieux que le comprendre, je le lis dans leurs yeux riants où une flamme lance de soudains éclairs, dans la joie qui inonde leur physionomie et dans le calme heureux dont ils jouissent à la bienfaisante chaleur de cet astre qui pour nous, Européens, est le pire ennemi. Peuple heureux, peuple facile ! Je ne puis m'empêcher d'envier cet état que ma réflexion trouve cependant inférieur à cet autre que préfère la « fine pointe » de mon âme ; mais pour le bonheur facile le Copte est le maître de l'Européen. Quelle joie n'a-t-il pas à lire les merveilles de ses aïeux, quel intime bonheur ne remplit pas son être tout entier quand il nasille ces contes qu'en Europe on est trop porté à qualifier de contes à dormir debout ! Il s'édifie, et tranquillement. Il se réchauffe, et matériellement et spirituellement. Il s'enivre peu à peu de sa lecture comme le buveur ou le fumeur de haschisch de la liqueur ou de la fumée insidieuse qui lui apporte l'heureuse ivresse. Il est vrai que le charme rompu, l'ivresse dissipée, il ne fait pas un effort de plus pour imiter ce qu'il a lu ; non, il se contente d'admirer avec intensité d'abord, avec effusion ensuite, et sa vie ira son chemin tout comme auparavant, il mangera bien si le temps le lui permet, il jeûnera fortement s'il se trouve dans l'un des trois ou quatre grands jeûnes qu'il garde strictement, sans forfanterie, sans même avoir l'air de s'en apercevoir. Ses ancêtres se charmaient à la lecture des contes féeriques ou des chants d'amour, œuvres des littérateurs et des poètes de l'époque pharaonique ; lui, il se charme en lisant la vie des grands moines, des grands archevêques, en chantant la Vierge, les Anges ou les Saints, pendant qu'il fait résonner les cymbales ou les crotales qui lui sont aussi un legs du temps passé. Peu lui importe que la vérité soit blessée pourvu que son imagination soit satisfaite ! J'ai beaucoup causé avec eux de la vie de leurs grand moines des quatrième et cinquième siècles ; tout étonnés de voir que j'en connaissais le nom et l'histoire, ils se laissaient aller à me les raconter de nouveau, tout fiers de pouvoir me dire à la fin d'un récit : « Qu'il était grand cet Antoine, ce Macaire, ce Pakhôme, ce Schnoudi, qu'ils étaient tous grands, *khaouaga*[1] ! » Et leurs yeux me disaient distinctement : « Cherche dans ton pays et dans ton histoire, tu ne trouveras pas un seul homme qui soit de leur taille » ; et ces mêmes yeux m'exprimaient une immense pitié. Le seul fait de rechercher leurs livres leur prouvait assez d'ailleurs leur supériorité. Cette supériorité leur semblait même reconnue et acceptée par les Occidentaux, puisque ceux-ci venaient de si loin les visiter, eux et leurs livres ! Ils vivent opprimés aujourd'hui, mais au fond de leur cœur l'espérance n'est pas morte de voir la race copte chasser ses

---

[1]. C'est le nom que dans l'Orient arabe on donne à tous les étrangers : ce mot signifie originairement *marchand*.

oppresseurs et redevenir maîtresse à tout jamais de l'Egypte, comme au temps passé.

Il est évident maintenant que prendre les œuvres coptes pour des œuvres historiques serait éprouver les effets d'une sorte de mirage tout aussi trompeur que celui que les voyageurs ont dépeint et qui fait croire qu'une oasis verdoyante est tout près alors qu'elle est séparée du voyageur par un désert de sables fatigants et infertiles. On a cru y trouver une série d'œuvres historiques jetant un jour tout nouveau sur les luttes occasionnées par l'Eutychianisme et sur les développements parallèles du Christianisme et du monachisme : la sévère critique que j'en ai faite ailleurs a montré qu'entre les œuvres coptes et les œuvres historiques il y a une distance énorme, et que cette distance est la cause d'une fatigante infertilité. Il ne suffit pas de donner des titres sonores, d'appliquer à des choses anciennes des mots nouveaux pour faire une révolution en histoire : l'étude constante et suivie du génie égyptien devenu le génie copte montre qu'il ne faut ajouter foi aux œuvres qu'il a laissées que sous bénéfice d'inventaire. J'ai cru devoir à la vérité de porter les jugements que je croyais conformes à la vérité : ce ne sera pas ma faute, si la valeur que comportent les œuvres coptes ne répond pas à celle qu'on a voulu leur donner.

Pour ce qui regarde particulièrement Schnoudi, le véritable caractère de sa vie et de son œuvre serait apparu de lui-même, si l'on eût publié intégralement la vie de ce moine, si l'on n'eût pas fait une sélection des récits qui semblaient historiques pour les présenter comme une nouvelle source d'informations. Il est évident que l'on ne doit pas prendre quelques traits d'un tableau pour le présenter comme le tableau entier, dût-on remplir les vides avec le produit de sa propre imagination ; pour comprendre un homme et juger équitablement ses actions, il ne faut pas le jeter hors du milieu dans lequel il a vécu et faire abstraction des idées, quelles qu'elles soient, qui ont rempli son existence. Pourquoi faire un choix dans les évènements racontés, grouper les traits de manière à former une représentation conçue d'avance et qui ne peut pas être conforme au modèle ? La vie tout entière de Schnoudi, depuis son enfance jusqu'à sa mort, se passe au milieu d'évènements auxquels on a donné une couleur surnaturelle ; ses idées et ses actions sont fantastiques ; les esprits sont censés agir autant que les hommes dans cette foule de faits racontés à la suite les uns des autres sans lieu chronologique, sans suite logique, presque sans une suite quelconque. A joindre isolées les narrations qui touchent à l'histoire, on serait tenté de leur accorder la même valeur historique qu'à nos autres sources d'informations, tout en faisant la part de l'exagération du merveilleux ; mais si ces mêmes récits sont encadrés parmi les autres récits fantastiques et surnaturels, on s'aperçoit que non seulement le merveilleux est un ornement ajouté pour flatter l'imagination, mais encore qu'il fait partie intégrante de l'œuvre, qu'il en est même la raison première. Dès lors il me semble que la question se trouve singulièrement déplacée et que les œuvres en litige ont une valeur tout autre que celle qu'on avait été tenté de leur donner d'abord. L'histoire n'y trouve qu'un minime *substratum* de faits ; en revanche, les idées y sont prodigieusement nombreuses. On ne peut faire un pas dans de telles œuvres sans se tenir sur ses gardes, sans procéder avec la plus extrême circonspection ; car le merveilleux entoure chaque chose et il faut enlever cette enveloppe pour voir et palper ce qu'elle cache.

Cet emploi du merveilleux est vraiment extraordinaire et difficile à apprécier. Il a été constant dans le pays d'Egypte : depuis les plus anciennes dynasties jusqu'à nos jours, il n'a cessé d'être en quelque sorte la pierre de touche du talent. J'ai traité longuement ailleurs toutes les questions que soulève cette manière de composer : je l'ai fait sans arrière-pensée, mais aussi sans réticence. Pour moi qui depuis bientôt dix ans vis au milieu de ces œuvres, elles ont toutes la même valeur parceque toutes elles sont sorties d'un même esprit. Peu m'importe que le héros de l'œuvre se nomme Antoine, Macaire, Pakhôme ou Schnoudi : ce qu'on a raconté de chacun d'eux est empreint du même caractère. Pour Schnoudi, on n'a pas osé se prononcer ; pour une foule d'autres moines, on les a impitoyablement rayés, avec raison d'ailleurs, des ménologes, synaxares ou martyrologes ; pour ceux que l'on regarde comme les trois grands fondateurs du monachisme, on a agi d'une manière toute différente et les chrétiens d'Occident ont accepté tout ce qu'avaient écrit leurs frères d'Orient. Cette différence est due à ce que l'on a rejeté les œuvres indigènes et qu'on a accepté les œuvres grecques ou latines. On ne s'est pas aperçu qu'il n'y avait nulle raison pour agir de la sorte : il fallait ou tout accepter, ou tout rejeter, car les œuvres de Palladius, de Rufin, de St Jérôme et des autres ne sont que des traductions ou des imitations d'œuvres coptes. Les Coptes n'ont pas fait ainsi ; ils ont également placé tous leurs saints sur leurs autels et ne sont pas allés chercher les raisons de leur conduite dans les enthousiasmes d'un homme aussi passionné que St Jérôme. A mesure que j'ai avancé dans mes études, j'ai dû constater de plus en plus l'influence pernicieuse que le talent et la passion du moine de Bethléem ont exercée sur les croyances de l'Occident. Il n'a pas tenu à lui que l'Occident ne s'engageât témérairement à la suite de l'Orient dans ce dédale de merveilles et de prodiges : fort heureusement, le caractère plus pratique des races hindo-européennes les a gardées des excès d'un mysticisme qu'elles n'ont que trop admiré d'ailleurs.

Ces considérations auront complètement édifié le lecteur sur la valeur des documents que j'ai eus à employer. Ce qui m'était presque inutile pour l'histoire des faits m'a été d'un merveilleux secours pour l'exposition des idées. Ces idées au milieu desquelles se mouvait l'Egypte chrétienne pendant les quatrième et cinquième siècles se manifesteront d'elles-mêmes dans la suite de cet ouvrage. Pour en arriver là, j'ai dû faire un usage presque égal des récits dépouillés ou revêtus de leurs ornements prestigieux. Le lecteur pourra dès lors voir par lui-même ce qu'il faut penser des œuvres et des idées. J'ai eu en outre le plus grand soin de marquer soit par le tour de ma phrase, soit par une ironie modérée, soit par des réflexions, que je n'ajoutais aucune foi aux circonstances merveilleuses rapportées par les auteurs coptes. J'ai crû de même devoir expliquer parfois comment s'était formée la légende : en certains faits on le voit facilement, dans d'autres au contraire il est assez difficile d'en expliquer la genèse et la croissance. Il est résulté, je crois, de cette manière d'agir que nous avons une connaissance approfondie de la vie de ces monastères de la Thébaïde dont on a tant parlé sans les connaître. Je crois même que dans aucun cas la vie intime d'une communauté cénobitique, d'un ordre et aussi de toute une contrée, n'a été connue avec un pareil luxe de détails. C'est sous ce rapport que mon livre pourra être de quelque utilité à la science, à l'histoire, à la philosophie et à la religion.

Je désirerais vivement aussi qu'il fût utile aux descendants de cette forte race égyptienne, qu'il leur fît voir en quoi leurs pères ont été grands et faibles, en quoi il les faut imiter et en quoi il faut se garder de suivre leurs exemples. Hélas ! les descendants de ces chrétiens qui ont élevé à leurs pères, à leurs frères, à leurs amis, le monument grandiose de la littérature copte, ont désappris le chemin qui menait au temple. *Viæ Sion lugent!* et presque personne ne se rend plus à ses solennités. Si quelques rares adorateurs se rappellent encore qu'autrefois, il y a de cela bien longtemps, avant la conquête barbare, le temple de Dieu était rempli de fidèles et le Seigneur exalté par ses serviteurs, ils n'ont plus la consolation de retrouver la voie suivie par leurs ancêtres, et, pour adorer où leurs pères ont adoré, ils sont obligés de se faire au costume étranger dont on a revêtu les œuvres d'autrefois. Ils ne retrouvent plus parmi eux qu'un très petit nombre des témoignages de leur antique religion ; à peine si, sur le parcours de leur fleuve tant célébré, ils peuvent saisir quelque vestiges de l'ancien temps, et si, aux questions de l'étranger qui leur demande des renseignements, ils peuvent répondre : « Nous ne savons pas ; autrefois il en était ainsi, nos livres nous le disaient, mais nous n'avons plus de livres. » Il faut en effet pour étudier les derniers vestiges de ce passé demander aux bibliothèques européennes de nous livrer les secrets que n'a pas su garder la terre qui les avait d'abord possédés. On pourrait s'imaginer de prime abord que les endroits autrefois illustrés par des hommes dont la vie a laissé de profondes traces dans la mémoire de leurs contemporains et de leurs neveux ont dû conserver les témoignages de cette grandeur locale : ce serait presque une vaine illusion. Un grand nombre de bourgades célèbres ont disparu et ont emporté avec elles leurs trésors ; si quelques ouvrages ont échappé, ils dorment dans le fond de quelque église inconnue, de quelque monastère souvent inaccessible, sans que personne ait soupçon qu'ils sont là, ne demandant qu'à être lus et compris.

Pour les lire et les comprendre, je crois qu'il sera bon de faire le plus possible le vide en son esprit. Descartes le demandait au philosophe qui veut arriver à la certitude : il le faut aussi demander à quiconque voudra se rendre un compte exact de ce qu'il lira. Les évènements sont si fantastiques, les idées si extraordinaires, tout le récit en un mot diffère tant de ce que nous sommes habitués à croire de l'Egypte chrétienne et monachique, que le lecteur européen sera dès le commencement sous un ciel aussi nouveau que nouvelle sera la terre. Il faut vraiment entrer en quelque sorte dans le royaume des Esprits, car ils parlent, agissent et vivent autant que les hommes. Aussi j'aurais pu inscrire en tête de ce volume *Cœlum novum, terram novam*, comme a dit l'auteur de l'Apocalypse. Il appliquait ces mots à cette terre nouvelle, à ce ciel nouveau sortis de ses visions merveilleuses, qu'il était allé chercher en dehors de la réalité terrestre et humaine ; pour moi, je les appliquerais à une terre bien ancienne, l'une des premières civilisées par l'homme, à un ciel qui devrait être le même que celui auquel pense l'Occident. Et cependant il se trouve que les hommes de cette terre avec leurs habitudes sont tellement différents de nous-mêmes et de nos usages, qu'ils ont peint Dieu, ses anges et ses saints sous des traits si divers que, pour nous, c'est vraiment un ciel nouveau, une terre nouvelle. Les pauvres gens ne comprennent guère notre critique et notre besoin d'en faire ; elle les étonne : ils n'en sentent pas le besoin, disent-ils, car ils ne sentent nulle nécessité de se mettre le cerveau à la peine pour se délivrer de leurs plus chères illusions. La vie pour eux, sans leurs légendes, leurs saints, leurs apparitions, leurs miracles, sans ce milieu ambiant d'anges et de démons dans lequel ils se meuvent et vivent, n'aurait plus aucun charme : si la critique passait par là pour envahir leurs esprits, ils se trouveraient malheureux, car ils devraient renoncer à s'édifier. Qu'ils se rassurent, leur esprit ne comporte pas de critique, ils mourront impénitents dans l'édification finale ! Assurément ce n'est pas là honorer Dieu en esprit et en vérité ; leur religion est étroite, parfois grossière, moins élevée que l'antique religion de l'Egypte pharaonique ; mais elle leur suffit, ils ont une foi vive et leur espérance est forte. Ce n'est pas moi qui leur en ferai un reproche. J'admire leur constance et je leur dois une profonde reconnaissance pour m'avoir fourni un chapitre vraiment étrange de ce livre trop fermé, l'histoire religieuse de l'humanité. Au moment d'entrer dans ce monde fantastique, où les monstres rêvés par la mythologie grecque, les Faunes et les Satyres, jouent leur rôle, comme dans la vie de St Antoine, non moins que les animaux symboliques sous lesquels l'Egypte avait trop voilé l'idée de Dieu, je pense à l'invocation du poète latin alors qu'il fait descendre son héros dans le noir Erèbe, et je suis tenté d'appeler à mon aide les dieux protecteurs de ces ombres aujourd'hui endormies dans le royaume de la nuit, de les prier de ne pas s'irriter contre mon audace, si je révèle les mystères cachés dans les entrailles de la terre et les profondeurs d'un oubli qui dure depuis bientôt quinze siècles.

Avant tout « ceci est un livre de bonne foi. » Avant tout j'ai cherché la vérité. Je peux m'être trompé, mais si je me suis trompé, je l'ai fait avec bonne foi. J'aime assez la vérité pour ne lui refuser aucun sacrifice. Telle qu'elle m'est apparue, je l'ai aimée et je me suis fait son esclave. Le culte que je lui rends n'a rien de terrestre ; je me suis efforcé de m'entourer de toutes les conditions nécessaires pour la chercher et la trouver, de juger d'après les idées des personnages qui agissent et non d'après les miennes, d'être impartial en un mot. J'ai été aidé dans ma recherche par cette circonstance que la vie de mon héros est en quelque sorte isolée et ne touche presque pas aux grands évènements contemporains, ce qui m'a permis d'écrire sans ressentir trop la nécesssité d'avoir sous la main les œuvres historiques de l'époque.

Les ouvrages grecs et latins sont rares au Caire ! et même un peu trop rares pour de semblables études. Quoiqu'il en soit, cette pénurie ne m'a pas porté préjudice et je le dois à la localisation de mon sujet. J'espère donc que la vérité n'en souffrira pas. Sans doute bien des traits de mon livre paraîtront ou exagérés ou affaiblis, mes jugements sembleront ou trop exclusifs ou trop larges : j'aurai cette excuse de n'avoir dit que ce que je croyais ; *credidi, propter quod locutus sum.* Si je savais qu'un seul de mes jugements fût contraire à la vérité, que la plus petite nuance de la moindre de mes phrases ne correspondît pas à la réalité, j'aime assez cette vérité que j'ai cherchée pour sacrifier le jugement, la nuance et la phrase. A plus forte raison s'il s'agissait de l'œuvre elle-même.

Un dernier mot et j'ai fini cette préface déjà longue.

L'avouerai-je ? j'ai fait mon livre avec amour : je le confesse, qu'on me le pardonne. N'ayant plus autre chose à aimer sur la terre, j'aime passionnément la science et la musique ; la science parce qu'elle est la forme subjective de la vérité, la musique parce qu'elle est en ce monde matériel la plus idéale des beautés. A l'une et à l'autre j'ai fait dans ma vie une part, mais une part bien inégale, il le faut dire avec franchise. A la première j'ai consacré la plus grande partie de mon existence, et malgré mes pensers et mes soins, malgré mes efforts et ma ténacité, elle s'est jusqu'ici dérobée à mes étreintes. A peine si, de loin en loin, elle s'est retournée pour me sourire comme une femme coquette et capricieuse ; mais au moment où fasciné par ce sourire que je croyais sincère je me suis avancé tendant les bras, elle a disparu semblable à l'ombre moqueuse, et mes bras, en se refermant, n'ont plus pressé qu'un fantôme d'illusion. Pour elle, elle se montrait encore de loin, recommençant ses perfides, mais délicieuses agaceries. La posséderai-je jamais ?..... La seconde au contraire, après m'avoir coûté peu d'efforts et ne m'avoir demandé qu'une courte adoration, s'est montrée facile et m'a donné des plaisirs inouïs. Chaque fois que j'ai voulu m'enivrer de ses délices, elle a été prête, sans jamais me reprocher mes abandons réitérés ni ma folle audace.

L'une et l'autre de mes deux passions ont trouvé en ce livre bien des joies et bien des contentements. La connaissance de ces temps reculés a satisfait pour un moment ma soif d'apprendre ; et d'un autre côté, de l'étude de ces mœurs antiques, de la vie de ces rudes joûteurs et de ces grands enfants, il s'est dégagé d'abord comme un timide filet d'harmonie qui, se grossissant peu à peu et se diversifiant à chaque instant, a fini par éclater dans une immense et fantastique symphonie dont les notes étranges et sonores, les mélodies antiques et barbares ont ému mon âme et fait tressaillir mon cœur. Ma plus grande jouissance est venue de là. J'ai oublié les luttes et les douleurs de la vie, je me suis senti transporté plus près du berceau de la pensée humaine, j'ai cru y voir que la vérité brillait alors d'un plus vif éclat, quoique la forme en ait été bien différente de celle que nous lui prêtons, qu'elle était aimée pour elle-même et non pour les couleurs d'emprunt dont nous la parons. Ce fut peut-être une illusion de ma part puisqu'il ne peut s'agir ici que de la vérité subjective ; mais cette illusion m'a rendu heureux quelques instants. Que puis-je demander de plus ?

Le Caire, 14 février 1886.

HISTOIRE DE SCHNOUDI

I

L'époque où commence et se déroule ce récit est la plus belle de l'histoire de l'Egypte chrétienne : elle part du moment où, à la voix du grand Athanase, l'Egypte entière lutte contre l'Arianisme qui veut s'implanter dans la vallée du Nil sous la protection des Césars byzantins ; elle se termine l'année même qui vit la chute au firmament chrétien de cette étoile si brillante jusqu'alors, le patriarche d'Alexandrie.

Trente ans avant la naissance de Schnoudi, l'église égyptienne était dans toutes les horreurs de la persécution de Dioclétien : en l'année 311,

Pierre archevêque d'Alexandrie, de Rakoti comme ont toujours écrit les auteurs coptes, mettait fin par son martyre à l'horrible boucherie humaine dont l'Egypte avait été le théâtre pendant près de 10 ans. A peine la persécution eût-elle cessé que l'ancienne terre des Pharaons se couvrit de chrétiens : l'Eglise arrosée du sang des martyrs le disputait en fertilité à cette terre si renommée que chaque année féconde son fleuve bienfaisant. Elle sortit des eaux amères de la persécution et de ce bain de sang pleine de vigueur, brillante de jeunesse, parée de ses plus beaux atours, prête à recevoir et à fêter l'Epoux qu'il lui était enfin permis de célébrer en public au milieu des pompes grandioses que lui avaient léguées les grands prêtres de l'empire pharaonique. A partir de l'année où la persécution cessa, l'église d'Egypte, pendant près d'un siècle et demi, de l'année 311 à l'année 451, devait jouer le premier rôle dans les affaires du monde chrétien. Ce rôle elle le dut à son héroïsme autant qu'à la science et à la sagesse de ses docteurs : c'était sur elle qu'étaient tombés les coups les plus drus de la persécution, c'était elle qui conservait encore quelques parcelles de l'antique sagesse. Le monde romain n'offrait plus rien de saillant dans les œuvres de l'esprit, et la Grèce n'était plus dans la Grèce, elle était presque toute réfugiée dans Alexandrie.

Ce n'est pas que, durant cette période, les troubles aient manqué à l'Eglise d'Egypte ; mais elle eut pour chefs une rare succession de grands hommes, et elle demeura unie de la plus étroite unité. Les faibles successeurs de Constantin, patrons déclarés de l'Arianisme, eurent beau décréter les exils contre le grand Athanase, introniser de vive force des évêques ariens sur la chaire d'Alexandrie, exciter des troubles contres les catholiques, disperser le troupeau, malmener les brebis fidèles à leur pasteur, décréter que chacun devait adopter leurs croyances théologiques, ils ne purent rien et dépensèrent vainement des forces qu'ils eussent mieux fait de tourner contre les barbares, car déjà, autour de l'immense colosse paralysé et agonisant, le cercle de la barbarie se rétrécissait de plus en plus. Le peuple chrétien d'Egypte resta indissolublement attaché à la foi de Nicée qui était celle de son patriarche ; il lutta contre les empereurs et leur despotisme maladroit sans jamais faiblir, et finalement il sortit victorieux de cette lutte à jamais fameuse dans les annales du Christianisme. De temps en temps, il se voyait soutenu dans sa résistance par l'apparition presque fantastique d'hommes descendus des montagnes ou venus du désert, surpris qu'il y eût encore des gens qui bâtissent des maisons et qui s'attachassent à gagner les biens de la vie. Ayant appris par le ministère des anges, disaient-ils, que la foi était en péril, ils venaient rendre un public hommage à leur patriarche et porter au peuple le secours de leur vue plus encore que de leur parole. Par leur aspect ascétique, leur visage émacié, leurs vêtements extraordinaires et les récits merveilleux que l'on répandait déjà sur leur vie, ils faisaient plus pour la défense de l'orthodoxie, malgré leur peu de science ou leur complète ignorance, que les traités les plus adroits des plus savants docteurs. Tant il est vrai que la vue d'exemples vivants a toujours sur les masses un effet bien plus grand que les discussions les plus savantes et les expositions les plus philosophiques.

La terre noire d'Egypte n'était pas en effet la seule à produire de ces moissons spirituelles de chrétiens fervents ; le désert avait fleuri, des arbres y avaient poussé qui devaient servir de colonnes à l'édifice entier du Christianisme. Dans des régions impraticables et sans eau, la gloire du Seigneur s'était montrée radieuse et éblouissante, comme dans le sanctuaire le plus beau et le plus merveilleux du monde. A l'Orient, sur les bords de la mer Rouge, Antoine et Paul vivaient non loin l'un de l'autre, le premier entouré de disciples fervents, visité à chaque instant par de nombreux pélerins que fascinaient les merveilles répandues à son sujet ; le second ignoré de tous et ayant conservé la virginité de sa solitude jusqu'à la veille de sa mort. Les chemins que l'homme avait désappris et livrés aux animaux sauvages se repeuplaient, et les bêtes féroces s'adoucissaient dans ce nouvel Eden bien différent du premier, mais où ces sages du monde renouvelé avaient ramené les beaux jours de la première existence humaine. A l'Occident, les déserts de Scété et de Nitrie, la vallée des lacs Natrons se peuplaient de pieuses colonies et le nom de Macaire devenait tout aussi célèbre que celui des Antoine et des Paul. Les eaux salées et fétides de ce terrain aride et brûlant devenaient douces et rafraîchissantes, la solitude n'effraya plus personne et bientôt une ville entière, remplie de moines menant sur terre une vie angélique, s'éleva où l'homme ne venait qu'en passant pour y trouver une substance nécessaire aux besoins de sa civilisation. Cette ville sainte est demeurée jusqu'à nos jours, bien déchue de sa splendeur primitive, ayant passé par des alternatives effrayantes, persécutée à outrance, mais témoin toujours vivant d'un des phénomènes les plus curieux, les plus extraordinaires et les plus grandioses du sentiment religieux dans l'humanité.

De ces deux points extrêmes des montagnes qui resserrent et étreignent l'Egypte, le courant du monachisme avait remonté le fleuve aimé de tous, et s'était porté vers la Thébaïde. De chaque côté de la chaîne montagneuse, entre les monts et la plaine, il existe une bande sablonneuse, aride, inhabitée, qui touche à la vallée fertile et qui met côte à côte la plus belle végétation et la plus grande aridité ; très étroite parfois, elle n'atteint jamais plus de mille pas en largeur. Sur ces bandes désertes que nous nous sommes habitués à nommer bien improprement le désert de la Thébaïde, une foule de monastères, de laures ou d'ermitages s'étaient bâtis comme par enchantement : une multitude presque innombrable de cénobites ou de solitaires avaient élu domicile, ou même s'étaient retirés dans les tombeaux que leurs aïeux s'étaient élevés à grands frais dans la religieuse pensée que les « maisons d'éternité » doivent être plus belles et plus ornées que les simples hôtelleries où séjourne quelque temps le mortel voyageur. De Scété jusqu'à Siout, de Siout jusqu'à l'antique Syène, la Haute Egypte qui, à l'époque de la persécution de Dioclétien ne semble pas avoir compris un très grand nombre de chrétiens et où nous trouverons, au cours de cette histoire, le paganisme en honneur, la Haute Egypte devenait le théâtre des actions les plus vertueuses, des macérations les plus fantastiques et des prodiges les plus éclatants. L'histoire ecclésiastique nous a conservé les noms d'un certain nombre des Pères de la Thébaïde, comme on les nomme d'ordinaire. Parmi ces pères, nul ne fut plus célèbre que Pakhôme, païen d'abord, baptisé presque de force et devenu ensuite l'un des fondateurs de monastères dont la gloire et la renommée remplissent encore le monde chrétien. Dans le chœur des abbés et des moines égyptiens, Pakhôme mérite une place à part : c'est une figure remplie de douceur, humble et pieuse, exempte de ce fanatisme aveugle que nous trouverons en Schnoudi. Il fait penser aux figures virginales des vieux maîtres italiens, respirant l'humilité et semblant vouloir fuir le nimbe de gloire dont leur tête est entourée.

Dans l'immense poussée qui portait les habitants d'Egypte vers la vie religieuse, les femmes eurent aussi leur rôle : la faiblesse de leur sexe, mise tant de fois en avant, ne sembla pas un obstacle aux yeux de certains chefs d'ordre religieux. L'Egypte antique avait connu des reclus et des recluses : l'Egypte chrétienne ne resta pas en arrière. La situation légale de la femme en Egypte avait toujours été sur un pied d'égalité avec celle de l'homme : les femmes jouissaient des mêmes droits que leurs maris, elles étaient bien loin de cet état de servage brutal que leur apporta depuis l'invasion musulmane. Leur position ne changea pas du fait du Christianisme dont les doctrines devaient tant servir à relever la moralité publique. Il ne doit donc pas être étonnant qu'en Egypte la femme ait tenu à honneur de faire dans les voies de la vertu et du renoncement tout ce qu'elle voyait faire à l'homme. Antoine, ni Paul, ni Macaire n'admirent les femmes à partager la vie monacale : il y eut cependant à leurs côtés des exemples éclatants de vertu féminine. Au contraire dans la Haute Egypte, Pakhôme n'avait pas plutôt fondé son célèbre monastère de Tabennîsi qu'il dût en bâtir un pour les nombreuses sœurs qui venaient consacrer leur virginité au roi de la terre et du ciel. On prit les plus sages précautions pour empêcher que le voisinage des deux sexes ne devînt une cause de scandale : un frère ne pouvait être admis à voir l'une des sœurs en particulier que lorsque les glaces de l'âge interdisaient tout soupçon ; si quelque plus jeune religieux avait besoin de parler à l'une des sœurs habitant le monastère voisin, il devait en prévenir son supérieur qui lui même avertissait la mère générale du couvent féminin, et alors, si le besoin était réel, la sœur demandée apparaissait accompagnée de sa révérende mère et d'une autre de ses compagnes. Il devait sans doute arriver plus d'une fois que ces barrières fussent franchies par les désirs de la chair : nous en trouverons des exemples, mais à Tabennîsi ces cas furent plus rares qu'on ne pourrait d'abord se l'imaginer. Hommes et femmes, au temps de la première ferveur monacale, pensaient surtout à leur salut ; leur vie se passait plus dans les rêves que dans la réalité, au ciel que sur la terre. Sans doute le monachisme n'arriva pas d'un seul coup à sa perfection, nous assisterons même à ses progrès ; mais dès cette époque il était bien près d'avoir atteint sa complète croissance.

Pendant que les solitudes se peuplaient, que les déserts fleurissaient, donnant au monde le spectacle d'une efflorescence inouïe, que les deux sexes luttaient entre eux à qui l'emporterait de prodiges et de mortifications, l'Egypte était devenue chrétienne presque toute entière. Assez longtemps elle semble être restée en dehors du mouvement qui emportait le vieux monde vers le Christianisme : la pure morale de ses antiques habitants, la croyance profondément monothéiste qui fut la sienne pendant un grand nombre de siècles, l'habitude du sacrifice de sa volonté que les reclus et les recluses, c'est-à-dire les solitaires des deux sexes, avaient acclimatée dans la vallée du Nil, l'infiltration des doctrines juives, sourde d'abord et devenue presque un envahissement, toutes ces circonstances rendaient la diffusion du Christianisme en Egypte plus difficile et plus lente, parce qu'elles la faisaient moins nécessaire. En Egypte les âmes étaient beaucoup moins qu'ailleurs atteintes de cette soif de changements religieux, parce que les dieux nationaux des Egyptiens, même à cette époque de décadence, ne leur représentaient rien que de grand et de vertueux. Sans doute le monothéisme avait dû céder la place au polythéisme, les symboles poétiques dont on avait voilé les diverses perfections de la divinité étaient devenus des dieux réels au toucher vulgaire et grossier de l'imagination populaire ; mais ces dieux étaient plutôt regardés encore comme des hypostases divines que comme des dieux indépendants les uns des autres ou moins puissants les uns que les autres. En tout cas, aucun des dieux du panthéon égyptien n'était perdu d'honneur et couvert des crimes les plus honteux: la morale pure dont Ptah-hotep avait rédigé le code plus de trois mille ans avant notre ère était toujours en vigueur sous les empereurs romains.

Les commencements de l'église d'Alexandrie sont obscurs et les légendes à ce sujet diverses. La tradition la plus commune veut que l'évangéliste Marc ait été le fondateur de l'église chrétienne dans la ville d'Alexandrie, et que la population mélangée de cette grande ville ait reçu la bonne nouvelle de sa bouche. S‍t Marc serait ainsi le premier anneau de cette longue chaîne de patriarches qui se déroule encore de nos jours. On ne parviendra peut-être jamais à éclairer suffisamment cette obscure question. Les documents font et feront toujours défaut sans doute. Mais si l'on ne peut déterminer l'époque à laquelle la prédication chrétienne fit son entrée en Egypte, il est cependant possible d'affirmer que, si la bonne nouvelle n'avait pas été semée en Egypte à la fin du premier siècle, elle avait déjà produit des fruits dans le premier quart du second siècle. En effet, dès cette époque, le Gnosticisme a répandu ses doctrines, il a fait des prosélytes : doctrines et prosélytes supposent des chrétiens, car Basilide et Valentin faisaient usage des évangiles et cette circonstance prouve assez qu'ils s'adressaient à ceux qui connaissaient déjà ces premiers livres de l'idée chrétienne, puisqu'ils appuyaient leurs doctrines sur les paroles de Jésus-Christ. Dès le milieu du second siècle, Alexandrie contenait assez de chrétiens pour que l'on pût faire monter dans la chaire du didascalée de cette ville des docteurs qui consacraient leurs éloquentes leçons à la défense de la foi nouvelle. Dès lors, on accourut en foule dans cette ville fameuse pour y apprendre combien la doctrine chrétienne était supérieure aux systèmes des plus grands philosophes : les noms de Pantène, de Clément, d'Origène, demeureront à jamais célèbres dans l'histoire du Christianisme ; ils ont été les premiers qui tentèrent de christianiser les doctrines de Platon. Sous le règne de Théodose le Grand, Didyme l'aveugle attirait encore de nombreux disciples avides d'assister à ses leçons, de recueillir de sa bouche la science chrétienne alliée au platonisme et parée de tous les ornements que l'on pouvait emprunter à la Grèce sans renoncer à l'évangile.

La ville d'Alexandrie reçut donc de très bonne heure probablement la prédication chrétienne ; mais le reste de l'Egypte ne semble pas avoir mis beaucoup d'empressement à recevoir les nouveaux enseignements. Pendant la persécution de Dioclétien, la Haute Egypte, à partir de la ville moderne de Qéneh, ne fournit de martyrs qu'à Louxor à Erment et à Esneh : dans le nôme d'Akhmim les temples païens étaient nombreux et le culte polythéiste s'exerçait publiquement. L'élément grec de la population surtout avait conservé son ancienne religion : il devait échapper assez longtemps encore aux filets du Christianisme. Les descendants de l'antique race égyptienne, pour les raisons énumérées plus haut, après avoir quelque temps regardé avec assez d'indifférence la nouvelle religion, se précipitèrent tout-à-coup en masse vers la foi chrétienne : le spectacle des martyrs et la persécution furent les principaux agents de leur conversion. Mais en adoptant la foi nouvelle, ils ne renièrent pas les doctrines de leurs ancêtres ; sans doute les ibis sacrés disparurent, on ne nourrit plus de crocodiles dans les temples, on ne rechercha plus autant les Apis, on ne montra plus des serpents ou des lézards aux curieux qui cherchaient la divinité dernière le voile des naos sacrés ; mais ni Osiris, ni Ammon, ni Isis, ni Horus ne perdirent leur ancienne popularité. Anubis continua toujours de conduire les âmes des défunts à leur juge suprême : Thoth ne perdit jamais ses fonctions de greffier divin : nous en trouverons un exemple frappant dans cet ouvrage. L'enfer chrétien ne changea point l'enfer égyptien : ce fut toujours l'Amenti à l'Ouest du ciel, avec ses fleuves de feu pour punir à jamais ou pour purifier les âmes coupables. Dans les œuvres de polémique contre l'idolâtrie, tous les coups sont portés contre le polythéisme grec ou romain, pas un seul contre les anciens dieux du pays ; on n'a pas assez de sarcasmes contre Jupiter et ses nombreux adultères, contre les scandaleuses amours de Mars et de Vénus, on ne rit jamais assez de l'infirmité de Vulcain et de ses mésaventures ; mais sur l'inceste d'Isis et d'Osiris on garde le silence. Les noms d'Ammon, de Râ, de Khem, de Bès, d'Horus fils d'Isis se retrouvent à chaque instant sous la plume des écrivains coptes ; personne ne voyait de mal à s'appeler Sérapamon, Horsiési, Pakhôme, Visa, etc. On a mis Pakhôme sur les autels, et son nom est cependant le même que celui du dieu ithyphallique, de ce dieu que nos apologistes modernes citent avec une complaisante horreur afin de montrer à quel degré d'épouvantable obscénité était descendu le sentiment religieux en Egypte.

Les autres noms ont tous été portés par des personnages que l'on entoure du plus grand respect. Peut-être sont ils encore portés au fond de quelque village de la Haute-Egypte. Au dire des historiens arabes, on a longtemps continué d'honorer le Nil par des sacrifices [1] et, de nos jours encore, à la fête de l'Epiphanie, un Copte digne de ce nom ne manque pas d'aller se plonger dans les eaux sacrées du fleuve béni, mélangeant les souvenirs de ses ancêtres, fêtant à la fois la mémoire des bienfaits du Nil et du baptême de Jésus-Christ.

L'Egypte, quoique devenue chrétienne, n'avait donc pas changé lorsque naquit Schnoudi, en l'an de grâce 333, ou pour compter à la manière copte, en l'année des martyrs 49. Elle n'était pas encore arrivée à sa pleine efflorescence religieuse, mais elle ne devait guère tarder, sous le patriarchat de St Cyrille, à prendre la tête du mouvement chrétien. Tous les regards étaient alors tournés vers Athanase le grand : seul il résistait à la puissance impériale, et du fond des Gaules, comme sur le bord du Nil, il gouvernait son église, en chassait les loups ravisseurs. Fort du sixième canon du concile de Nicée ordonnant à tous les évêques de l'Egypte de suivre en tout et toujours la foi de

---

1. L'historien Ben-Ayâs assure que ces sacrifices consistaient à précipiter dans le Nil une jeune vierge parée de tous les atours d'une fiancée : ce sacrifice se faisait en grande pompe le 7 juin et aurait été aboli par Amr, l'année qui suivit celle de la conquête. Tout en ne croyant pas trop à ce sacrifice humain, je ne puis rejeter l'idée mère de ce récit. Les fêtes du Nil étaient trop populaires en Egypte pour pouvoir être abolies.

leur patriarche, il n'avait rien à craindre, même de son éloignement; car il connaissait la vénération dont étaient entourées en Egypte les décisions du célèbre concile. Rien n'en pouvait ébranler l'autorité, car l'Esprit Saint lui-même, racontait-on, avait voulu participer aux travaux de la pieuse assemblée, et par un prodige merveilleux, les Pères qui n'étaient qu'au nombre de trois cent dix-sept lorsqu'ils étaient assis, se trouvaient au nombre de trois cent dix-huit lorsqu'ils étaient debout. Cette légende colportée en Egypte, adoptée de tous, tellement elle était faite pour plaire à l'esprit égyptien, a peut-être pesé plus dans la balance, lorsque le schisme sépara la chrétienté, que les plus sérieux arguments des défenseurs du monophysisme. Si l'époque du schisme était encore éloignée, on peut assurer que la séparation était déjà en germe dans le canon malencontreux du premier des conciles : nous ne le verrons que trop dans la suite de ce récit.

Lorsque le voyageur qui remonte le Nil a dépassé la merveilleuse montagne de Scheickh Aridi, il doit faire de nombreux circuits, car le fleuve dans son cours capricieux, se rejette tantôt à gauche, tantôt à droite, inclinant tantôt à l'Est, tantôt à l'Ouest. Son lit est parsemé d'îles qui rendent la navigation lente et pénible. L'une de ces îles se nomme Geziret-Schandaouil, c'est-à-dire île de Schandaouil. Schandaouil est un gros village situé au fond d'un retrait du fleuve. Ce village se nommait autrefois Schénaloli, c'est-à-dire le village de la *Vigne* : c'est là que le septième jour du mois de Paschons, de l'an 49 de l'ère des Martyrs, naquit un petit enfant auquel ses heureux parents donnèrent le nom prédestiné de Schnoudi (2 Mai 333.) Sa naissance avait été longtemps désirée, car ses parents semblaient avoir perdu tout espoir de revivre en leur enfant, lorsque sa mère Darouba put annoncer à son mari Abgous qu'elle avait senti remuer dans ses entrailles le fruit de leur amour. Ils étaient de pauvres fellahs, travaillant âprement, ne s'accordant aucune douceur, et, grâce à leurs privations de chaque jour, ils avaient réussi à amasser quelques pièces d'argent dont ils avaient acheté des moutons. Peut-être possédaient-ils aussi quelques feddans peu nombreux de cette merveilleuse terre noire toujours disposée à payer au centuple le travail de ceux qui la cultivent. La certitude de sa grossesse fut pour l'heureuse Darouba le signal attendu pour prendre les précautions qu'exigeait son état, et, jusqu'au sevrage de l'enfant, elle s'abstint de toute nourriture où il entrait de la graisse, de tout mets qui pouvait lui paraître mauvais, et elle se conforma plus que jamais à toutes les observances légales au sujet des animaux purs ou impurs.[1] Elle formait les desseins les plus grands sur cet enfant qui faisait battre son sein ; jour et nuit, sa pensée en était

---

1. Les Coptes, comme les Arabes, ont encore aujourd'hui conservé la pratique de quelques unes des prescriptions mosaïques.

occupée. Une nuit qu'elle reposait près de son mari, elle eut un songe qui lui présageait la grandeur future de son enfant : elle vit une femme qui se tenait debout près de sa tête. La dame lui dit : « La paix soit avec toi, Darouba ? » Darouba leva les yeux, regarda celle qui lui parlait : la dame avait une croix dans l'une de ses mains et dans l'autre un pain dont elle fit présent à l'épouse d'Abgous. Tout étonnée, celle-ci dit enfin : « Qui es-tu, Madame ? » — « Je suis celle qui t'aime, lui répondit la dame ; depuis que l'homme de Dieu a baisé ta tête et t'a béni, je prie Dieu pour toi ainsi que tous ceux qui m'entourent : un ange, avec une épée brillante, te gardera sans cesse des embûches de Satan, jusqu'à ce que tu aies mis au monde le fruit honnête que portent tes flancs, et qui te sera une bénédiction. Tu l'appelleras du nom de Schnoudi : je ne cesserai de le garder jusqu'à l'heure de sa mort et, quand il aura quitté la terre, son monastère aura une grande célébrité ; de tous côtés les hommes y accourront mener la vie des Anges. » Darouba entendit encore les recommandations de la Dame et les promesses du bonheur que son fils devait lui apporter, car le fruit de ses entrailles ne pouvait être qu'un fils. De son côté, Abgous le fellah qui avait toujours regardé la présence d'un enfant dans sa maison comme la joie de sa vie, eut aussi un songe, la même nuit que sa femme Darouba. Il vit une étoile brillante au-dessus de sa maison : de sa vie il n'en avait vu de plus lumineuse, sinon l'étoile du soir et celle du matin. Comme il était dans tout l'étonnement que lui causait l'éclat de l'astre nouveau, il entendit une voix qui lui disait par trois fois : « Cette étoile brillera sur ton fils au jour de sa naissance et sur son monastère jusqu'à la fin du monde. » La pensée des deux époux était ainsi pleine de ce fils qui allait leur naître : le père voyait déjà sa gloire et sa puissance ; la timide mère songeait à le bien garder d'abord, afin que plus tard il lui rendît en retour tous les soins dont elle l'aurait entouré ; l'âme du père était ambitieuse, celle de la mère débordait d'affection avant de penser à l'avenir de son fils.

Cet avenir la préoccupait cependant, comme il préoccupe toutes les mères. Un jour qu'elle descendait au fleuve, seule et toute distraite du monde, portant sur sa tête sa cruche renversée, elle allait la remplir, marchant doucement pendant que sa pensée était toute à ce fils si désiré. Sur la berge élevée du fleuve, elle rencontra une caravane pieuse se dirigeant vers le nord ; c'étaient des moines que les affaires de leur monastère appelaient dans quelque ville. Leur chef s'appelait Horsiési : c'était un vrai Israélite, comme autrefois Nathanaël ; son cœur ne connaissait pas la ruse et n'était pas ouvert à la duplicité. Sa vertu le faisait regarder comme un ange sur terre, et il était favorisé des communications divines. Il allait, monté sur son âne, lorsqu'il rencontra Darouba ; aussitôt il sauta à terre, courut à l'humble femme, la baisa trois fois au front, la bénit de toute l'ardeur de son âme et lui dit : « Que le Seigneur fasse croître ce fruit qui sera pour toi une gloire éternelle. » Darouba fut sans doute bien étonnée ; mais les frères qui accompagnaient Horsiési le furent encore davantage. Ils lui reprochèrent son action incroyable : « Ne sais-tu pas, lui dirent-ils, que c'est une femme que tu regardes ? et tu n'as nulle raison pour le faire. » — « Vive Dieu, mes frères, répondit Horsiési ; de cette femme sortira un sel qui assaisonnera tout homme fidèle et qui perdra tous les hypocrites.[1] » Et l'un des frères qui était un homme de Dieu, prudent et sage, confirma la parole d'Horsiési ; il avait vu un ange qui entourait Darouba d'une garde vigilante, une épée nue à la main ; il avait même entendu les paroles que l'Ange avait adressés à Horsiési qui lui-même n'y avait pas pris garde. Et leurs compagnons surpris n'avaient rien trouvé à répondre, sinon : « Gloire soit éternellement à Dieu ; certes il nous a donné des Pères saints. » Et l'un d'eux ajouta : « Oui, en vérité, Dieu a béni notre siècle. »

Cette rencontre impressionna vivement Darouba : elle en rêvait la nuit et son imagination pieuse la décorait de circonstances mystérieuses qui entretenaient son esprit dans une sorte d'extase de délices amoureuses dont son fils était l'unique objet. D'ailleurs ce ne sont pas les seules prodiges

---

1. Je ne me porte pas garant du bon goût de cette image : je prie le lecteur de vouloir bien être persuadé qu'elle n'est pas de moi.

dont on entoura la naissance de Schnoudi ; d'autres présages tout aussi surprenants ont, après la mort de Schnoudi, indiqué à ses panégyristes quelle avait été la naissance de ce grand homme. Sans doute le grand archevêque d'Alexandrie, Athanase, dans les visites pastorales qu'il étendit jusqu'aux extrémités de l'Egypte, comme nous le savons par ailleurs, [1] passa près du village de Schénaloli : on rattacha du moins plus tard à l'une de ces visites la révélation qu'aurait eue des destinées de l'enfant le grand adversaire de l'Arianisme. Au plus fort de ses luttes contre les hérétiques amis de la nouveauté, Athanase serait monté jusqu'à Akhmim : sous ses pas les villes et les villages se convertissaient comme par enchantement. Son séjour dans la ville de Panopolis fut marqué par la ruine d'un temple de cette ville qui, au dire du panégyriste-biographe, se nommait Mîtros. [2] Ce temple était une cause de scandale et de chute pour un grand nombre des habitants du pays. La nuit, l'archange Michel en personne, au milieu d'une gloire immense, apparut au grand archevêque : « Paix à toi, lui dit-il, et salut de la part de mon Maître : que Jésus le Messie t'accompagne toujours. Sois sans crainte, je suis à tes

---

1. La vie copte de Pakhôme est formelle à ce sujet, et c'est dans l'un de ces voyages que Pakhôme fut ordonné prêtre malgré lui.
2. Je ne connais pas autrement ce temple. J'ai cherché si la tradition locale n'en aurait pas conservé quelque souvenance, mes recherches n'ont pas abouti.

côtés : suis-moi, et je te montrerai la force de mon Maître, la puissance des prières des bienheureux et de tes implorations saintes. » Et Michel l'ayant conduit à l'un des angles du temple, lui dit : « Etends tes mains en forme de croix, vois et admire. » Aussitôt il tira une épée flamboyante, il étendit sa main vers les quatre angles de l'édifice, et soudain le temple s'abîma tout entier, rasé jusqu'au sol. Le feu consumma tous les impurs qui s'y trouvaient alors renfermés. A la vue de ce qui venait d'avoir lieu, Athanase, leva les mains au ciel et dit : « Tu es bon et juste, ô Seigneur, et tes jugements sont éternellement vrais ! » Puis se prosternant aux pieds de l'archange : « Sois le bienvenu vers moi aujourd'hui, dit-il ; tu as réréjoui ma solitude : tu m'as fait une grande charité, ô bon médecin, et tu as jugé cette ville avec équité, ô fidèle gardien du ciel et de la terre ! » L'archange répondit : « Tu as bien parlé, ami des saints : écoute-moi et je te dévoilerai l'avenir. Dans trois jours, les gens de ta ville viendront te trouver ici et découvriront que tu es l'honnête et fidèle pasteur : les habitants de cette ville te traiteront alors avec beaucoup de respect ; quand ils t'auront reconnu, ils t'entoureront de tous les égards possibles et tu leur apprendras quels sont leurs devoirs envers le Seigneur. On te conduira ensuite vers Alexandrie dont les habitants sortiront à ta rencontre pour te dire : « Bonne soit ton arrivée vers nous ! vraiment nous sommes heureux de ta présence et de ta vue, ô pasteur honnête qui diriges tous les nomes de l'Egypte ! » Et tu leur apprendras les paroles du Dieu vivant. Les hérétiques entendront alors parler de toi et des grâces que Dieu t'aura faites : ils se disperseront un à un. Et lorsque tu te seras assis sur ton trône, un enfant naîtra sur terre, dans le village de Schénaloli : on appellera cet enfant du nom de Schnoudi, ce qui veut dire le *fils de Dieu*. Il naîtra le septième jour du mois de Paschons ; et non-seulement en ce jour, mais encore à la même heure, je partirai avec toi vers le Seigneur. Et au moment où naîtra Schnoudi tu dédoubleras pour lui ton âme, car il en est digne, ainsi que dans l'ancien temps le prophète Elie dédoubla son âme en faveur d'Elisée le prophète. A l'endroit où naîtra cet enfant on élèvera une église : le fils de Dieu lui-même y viendra souvent. La renommée de cet enfant se répandra dans le monde entier ses miracles parviendront jusqu'à l'empereur : ce sera un grand prophète et, de son temps, les hérétiques seront réduits à un très-petit nombre. Un grand nombre d'hommes seront sauvés par lui. Dans son monastère la lecture des livres saints sera continuelle : je me présenterai souvent à lui, je le consolerai de ses efforts et de ses peines, car il ne viendra plus au monde de prophète semblable à lui et sa fidélité, son amour, sa religion, sa patience le feront élever au-dessus de tous les saints. Les hommes le choisiront à l'envi pour père et pour frère ; la vierge, mère de Dieu, l'appellera *Ami de mon fils* : sa descendance spirituelle se perpétuera jusqu'à l'éternité. Et maintenant que la paix soit avec toi : sois sain et sauf par la vertu de la Trinité sainte ! » Et l'archange disparut aux yeux du patriarche émerveillé.

Nul doute que si Athanase eût appris que son esprit devait se reposer sur l'enfant qui allait naître et que lui-même dût revivre en Schnoudi, il n'eût été rempli d'une sainte joie et n'eût oublié les amertumes de sa vie ; mais nous sommes ici en présence d'une fraude pieuse. Certainement celui qui a doté l'enfant de l'âme du grand Athanase avait une grande dévotion pour Schnoudi ; mais il ne serait pas regrettable qu'il eût aimé la vérité d'un amour plus dégagé de toute préoccupation filiale. A l'en croire, Schnoudi serait né le jour même, à l'heure même où s'éteignait Athanase, alors qu'il avait déjà quarante ans sonnés. Certains passages de sa narration laisseraient entendre qu'il s'agit dans son récit de la disparition momentanée d'Athanase sous la persécution de César Julien l'apostat ; mais cette dernière fuite d'Athanase ne précéda que de très peu sa mort. Les traditions locales de la ville d'Akhmim ont été maladroitement rattachées à la naissance de Schnoudi : on eût mieux fait de les rattacher à l'heure où il devait succéder à son oncle dans la direction du monastère.

Si l'enfant de Darouba ne naquit pas l'année de la mort d'Athanase, sa naissance eut bien lieu au jour où plus tard le grand patriarche devait sortir de la vie, c'est à dire le 2 mai 333. Le jour de cette naissance fut un heureux jour pour les parents : Abgous fit un grand festin à sa famille et à ses amis ; il ne pouvait trop se réjouir, car, comme il le disait, la meilleure part lui avait été accordée. Rien ne nous apprend quels furent les pensées et les sentiments de la mère : sans doute elle repassait silencieusement en son cœur toutes les bonnes paroles qu'elle avait entendues et toutes les merveilles écloses dans sa propre imagination. Elle dut prendre le plus grand soin des premières années de cet enfant si désiré, né sous la plus brillante des étoiles, annoncé par tant de présages, révélé si souvent à son âme aimante. Aussi le nom qu'on lui donna lui convenait bien, c'était le fils de Dieu autant que d'Abgous et de Darouba.[1] Selon la coutume des mères égyptiennes, elle dut allaiter elle-même son fils pendant près de trois années : ce n'était pas en vain qu'en ses rêves elle avait promis à la reine du ciel de s'abstenir de tout ce qui aurait pu compromettre la frêle existence qui faisait le bonheur de sa vie.

Nous ne savons rien de spécial sur l'enfance proprement dite du petit Schnoudi, sinon qu'il croissait également en âge et en sagesse, comme autrefois l'enfant Jésus. Cela nous suffit pour penser que les jours heureux de l'enfance s'écoulèrent pour lui, comme pour les autres enfants de

---

1. Ces deux noms sont certainement égyptiens et doivent être authentiques. Le premier veut sans doute dire : *Le Pasteur*, ou peut-être : *l'élevé*. Le nom de Darouba est celui de la déesse de la moisson.

son âge et de sa race, à jouer, à courir nu pieds, à suivre les animaux domestiques, monté sur quelque âne patient ou même sur quelque buffle domestiqué. Il ne faut pas être bien riche en Egypte pour posséder un âne ou l'une de ces vaches noirâtres, aux poils longs et rares, qui semblent particulières au pays : les moutons sont la marque d'une plus grande aisance et les parents du jeune Schnoudi possédaient des moutons en assez grand nombre pour qu'ils fussent obligés d'en confier la garde à un berger, vieux domestique de la famille. Sans le moindre doute, Schnoudi accompagna souvent sa mère au fleuve, alors qu'elle descendait sur ses bords remplir la cruche qu'elle posait ensuite droite sur sa tête, marchant sans encombres, baignée de lumière et dessinant au loin, sous les longs plis de sa robe flottante, cette forme aérienne si gracieuse et si poétique. La mère l'avait trop vivement désiré et attendu pour l'abandonner le moins possible, elle l'aimait d'un amour trop grand pour se priver des douceurs de sa compagnie. Les parents d'ailleurs semblent avoir été pénétrés d'admiration pour leur fils dès son plus bas âge : ses premières paroles fut avidement recueillies par eux, et lorsque son intelligence commença de se manifester, le père et la mère s'extasiaient sur sa beauté, sa grâce, et sur les mots spirituels qui s'échappaient de ses lèvres enfantines. Le vieux berger lui-même fut pris aux charmes de l'enfant, il voulut s'assurer le plus possible sa compagnie. Schnoudi devait avoir alors à peu près huit ans. La chose fut difficile à obtenir : le berger fit valoir ses raisons, mais la mère ne consentait pas à se séparer de son fils. Cependant le père se montrait moins difficile et le berger finit par lui dire : « Laisse-moi prendre le jeune garçon, il m'aidera à paître les brebis et je t'abandonnerai une partie de mon salaire. Tu vois que je suis fatigué ; prenez donc pitié de moi, toi et sa mère, car je suis seul au monde, je n'ai personne qui compatisse à mes souffrances, personne que Dieu et vous, et toute ma vie je vous ai servis. » Ce langage touchant émut le cœur de Darouba, car elle n'aimait pas à voir l'affliction d'autrui ; elle dit au berger : « Je te le confie, mais à une condition ; tu me le renverras chaque soir, car c'est mon fils unique et je vois que Dieu est avec lui. » Le berger emmena le jeune garçon après avoir bien promis de le renvoyer chaque soir à l'affection de sa mère. Cette vie au grand air et au soleil réchauffant de l'Egypte dut influer sur le tempérament de Schnoudi : le sang vigoureux du fellah dut être fouetté par ces souffles vivifiants du nord vers lesquels a toujours aspiré l'Egypte. Cette vie pastorale fut peut-être l'une des causes de son étonnante longévité. Ce fut aussi le temps où il se trouva en rapport direct avec la nature, au milieu d'une végétation toujours renouvelée sur les bords du fleuve béni. Il semble que les bienfaits du Nil frappèrent vivement sa jeune imagination, car toute sa vie il fut préoccupé de l'inondation et de ses effets bienfaisants. Peut-être dans sa naïveté enfantine le prit-il pour quelque dieu caché dont la colère ou les largesses se manifestaient aux mortels par des eaux trop abondantes, trop parcimonieuses ou se contenant dans les limites qui assuraient la fertilité au pays d'Egypte : les anciens sages de la *terre noire* l'avaient ainsi regardé et chanté, et sans doute Darouba raconta plusieurs fois aux oreilles charmées de son enfant quelques-uns de ces récits populaires où le Nil se trouvait toujours mêlé. Schnoudi nous paraît avoir souvent erré sur ses bords enchanteurs, suivant ses brebis, regardant couler l'eau, contemplant les jeux radieux de cette multitude d'oiseaux aux brillants plumages qu'on y voyait alors, se préservant avec soin de la vue des monstres écailleux, de ces crocodiles redoutés qui foisonnaient dans ces parages ; le spectacle des champs toujours verdoyants, les parfums sains et forts qui s'exhalaient des trèfles et des blés devaient plus tard lui revenir à la mémoire et troubler ses rêves solitaires. Mais pendant son heureuse enfance, il ne pensa qu'à jouir de sa liberté de sensations, qu'à remplir ses poumons des souffles vivifiants et parfumés de la brise qui avait traversé le désert. Combien dura cette heureuse inconscience de la vie à son début ? nous ne savons. Le berger renvoyait chaque soir l'enfant à la maison de ses parents. Peut-être l'enfant y retourna-t-il d'abord ; mais bientôt le fleuve exerça sur lui une attraction plus forte que la maison paternelle : au lieu de retourner à la maison, le jeune Schnoudi à peine congédié par le vieux berger se dirigeait vers l'un de ces nombreux canaux ou étangs où l'on réservait l'eau pour les irrigations. Sur le bord se trouvait un sycomore qui le cachait aux yeux. Là, l'enfant se plongeait dans l'eau jusqu'au cou, levant les mains au ciel, et, quoi qu'on fût au mois de décembre, il priait toute la nuit. Qui priait-il ? Son esprit devait être encore dans les ténèbres de l'ignorance, il connaissait le nom de Dieu sans avoir été initié aux arcanes mystérieux du dogme chrétien, ce qu'on ne commence à faire que dans les écoles, et Schnoudi n'y avait pas encore posé le pied. Peut-être sa jeune imagination en travail avait-elle identifié le Créateur et la créature, et adressait-il sa prière à la manifestation de la bonté divine autant qu'à l'Être bon lui-même. Quand les raies lumineuses et rouges de l'aube annonçaient dans le ciel que l'astre du jour allait inonder la terre de sa lumière, le petit Schnoudi sortait de l'eau et s'en retournait à l'endroit où le berger avait parqué ses moutons pour la nuit.

Une pareille conduite ne dura pas longtemps sans exciter les griefs de la mère. Toutes les fois que l'enfant ne rentrait pas à la maison, Darouba inquiète allait trouver le berger et lui faisait les plus amers reproches : « Pourquoi, lui disait-elle, pourquoi ne renvoies-tu pas mon fils à la maison vers le coucher du soleil ? Ne sais-tu pas que je tremble qu'il ne lui arrive quelque mal, s'il tarde trop longtemps près de toi. » Et la pauvre mère devait inonder de folles caresses la tête de l'enfant. Et le berger répondait toujours : « Mais je vous le renvoie chaque soir, votre fils bien aimé. » Si la mère interrogea son fils, celui-ci dut trouver quelque explication dans son esprit déjà fertile en ressources. Après plusieurs scènes du même genre, le berger se dit sans doute que si Darouba se contentait des explications du jeune garçon, il saurait, lui, ce que devenait l'enfant pendant la nuit. Un soir il le suivit à son insu : il vit qu'au lieu de se diriger vers le village, le petit Schnoudi s'en éloignait et tournait ses pas vers un autre endroit. Le suivant toujours, il le vit arriver près du canal ou de l'étang, se plonger dans l'eau, lever les mains au ciel et prier. Les branches du sycomore cachèrent à l'enfant la surveillance du berger : celui-ci après avoir vu ce que faisait le petit garçon et l'avoir entendu prier en ces termes : « Mon Dieu, je te remercie, dirige-moi selon ta volonté », s'en retourna tranquillement près de ses brebis. Le lendemain au matin, le père tout courroucé, vint réprimander le berger : « Pourquoi, lui dit-il, n'as-tu pas renvoyé l'enfant à la maison hier au soir ? » Et le berger répondit : « Va, emmène ton fils, je ne suis pas digne qu'il reste près de moi. » Et il raconta au père ce qui était arrivé la veille. Le père tout pensif emmena son fils ; il raconta à la mère ce qui s'était passé, et l'heureuse mère dut sans doute trouver dans cette conduite étrange de son enfant la confirmation du bonheur qu'elle rêvait et pour lui et pour elle.

Plus tard le berger raconta aux frères du monastère de Schnoudi qu'il avait vu les dix doigts de l'enfant briller comme dix flambeaux éclatants, qu'en même temps il avait respiré des parfums sans pareils et tels qu'il n'en avait plus jamais respirés de sa vie.

Cette pieuse aventure dut avoir lieu dans le courant du mois de janvier de l'année 442 : elle appela l'attention des parents sur la conduite de l'enfant. Il allait avoir neuf ans : c'était l'âge où d'ordinaire les enfants que l'on destinait à recevoir quelque instruction commençaient à fréquenter les écoles ; la mère devait donc se décider à se séparer momentanément de son enfant chéri. Le choix d'une école avait aussi son importance et nul doute que l'affection de la mère ne fit encore pencher la balance. Darouba avait un frère, nommé Bgoul : ce frère était un homme vénéré dans tout le pays d'Akhmim. Il était le supérieur d'un monastère florissant situé près des ruines de la ville grecque d'Athribis, au milieu de la bande sablonneuse qui court entre la montagne de ce nom et la plaine. A ce monastère, comme autrefois aux antiques collèges sacerdotaux de l'Egypte, était attachée une école. La mère se dit que là son fils serait sous la surveillance de son frère, qu'elle serait ainsi plus rassurée sur le sort fait à l'enfant et il fut décidé qu'on l'y mènerait sans plus tarder. Peut-être aussi avait-on voué Schnoudi à la vie monacale ; mais rien n'est moins sûr. Ces réflexions prirent dix jours. Au bout des dix jours, Abgous prit sa femme et son enfant, ils se mirent en marche vers leur but et arrivèrent sans doute dans la même journée au monastère de l'oncle Bgoul, distant d'environ sept ou huit lieues du village de Schénaloli. L'enfant avait laissé le village natal, la maison paternelle pour n'y plus revenir. En eût-il le pressentiment et ses yeux s'humectèrent-ils de larmes? Il n'y a pas lieu de le croire : ni les pensées de sa vie postérieure, ni les actions de sa jeunesse ne le laissent supposer.

Le frère de Darouba reçut son neveu avec joie : dès le premier instant il fonda sur lui des espérances que l'avenir devait pleinement justifier. Le père et la mère furent sans doute bien traités dans la partie du couvent réservée aux hôtes. Ils s'entretinrent avec Abba Bgoul de l'enfant qui leur tenait tant au cœur : il fut convenu que le jeune Schnoudi resterait au monastère pendant une semaine, que son oncle l'étudierait et qu'au bout de la semaine le père reviendrait savoir si l'on pouvait raisonnablement compter sur l'intelligence du petit garçon. Ces décisions une fois prises, les deux époux se séparèrent du fruit tardif et béni de leur amour. Dès ce moment il n'en sera plus parlé. Visa ne prend pas la peine de nous instruire si le père revint, et nous savons seulement par une phase incidente que le fellah Abgous vint plus tard se mettre sous l'obéissance de son fils qui le fit hégoumène d'une des nombreuses laures réunies sous son obédience. Quant à la mère il n'en est plus question. Elle s'en retourna sans doute le cœur bien serré, redoutant de rentrer dans le vide de sa maison toute pleine de tant de charmants souvenirs ; mais elle dut trouver une grande consolation dans la pensée tant de fois caressée déjà qu'un brillant avenir pour son fils serait le fruit de son sacrifice à elle. Pour une fois l'avenir réalisa les espérances conçues. Que de mères devaient dans la suite des temps agir comme la pauvre Darouba sans être récompensées comme elle! Il nous faut la quitter ici, sans savoir si elle vécut assez longtemps pour jouir de la gloire de son fils. Elle dut mourir d'assez bonne heure, car il n'est pas vraisemblable que son mari l'eût quittée avant sa mort, même pour embrasser la vie monacale. Douce et sympathique figure placée au seuil de ce récit comme le serait une statue de l'Amour à l'entrée d'une sombre et terrible demeure !

Dès l'entrée de Schnoudi dans le monastère de son oncle, nous nous trouvons transportés dans le monde surnaturel pour n'en presque plus sortir. L'auteur de la vie du grand moine s'est plû à décorer de ses plus brillantes couleurs le récit même de cette entrée. Selon lui, le jour où les parents de Schnoudi le conduisirent à son oncle Bgoul, celui-ci était entouré de plusieurs grands personnages de la ville d'Akhmim, venus recevoir de sa bouche les paroles qui mènent à la vie éternelle. Tout à coup, le vénérable Bgoul interrompit son discours et dit à ceux qui l'accompagnaient: « Levons-nous tous, allons au devant de l'archimandrite qui s'approche de nous. » Tous le suivirent, et ils rencontrèrent bientôt le jeune garçon avec ses parents. Le jeune Schnoudi s'avança alors vers son oncle et d'une voix aussi sage que grave, il lui dit : « Salut à toi, ô pur vieillard : ta grasse vieillesse a poussé comme les rameaux bénis de l'arbre du Paradis : béni sois-tu en toute ta vie. » Les assistants furent grandement émerveillés de ces paroles tombées de la bouche d'un enfant, ils se demandaient sans doute quel était et quel serait ce jeune garçon, lorsque le vénérable Bgoul prit la main de Schnoudi, la mit sur sa tête et lui dit : « Bénis-moi mon père ! » puis se tournant vers ceux qui l'avaient suivi, il ajouta : « Celui dont je tiens la main est engagé à Dieu pour jamais. » On se remit en marche vers le monastère, et à peine se fut-on assis qu'un homme possédé du démon vint aussi s'asseoir près d'apa[1] Bgoul et que le jeune garçon ayant saisi une bêche en frappa Satan, c'est-à-dire le possédé. L'esprit malin, s'écria aussitôt : « Je sors, car je te connais, ô jeune et sage garçon, et je sais les faveurs dont Dieu t'a pourvu : tu m'as brûlé comme avec un charbon et je suis en proie à toutes les douleurs du supplice du feu. » Et il sortit en effet, mais l'oncle trouva ce miracle intempestif et pria son neveu d'attendre le moment où il pourrait guérir avec opportunité.

---

1. Le mot *apa* est un titre d'honneur dont, avec tout le monde, j'ignore l'origine. On a dit qu'il se donnait à tous les moines pourvu qu'ils ne fussent pas novices, il se donnait aussi à tous les ecclésiastiques d'un certain rang, à des personnages laïques regardés comme saints, même à des enfants, comme ici c'est le cas pour Schnoudi, cas qui n'est pas d'ailleurs isolé.

II

La première nuit que l'enfant passa au monastère, son oncle le fit coucher seul dans une chambre près de la sienne. Les yeux d'apa Bgoul s'ouvrirent pendant son sommeil et il vit un ange du Seigneur qui gardait le jeune et beau garçon pendant la nuit. Cet ange lui apprit les hautes destinées de l'enfant et l'avertit de le revêtir le lendemain matin de l'habit monastique. Un aussi grand personnage que Schnoudi ne pouvait être revêtu d'un habit ordinaire, aussi l'ange avait-il pris soin lui-même de lui en apporter un du ciel, et les différentes pièces de cet habit divin avaient toutes appartenu à de très grands amis de Dieu : la ceinture avait été celle de Jean le Baptiste, cousin du

Seigneur, la robe celle d'Elie le Thesbite et le caleçon avait appartenu aux trois jeunes gens que Nabuchodonosor, le roi impie avait fait jeter dans la fournaise. Evidemment revêtu d'un aussi saint habit, Schnoudi, quoiqu'il n'eût pas encore atteint sa neuvième année, devait avancer rapidement dans les voies de la vertu et les prodiges de sainteté ne devaient pas attendre pour lui que les glaces de l'âge fussent venues amortir le feu de la jeunesse. En Orient il est pour ainsi dire de bon ton qu'un thaumaturge soit presque toujours prévenu des faveurs divines avant sa naissance, et les prodiges commencent dès son apparition sur la terre : lui-même il en opère dès que ses yeux se sont ouverts à la conscience de la vie. Schnoudi n'échappa pas à cette règle.

Le saint apa Bgoul garda quelques jours encore son neveu près de sa personne avant de le confier à une autre direction. Pendant l'un de ces jours, le saint vieillard reçut la visite d'un autre vieillard non moins saint, appelé apa Bschai. Lorsqu'ils eurent fini leur pieux colloque, les deux saints amis sortirent du monastère, Bschai pour retourner à son couvent situé à une faible distance au nord, Bgoul pour accompagner son ami quelque temps. Schnoudi était de la promenade et marchait un peu en avant, courant sans doute d'un côté ou de l'autre, comme il était de son âge. Soudain une voix cria du haut du ciel : « Aujourd'hui apa Schnoudi a été nommé archimandrite de tous les chrétiens ! » Apa Bgoul dit à l'oreille d'apa

Bschai: « O mon frère, as-tu entendu cette voix céleste? » — « Oui, certes, je l'ai entendue, » répondit apa Bschai. Et les deux amis se répétèrent l'un à l'autre ce qu'ils avaient entendu. Leurs paroles se trouvèrent d'accord; mais cela ne leur suffit pas, ils voulaient savoir de l'enfant s'il avait entendu comme eux, et l'enfant avoua ingénument qu'il avait entendu une voix céleste criant dans les airs : « Aujourd'hui apa Schnoudi a été nommé archimandrite du monde entier ! » Heureuses gens qui pouvaient ainsi entendre à leur gré le ciel sanctionnant leurs pensées ambitieuses ! heureux auteur qui trouvait une sainte jouissance dans ces pieux mensonges et qui faisait passer le plaisir de ses inventions dans le cœur de ses lecteurs !

Cependant les prodiges éclos dans le cerveau de l'auteur ne suffisaient pour rendre Schnoudi capable de tenir la haute dignité qu'on faisait peut-être dès lors miroiter à ses yeux ou que tout au moins son oncle ambitionnait pour lui. Archimandrite de tous les chrétiens, archimandrite du monde entier, Schnoudi ne devait point l'être ! sa dignité fut réelle, mais elle devait être confinée aux quelques laures qui entouraient son monastère, et son influence quelque grande qu'on l'ait supposée, ne dépassa pas les limites du nome d'Akhmim ou des nomes voisins : seule la renommée de sa vie extraordinaire fut grande et la curiosité qu'elle excita se vit ailleurs qu'en Egypte. C'est ici, croyons-nous, le moment de faire connaître cet oncle qui allait exercer une influence si prépondérante sur la vie de Schnoudi, et les lieux où cette vie devait presque entièrement s'écouler.

Ce serait une erreur de croire que le monachisme en Egypte forma un corps uni et entier. Le souffle divin qui poussait les hommes à l'amour de la mortification dans la solitude était individuel. Tout d'abord il ne parut pas nécessaire de fuir au désert : celui qui se sentait attiré à la vie monacale se mettait à l'écart de son village, il vivait seul, entouré de la vénération des âmes pieuses qui ne s'étaient pas senti le courage d'abandonner le monde, ses biens et ses plaisirs. Païens et chrétiens, je veux dire tous les Egyptiens de race, qu'ils eussent ou non embrassé les idées chrétiennes, étaient également respectueux des saints anachorètes, car il n'y avait pas que des anachorètes chrétiens, et pendant le règne de Constantin Pakhôme, encore païen, s'était fait moine et s'était concilié l'affection de tous les habitants chrétiens du village près duquel il vivait. Antoine, chrétien de naissance, avait fait ainsi; ainsi, le grand Macaire; le premier ne s'était retiré au désert que pour fuir l'affluence de visiteurs que lui amenaient ses vertus; le second s'était enfoncé dans la solitude pour échapper aux vexations qu'une calomnie lui avait suscitées. Chacun agissait de même quand il croyait avoir entendu la voix de Dieu l'appelant à la vie érémitique, car la vie érémitique fut la première étape des ordres religieux.

Cette vie érémitique eut elle-même deux phases ; car, comme certaines fleurs se trahissent par leur parfum alors qu'elles semblent cachées à tous les yeux, les solitaires se découvrirent à l'arôme de ce qu'on nommait leurs vertus. L'homme étant de sa propre nature porté à l'imitation de tout ce qui lui semble grand et beau, de nombreuses vocations monacales naquirent au récit de quelques nomades ayant par hasard rencontré les Antoine et les Macaire. Un feu intense brûla les cœurs, on voulut faire comme ces grands hommes avaient fait, car le ciel semblait s'être ouvert pour eux dès cette misérable vie, ou plutôt des misères de la vie qu'ils avaient méprisées ils s'étaient élevés jusqu'à la condition des Anges. Or quel meilleur moyen pouvait-il exister de parvenir à cet heureux état, sinon d'imiter les maîtres, et comment imiter les maîtres sinon en contemplant leur vie de chaque jour ? Aussi on découvrit les retraites les plus cachées, et les déserts les plus reculés reçurent des habitants. Antoine n'osa rejeter loin de lui ceux qui lui étaient venus de si loin ; il leur permit de se bâtir près de la sienne des cabanes où ils vivaient un à un, ou de se creuser quelque caverne dans le calcaire de la montagne, il condescendit à donner les avis spirituels que lui suggérait sa longue expérience, et c'est ainsi que la vie érémitique entra dans sa seconde phase.

Au nombre des disciples perpétuels ou intermittents du grand patriarche du monachisme fut Macaire qui ne craignit pas de faire deux fois le voyage de Scété à la mer Rouge, pour s'abreuver aux saints enseignements de celui qu'il regardait comme son père. Macaire fit faire un pas de plus au monachisme vers le cénobitisme. Il vit bientôt en effet se presser autour de lui une foule d'âmes ayant soif de solitude et de sacrifices. Il les dispersa dans le désert ou le long des flancs de la montagne : mais il eut soin de faire bâtir une grande église ou tous les samedis et les dimanches la synaxe sainte réunissait la multitude des frères. Il avait même établi près de sa cabane particulière une sorte de maison commune d'où l'on tirait les provisions nécessaires que l'on envoyait aux anachorètes enfoncés au loin dans le désert ou la montagne. Le monastère fut ainsi fondé, mais dans le sens propre du mot et non dans le sens dérivé que nous lui donnons aujourd'hui : chacun vivait à part dans sa cabane ou dans sa cellule, travaillait à part, mangeait à part et priait à part : on ne se réunissait que pour l'office divin, le samedi et le dimanche. Cependant tous reconnaissaient l'autorité d'un père commun auquel ils confiaient leurs plus secrètes pensées et dont ils attendaient à la fois la réfection spirituelle et la nourriture corporelle. Ce père commun nommait des officiers chargés de pourvoir à la subsistance de chacun, de vendre les produits de l'ouvrage manuel auquel chacun se livrait à certaines heures, de départir les aumônes avec équité et de veiller avec une sollicitude particulière aux besoins des infirmes et des malades. C'était toucher de bien près au cénobistime qui devait détroner toutes les diverses branches du monachisme ; mais ce n'était pas encore avoir atteint le but, ce n'était pas encore avoir créé ce genre de vie qui par la suite devait s'étendre sur toute la chrétienté et acquérir une puissance immense, se mêler à tous les grands événements religieux et s'immiscer quelquefois dans le domaine du temporel.

L'honneur de cette création revient à la Haute Egypte, et elle est contemporaine de la phase dans laquelle Macaire fit entrer le monachisme. On l'attribue d'ordinaire avec quelque apparence de raison à St Pakhôme : c'est commettre la même injustice que celle qui a fait nommer Amérique le nouveau monde découvert par Christophe Colomb. Pakhôme ne fut que le continuateur de l'œuvre commencée déjà. Le véritable créateur du cénobitisme, autant qu'on peut l'affirmer avec certitude, est le vénérable apa Palamon, la figure la plus douce de ces figures de moines, toutes plus ou moins hirsutes. Palamon n'avait pas fermé son cœur à tous les sentiments humains, il comprenait que le cœur des autres hommes pût s'attacher à l'amour, il n'était dûr qu'à lui-même et c'est par cet esprit d'affection spirituelle qu'il fut poussé à réunir autour de lui un certain nombre de disciples auxquels il fit partager sa vie. Le plus fameux de ces disciples est Pakhôme, dont la célébrité a plus que voilé le doux éclat de son maître, Pakhôme relativement humble et modeste, et qui conserva toujours le reflet des simples vertus de Palamon. Celui-ci ne s'occupa guère d'ordonner la douce vie que l'on menait autour de lui ; il lui suffisait que chacun fût heureux et servît Dieu avec zèle dans les choses essentielles du monachisme. L'ordre régnait cependant et la ferveur était grande ; mais cette ferveur n'était taxée pour ainsi dire qu'au minimum et chacun y ajoutait à sa guise. Le théâtre des vertus était petit : il ne put suffire à Pakhôme qui rêvait d'établir la vie cénobitique sur une plus vaste échelle. L'île des palmiers d'Isis, Tabennîsi ou Tabenne, comme nous disons, fut le lieu choisi pour être la demeure bénie des cénobites. Pakhôme soumit tous ses disciples à une règle, la première sans doute qui ait été écrite : le perfectionnement qu'il apporta à l'œuvre de Palamon fut si grand qu'on lui en a toujours depuis attribué l'invention. Ce n'est pas ici le lieu de discuter cette règle, car elle ne rentre pas dans notre sujet ; mais il faut observer qu'elle fut adoptée en partie par presque tous les chefs de cénobites. Cependant elle ne passa point pour une œuvre de perfection : la vie en commun parut aux anachorètes et aux moines de Macaire une descente dans l'échelle de la sainteté. Les solitaires et les moines de Scété restèrent longtemps aux yeux des auteurs ecclésiastiques en possession de la perfection monastique. Palladius dans son *histoire lausiaque* accorde à peine quelques lignes à Pakhôme : il ne connaît pas un seul des autres cénobites. Plus tard Cassien, le prêtre de Marseille, n'a que des paroles amères pour ceux qui ont lâchement abandonné le monachisme pour le cénobitisme.

Par une démarcation curieuse, la ville de Siout, la Lycopolis des Grecs, a été le point de séparation du monachisme sous la forme que lui avait donnée Macaire et du cénobitisme. Jusqu'à Siout il n'y avait d'abord que des anachorètes et des moines de l'observance de Scété, s'il m'est permis de parler ainsi ; depuis Siout jusqu'à Syène, il n'y a plus guère que des anachorètes et des cénobites. Il serait osé de chercher une raison géographique ou simplement locale à ce phénomène moral : ce qu'il y a de certain, c'est qu'il en fût ainsi et que les réputations qui nous sont arrivées dans toute leur célébrité furent d'abord purement locales et ne sortirent pas des limites de la Haute Egypte. Toutefois les moines de Scété, surpris qu'on pût mener la vie religieuse sans être moines au sens absolu du mot, montaient jusqu'au Sahid pour contempler le curieux spectacle du cénobitisme et se montraient fort étonnés de voir des hommes de grande réputation et de haute sainteté en dehors de leur confrérie. Le jeune Schnoudi était né dans le nome d'Akhmim ; voulant embrasser la vie religieuse, il devait se faire anachorète ou mener la vie cénobitique : la présence de son oncle à la tête d'un monastère de cénobites trancha la question en faveur du cénobitisme.

Apa Bgoul était en effet l'un de ceux qui avaient embrassé les institutions de Pakhôme. La force des choses semble l'y avoir conduit plus que sa propre volonté ; la providence lui donna ainsi ce qui lui convenait le mieux sans qu'il le sût. Nous n'avons que peu de renseignements sur son compte. On avait composé son éloge : c'était sans doute l'œuvre de son neveu; mais par une dérision du sort, il ne nous en est resté que deux feuillets actuellement conservés au musée de Naples. Ces deux feuillets nous en disent assez long pour que nous puissions nous hasarder à esquisser sa vie et son caractère. Il semble que Bgoul, comme tant d'autres, mena la vie érémitique. Sans doute d'autres anachorètes se joignirent à lui, trouvant que sa ferveur était éminente : de nouveaux amants de la vie religieuse se groupèrent autour d'eux et, sans l'avoir cherché ni voulu, Bgoul se trouva le chef d'une communauté. Il était intelligent, il comprit que le cénobitisme de Pakôhme devait le rallier lui et ses disciples; mais moins aimant, plus dur d'esprit encore et plus étroit que Pakhôme, il trouva que la règle de Tabennîsi n'était pas l'idéal de la perfection. Peut-être avait-il à diriger des êtres plus grossiers ! Il crut que la dévotion et la ferveur ne devaient pas être laissées à l'initiative particulière: le thermomètre de la vie religieuse lui sembla devoir être élevé. En cela il se trompait, il l'aurait compris s'il eût pu revivre après la mort de son neveu. Au lieu d'être un progrès, sa règle ne fut qu'une décadence, et la cause de cette décadence fut qu'il ne laissa pas assez de jeu au libre arbitre de l'homme et qu'il crut rendre la créature plus parfaite en la privant le plus possible de l'exercice du plus beau don que lui ait fait le Créateur, c'est-à-dire de la raison.

Le lieu choisi par apa Bgoul pour le théâtre de ses œuvres pieuses était sec et aride : il était situé près des ruines de l'antique ville grecque d'Athribis, au milieu d'un terrain sans eau. Il fallut d'abord creuser un puits très petit : on cultiva sans doute ce qu'on put de terrain et les habitants des villages voisins subvinrent aux besoins les plus pressants des frères. A mesure que le nombre augmenta on creusa un puits plus grand, et Bgoul qui était industrieux fit planter des arbres, des palmiers et des oliviers, il créa un jardin potager où l'on ne cultiva d'abord que quelques légumes ordinaires. Fort heureusement pour la communauté naissante, la charité de leurs voisins ne s'attiédit pas et les provisions furent toujours assez abondantes pour nourrir le monastère. La nécessité fit aussi créer une série de métiers : le premier, celui de tisserand, le fut à l'instigation d'un moine nommé Martès. Il avait été tisserand lui-même, mais il ne savait pas bâtir le métier fort primitif encore en usage chez les fellahs et dans les monastères, le même dont les monuments du plus ancien empire égyptien nous ont conservé le dessin.[1] On eût recours pour bâtir les métiers à tissage à un moine du voisinage qui connaissait la chose : ce moine vint, leur fit élever de petites cahuttes de

---

1. J'ai vu moi-même ces métiers primitifs et si anciens dans le monastère de Moharraq. On les a fait fonctionner devant moi. Les métiers de tisserand dans certaines parties de la France, sont du même genre ; mais on les a rendus plus commodes, plus grands et plus faciles à manier.

terre, creuser des trous et leur prépara tout ce qui était nécessaire. Il s'en alla, promettant de revenir dès qu'on aurait besoin de lui. Les frères crurent bientôt avoir besoin de son concours ; mais Bgoul ne voulait pas que sa communauté eût des rapports fréquents avec des étrangers : il voulait l'homogénéité et était prêt à tout sacrifice pour l'obtenir. Dans le cas présent il prétexta les mauvaises mœurs du moine, et les frères durent faire eux-mêmes leur apprentissage.

Il en fut sans doute ainsi pour d'autres métiers. Les frères trouvèrent de la sorte au monastère tout ce qu'il leur fallait. Lorsqu'ils furent au nombre de trente et plus, Bgoul les réunit et leur fit signer une déclaration dans laquelle ils s'engageaient à n'avoir qu'une seule règle et à ne mettre aucune différence entre eux, soit dans le manger et le vêtir, soit dans toute autre action corporelle ou spirituelle. Cette déclaration signée de tous lui fut remise et il la plaça dans les archives du monastère où l'on pouvait encore la lire après sa mort. On a voulu voir dans cette manière d'agir d'apa Bgoul le premier exemple des vœux monastiques. Il ne nous est pas possible de partager cette manière de voir. Les vœux tels que nous les entendons aujourd'hui n'étaient point connus de cette époque. Le vœu emporte l'impossibilité de le révoquer : quand une fois on l'a fait il faut le tenir. Depuis la Révolution française on ne fait plus dans les ordres religieux ce qu'on appelle des *vœux solennels*; il y a cependant les grands vœux qui sont irrévocables à tout jamais à moins que l'autorité supérieure ne les lève. De même les vœux faits pour un temps déterminé sont irrévocables pour ce temps; les supérieurs d'un ordre religieux ne peuvent renvoyer un sujet qui a fait des vœux simples, pendant la durée de ces vœux, et ils ne peuvent jamais prononcer la déchéance de celui qui a prononcé les grands vœux. L'autorité du pape seul peut relever de ces vœux. C'est pourquoi dans certains ordres on n'admet que de rares personnes à les prononcer. Le vœu entendu de cette sorte est un; c'est le vœu d'obéissance, qu'il se manifeste sous le nom de pauvreté ou sous celui de chasteté. L'obéissance emporte tout, car la volonté du supérieur c'est la règle incarnée. Rien de pareil n'exista en Egypte. Pakhôme quitta le monastère de Palamon quand il le voulut, et même dans le monastère de Bgoul nous verrons plus tard que le supérieur pouvait renvoyer un frère à son gré, de même que celui-ci pouvait laisser la vie religieuse quand il le voulait. Nous ne sommes donc pas en présence de vœux, mais de promesses sans lesquelles la vie cénobitique eût été impossible. L'établissement des vœux monastiques devait venir bien plus tard et ailleurs qu'en Egypte. Quant à la chasteté, c'était la condition première et *sine quâ non* de la vie monastique : chaque frère s'y soumettait de lui-même, c'était affaire entre lui et sa conscience, mais il devait l'observer pour être digne du nom de moine et pouvoir rester dans un monastère.

Il semble que la plus grande difficulté qu'eut à surmonter apa Bgoul fut de faire régner l'union et la bonne entente parmi ses disciples. Faire sa propre volonté, agir selon l'instinct du moment, même dans les œuvres de religion et de pénitence, n'est pas bien difficile ; se plier à une règle, s'astreindre à des exercices journaliers se faisant à une heure fixe, renoncer à sa volonté en tout temps et en tout lieu c'est une œuvre bien plus pénible et plus dure. La vie commune multiplie à chaque instant les difficultés de la règle, par suite du frottement nécessaire de natures disparates et du choc de volontés contraires. L'obligation de ne pas mener une vie spirituelle et différente des autres frères dut surtout beaucoup coûter aux volontés ardentes, assoiffées de pénitence. Aussi il est plus que probable que la règle de Bgoul ne fut jamais bien observée sur ce point, et que chacun entendit sa dévotion à sa guise, sans manquer trop ouvertement aux principaux articles du règlement. D'ailleurs il est presque certain que la règle de Bgoul porta plus sur les actions physiques et l'ordre dans lequel devaient avoir lieu les exercices spirituels que sur les pensées individuelles et la direction de la vie spirituelle elle-même. Peut-être avons-nous une partie de cette règle de Bgoul, et en ce cas elle confirmerait notre pensée. Comme nous aurons à en parler plus loin, il suffira de dire ici qu'elle parut dure à quelques-uns et que bien souvent, sous le gouvernement de Bgoul comme sous celui de Schnoudi lui-même, il y eut des murmures et des désordres.

Tel était l'état intérieur du monastère dans lequel Schnoudi était entré encore tout enfant. Rien ne ne nous a renseignés autrement sur l'état extérieur du couvent, sa pauvreté plus ou moins grande, ni sur les conditions de son existence. Plus tard il dut être agrandi, nous verrons à quelle occasion, et il est encore debout. Le pays n'a point changé, les ruines d'Athribis se voient encore tout près, la montagne se dresse non loin de l'enceinte, le sable est toujours resté à l'entour des murs et l'eau fait encore défaut malgré les digues et les canaux. Le pays est pauvre en comparaison de certains autres cantons de la région. Les moines qui l'habitent aujourd'hui ne doivent que très peu différer des premiers fellahs qui vinrent se mettre sous la conduite de Bgoul; ils sont tout aussi pauvres, tout aussi épais de corps et d'esprit, bornés dans leurs vues, étroits dans leurs idées, misérables dans leurs sentiments. Comme dans plusieurs autres centres religieux de l'Egypte, ils ont renoncé au célibat, vivent avec leurs femmes et avec leurs enfants, continuant de s'appeler moines, ayant ainsi donné à ce mot une signification exactement contraire à celle qui le fit appliquer aux premiers amis de la solitude. Un jour on démanda au grand Antoine quand arriverait l'abomination de la désolation : il répondit : « Quand vous verrez les moines mariés, vivant avec leurs enfants et leurs femmes, adonnés aux plaisirs de la chair, cherchant les biens de ce monde. » Peut-être ne pensait-il pas si bien dire et croyait-il que la supposition monstrueuse qu'il faisait ne se réaliserait jamais : le temps qui confond tout, les pensées et les hommes, s'est chargé de faire une réalité de son hypothèse : la race copte ne peut paraître plus vile et plus abjecte que dans la personne des moines qui occupent maintenant le monastère antique de celui qu'on nomme encore le grand Schnoudi.

Apa Bgoul ne fut pas longtemps sans voir en son neveu les dispositions les plus remarquables pour la vie monacale : l'enfant était intelligent et avait de la volonté. Le sauvageon était parfait, il ne s'agissait plus que de le greffer et de lui donner la culture convenable. Pour arriver à cette conclusion point n'était besoin qu'un ange ouvrît ses yeux et lui annonçât les grandeurs futures du petit garçon : Bgoul voyait clairement que le plus sûr moyen de perpétuer son œuvre était de former un disciple selon son cœur, et personne ne lui parut plus propre à tenir un jour son emploi que celui qui serait à la fois son fils par l'esprit et son neveu par la chair. Il devait donc sans plus tarder le former à cette vie pour laquelle il le destinait. La première chose à faire était d'instruire l'enfant ; car, comme nous l'avons vu, il devait être profondément ignorant, n'ayant fait que jouir inconsciemment de la vie en suivant sa mère et en gardant les moutons, n'ayant rien appris que les histoires ou les contes enfantins qu'il avait recueillis des lèvres de celle qui lui avait donné le jour. Ainsi les premières années que le jeune Schnoudi passa au monastère durent être employées à l'étude autant qu'à la prière. Malgré l'ardeur de son tempérament et l'affirmation de son biographe, ses mortifications ne pouvaient qu'être enfantines, et les jeux durent alterner avec les leçons et les exercices pieux : l'enfant ne peut être arraché aux habitudes de son âge, recevoir une culture trop hâtive, être poussé trop vite, pour employer une expression vulgaire, sans que sa santé et son intelligence ne ressentent quelque atteinte d'une culture intempestive. Les hautes destinées auxquelles on réservait le jeune garçon furent certainement une raison pour son oncle de graduer les exercices dont le tempérament du jeune novice aurait facilement pris l'habitude. Il devait d'ailleurs se trouver autour d'apa Bgoul d'autres enfants du même âge que Schnoudi : ainsi les commencements de la vie du futur ascète ne furent pas trop rigides et il faut reporter à une époque plus éloignée, vers la vingtième année sans doute, les mortifications extraordinaires dont nous a conservé la mémoire le récit de son disciple Visa. Pour le moment il fallait étudier. Encore aujourd'hui dans les couvents coptes une école est toujours annexée au monastère pour l'instruction des enfants du voisinage : l'étude et l'instruction qu'elle procure ont toujours été en grand honneur au pays d'Egypte, aux temps les plus reculés comme aux temps plus modernes ou contemporains. Il ne sera pas téméraire d'affirmer en outre que le petit garçon fut employé au service de l'autel, qu'on lui apprit à chanter les louanges de Dieu, à répondre au prêtre ou au diacre, à présenter l'encensoir. Souvent il dut être appelé à consommer les restes du sacrifice, plus heureux encore aux yeux de ses pères que ne l'avait été le jeune Joas près du grand prêtre Joiada. Ce fut aussi pendant les dernières années de sa jeunesse et les premières de son adolescence qu'il apprit à faire des corbeilles avec les feuilles du palmier ou les joncs des bords du fleuve : c'était l'ouvrage classique du moine et nous savons qu'il fit des corbeilles dans sa solitude au désert ; c'est le seul ouvrage manuel qu'on lui attribue.

Les renseignements nous font complètement défaut sur la manière dont furent dirigées ses études et le cercle de connaissances qu'on lui fit parcourir ; cependant on peut indiquer, à peu de chose près, quelle voie suivit son éducation et quels fruits il en retira. Il dut apprendre à la fois la langue copte, langue de ses ancêtres et de ses contemporains, et la langue grecque, idiôme des conquérants et des possesseurs de son pays. Nous ne savons s'il fit de grands progrès dans cette merveilleuse langue grecque, si douce et si harmonieuse qu'on a pu la nommer la langue des dieux ; mais il arriva sans le moindre doute à la comprendre et à la parler couramment, car, dans les différentes périodes de sa vie, on ne voit jamais qu'il ait eu besoin d'un interprète pour s'adresser aux magistrats grecs ou aux habitants de la ville impériale. Quant à la langue copte, il y devint un maître consommé ; plus tard, à cet idiome vieilli, usé, ne pouvant se mouvoir qu'à l'aide de nombreux soutiens, il fit rendre des accents passionnés qui nous émeuvent encore aujourd'hui ; il sut le rajeunir et lui imprimer un mouvement dont il devait s'étonner lui-même. Il dut aussi apprendre l'art par excellence de l'Orient, l'écriture, cette écriture fine, élégante, soignée dans ses moindres détails, véritable peinture pour les yeux, inimitable pour nos calligraphes modernes. Dans ses mains le calame rivalisa sans doute avec les œuvres célèbres des antiques scribes attachés à la chancellerie des Pharaons. Ce n'est pas faire une vaine conjecture que de le croire, car on trouve encore dans son monastère des parchemins écrits après son passage dans la vie, des livres ayant tous un air de famille, aux lettres merveilleusement moulées et décorées, attestant qu'il y eut autrefois au monastère d'Athribis une école de calligraphie qui dura longtemps. Dans les coins de ce couvent, bien exposé au soleil pour en recevoir la vivifiante chaleur, le jeune Schnoudi accroupi, tenant sur ses genoux son livre et quelque tesson ou quelque vieille peau usée, dut apprendre à lire l'écriture et à la tracer avec amour, fier quand il avait réussi, triste quand le succès n'était pas venu et se punissant lui-même, se frappant la poitrine d'un poing sonore pour se châtier ou se corriger. Ce n'est pas l'un des spectacles les moins curieux de l'Egypte moderne que de voir une école copte où les enfants crient tous à tue-tête afin de mieux apprendre leurs leçons, où l'on entend des sanglots et de vigoureux coups de poings sur la poitrine quand le pauvre écolier ne peut arriver à se mettre dans la tête la leçon donnée ou à écrire assez habilement sur sa feuille d'étain. Mais ces commencements de l'étude ne furent sans doute qu'un jeu pour le jeune Schnoudi : l'écolier copte est doué d'une ténacité rare, d'un ardent désir d'apprendre, d'une mémoire incomparable et d'une intelligence peu commune. Le sang du fellah coule encore généreusement : il y a quatorze siècles, avant toutes les persécutions et les privations subies, il devait couler avec impétuosité et bien des faits le prouvent. En outre le génie de l'homme éclot rapidement sous le soleil d'Egypte, et quand l'enfant de nos climats septentrionaux en est encore aux plus simples éléments de la science, l'écolier en Orient a déjà parcouru une grande partie du cercle des connaissances humaines que l'on dispense en son pays, il peut se servir de ce qu'il a appris et généralement il s'en contente.

Ce ne sera pas s'écarter beaucoup de la vérité, croyons-nous, que d'écrire qu'à sa quinzième année, et peut-être avant, le jeune Schnoudi devait avoir terminé cette première partie de ses études, qu'il avait plusieurs fois lu et médité la Bible entière, en avait confié une grande partie à sa mémoire. Le livre des Psaumes fut celui que tout d'abord il apprit par cœur, nous le savons avec certitude, car tout moine devait en réciter chaque jour une partie et les prières usitées se composaient presque exclusivement des hymnes attribuées au roi David : les œuvres des prophètes vinrent sans doute en second lieu, mais certainement les Evangiles synoptiques et peut-être les Epîtres de Saint Paul. Pour les œuvres du grand Apôtre des Gentils nous ne pouvons faire qu'une simple conjecture : c'est à peine si, dans la vie de Schnoudi, l'Apôtre par excellence lui apparaît une fois, quand il est en perpétuelle communication, en rapports presque journaliers avec les Prophètes, petits ou grands, et avec le Psalmiste, c'est à dire avec ceux dont il avait plus particulièrement affectionné les œuvres. D'ailleurs nulle partie de la Bible ne lui fut étrangère, il faisait de ce livre merveilleux sa nourriture quotidienne : il l'avait tellement lu et médité que son style offre souvent la couleur biblique et que ses ouvrages sont remplis de passages des livres saints. Il aurait déjà pu dire de lui-même ce que St Bernard, un homme avec lequel il eût plus d'un trait de ressemblance, devait dire sept siècles plus tard : « Les paroles divines sont fréquemment dans ma bouche, vous le savez : dans mon cœur elles sont toujours, Dieu le sait ; mon style en fait un usage habituel, comme il est évident : c'est ma plus sublime philosophie d'avoir la science de Jésus et de Jésus crucifié. » La Bible dut donc être la principale étude du jeune Schnoudi ; mais il l'étudia avec un esprit étroit. Il n'y chercha pas la connaissance des traditions primitives de l'humanité, ni la poésie si limpide et si jeune de ces récits que notre premier âge a connus et goûtés, qui ont peut-être éveillé en beaucoup comme en nous-même la première curiosité de l'âme s'ouvrant à la vie ; le voyage d'Eliézer à la recherche d'une épouse sans tache pour Isaac, les années que passa Jacob près de son oncle pour mériter sa cousine Rachel après qu'on lui eut donné Lia, la vie et les songes de Joseph avec l'histoire de sa faveur près de Pharaon, la naissance et l'éducation de Moyse sur cette même terre qu'il foulait aux pieds, l'idylle si charmante de Ruth, tout ce qui est gracieux, tendre et poétique dans le livre qu'il étudiait lui échappa, il ne goûta rien de tant de pages délicieuses et charmantes. Au contraire, tout ce qui offrait une peinture terrible, le déluge couvrant la terre et anéantissant l'humanité, la ruine de Sodome, de Gomorrhe et des autres villes coupables, les dix plaies venant fondre sur l'Egypte et la désoler, le Sinaï avec ses éclairs et ses tonnerres, la vie errante dans le désert avec ses révoltes, les crimes et les châtiments qu'ils attirèrent, l'extermination des peuples chananéens, les excès de zèle et les brutalités, tout ce qui était horrible et dur emporta son admiration et entra profondément dans son souvenir. Les malédictions des prophètes lui furent familières, les invectives dures et amères firent son bonheur et sa lecture ne fit que donner un accroissement rapide aux instincts qui ne demandaient qu'à s'éveiller et croître en son jeune cœur. L'influence de son oncle ne dut pas sans doute être étrangère à cette éducation du cœur ; la sage direction d'une nature aimante aurait pu incliner du côté de l'amour et de la douceur cet enfant que son caractère ne portait que trop à la dureté de l'orgueil : cette direction lui manqua et il fut certainement excité dans le sens contraire soit par des paroles, soit par des exemples. Plus tard il devait justifier les excès les plus blâmables de sa conduite, par les exemples que lui avait fournis l'Ecriture, sans se douter que la plus cruelle injure qu'il pût faire à ce Dieu dont il apprenait la loi était de fermer en son cœur les sources de la charité, pour ne laisser brûler que le feu de la colère.

Nous nous sommes laissé emporter bien loin des premières années d'étude de Schnoudi : son caractère ne se développa que lentement à mesure que l'âge et les évènements de sa vie lui donnèrent la puissance et la renommée; mais nous rencontrerons difficilement ailleurs l'occasion de revenir sur cette partie de notre sujet, et nous devons à ce qu'il nous semble l'épuiser tout entière ici.

La lecture des œuvres de Schnoudi nous montre aussi que les ouvrages des Pères de l'Eglise grecque, surtout des archevêques d'Alexandrie, ne lui furent pas inconnus : il y fait dans ses œuvres certaines allusions et dans son panégyrique;

il est expressément dit que des homélies prêchées par les docteurs chrétiens il tira les passages convenables à ses fils. On aimerait à savoir si les études et les connaissances qui nous charment et nous attirent aujourd'hui le charmèrent et l'attirèrent aussi ; si l'histoire glorieuse de son pays lui fut connue autrement que par les quelques passages que renferme la Bible ou les contes poétiques et puérils que chaque génération transmettait à la génération suivante ; si sa curiosité fut excitée par ces mille inscriptions qu'il ne vit que trop puisqu'il les détruisit en tout ou en partie ; si les sciences exactes lui furent connues ; si l'étude des cieux chère aux anciens prêtres lui fut chère à lui aussi, prêtre des temps nouveaux. Nous ne connaissons rien qui nous permette de répondre à toutes ces questions avec détails ; nous savons seulement par induction que son ardente curiosité ne lui permit de rester étranger à aucune des connaissances humaines dont il entendait parler ; mais on peut hardiment affirmer que toutes ces études et cette science profane le laissèrent froid et furent tenues par lui en profonde pitié, qu'il ne connut l'histoire des Pharaons que pour applaudir aux châtiments qui leur avaient été infligés, les écritures hiéroglyphiques et les ornements des temples que pour les maudire, les sciences exactes que pour les rejeter et l'astronomie pour railler ceux qui prétendaient lire dans les cieux les secrets de celui qui a créé les mondes comme en se jouant, qui sonde les reins et les cœurs et devant qui « sont comme un néant tous les mortels ensemble. » Il eût pu cependant, grâce à sa connaissance de la langue grecque, jeter au moins les yeux sur les plus admirables chefs-d'œuvre que la pensée humaine ait mis au jour. Peut-être le fit-il. Peut-être connut-il les œuvres des grands tragiques et n'y vit-il que les crimes horribles de l'humanité ou les actions odieuses attribuées aux dieux de ces Grecs, dont le nom était pour lui synonyme d'infidèle ou de payen. Il connut au moins Aristophane et sa comédie des *Oiseaux*. Peut-être pendant sa vie ce chef-d'œuvre d'esprit, trop souvent mêlé à des grossièretés sans nom, fut-il représenté par quelque troupe d'acteurs ambulants qui s'arrêta dans la ville de Panopolis. Les beaux esprits de cette ville lettrée et florissante se pâmèrent sans doute d'aise en entendant les acteurs réciter les sarcasmes du comique grec. On en parla dans tout le pays, la renommée en parvint jusqu'aux oreilles de Schnoudi et à son monastère ; les payens ne manquèrent pas de prôner le chef-d'œuvre aux dépens des œuvres chrétiennes et de rire des homélies du moine d'Athribis. Schnoudi lut sans doute l'œuvre grecque, il rendit sarcasme pour sarcasme à ses détracteurs ; mais les jeux de mots, les ironies les moqueries fines et délicates, l'esprit en un mot échappa complètement à son intelligence : il ne vit dans la célèbre comédie du poète que des *couics* et des *couacs*, et ne trouva pas assez d'ironies contre ceux qui en faisaient leurs délices.

Le génie grec avec ses harmonies eût pu cependant, s'il l'eût cultivé, lui rendre d'éminents services en lui apprenant à modérer sa pensée et à l'exprimer avec art. Mais sa nature était trop primesautière, trop ardente, trop emportée pour souffrir un frein quelconque. La passion devait seule parler chez lui : plus il est passionné, plus sa parole amère coule avec abondance. Un volcan n'est jamais plus beau que lorsqu'il vomit le feu, les cendres et les laves. Le spectacle est imposant, mais il est horrible et malsain. De même Schnoudi fut éloquent dans sa passion, mais son éloquence fut tout aussi dévastatrice des meilleurs sentiments de l'homme que la lave volcanique des vignes et des champs cultivés. Il ne put même pas, ce semble, appliquer son esprit longtemps de suite à la même idée et examiner froidement un problème physique ou moral : il lui fallut l'action sous l'une ou l'autre de ses formes. Aussi s'il connut la philosophie, il dut profondément la mépriser, peut-être avec justice d'ailleurs, comme promettant beaucoup et ne donnant presque rien, posant des problèmes qu'elle ne peut résoudre et n'aboutissant qu'à tourmenter l'âme au lieu de la consoler. Cependant ses contemporains la cultivaient avec amour, essayaient de la faire revivre avec l'éclat que jadis jetèrent sur elle les plus beaux génies que la terre ait produits. Le monde pullulait alors de sophistes qui enseignaient indifféremment la sagesse ou l'erreur, les doctrines les plus spiritualistes comme les systèmes du matérialisme le plus grossier. Alexandrie était le foyer de tous ces enseignements disparates et contradictoires. Si, dans le cours de sa carrière, il fut au courant de ce mélange extraordinaire de doctrines, il n'est pas étonnant que Schnoudi en ait éprouvé de l'horreur et du dégoût et se soit félicité de posséder cette foi simple et douce qui maintenait l'âme dans les régions de la tranquilité la plus sereine. Mais à côté du laid il y avait le beau, et Schnoudi jugeant tout d'une pièce ne sut jamais faire de distinction. Et cependant l'élément chrétien ne méprisait pas cette vieille philosophie grecque rajeunie pour un moment; si les docteurs du didascalée chrétien d'Alexandrie lui reprochèrent bien des erreurs, ils surent y trouver des beautés sans rivales dont ils parèrent les doctrines nouvelles. Il semble bien improbable que les grands noms de Pythagore, de Socrate, de Platon, d'Aristote et d'Epicure, que ceux de Plotin et de Porphyre ne soient pas parvenus jusqu'à ses oreilles. Dans ses voyages à la ville d'Alexandre ou à celle de Constantin, il dut entendre parler quelquefois de ces merveilleux sages dont les œuvres et les noms étonnent encore le monde; car il vécut avec des hommes qui les connaissaient et les avaient cultivés plus peut-être qu'ils ne l'avouaient. Il entendit alors parler de Pythagore, de ses rigides vertus et de ses extraordinaires combinaisons; de Socrate, de son admirable dialectique, de ses idées sublimes et de sa mort aussi calme qu'héroïque. On lui dit sans doute qu'un homme s'était rencontré, disciple des prêtres égyptiens autant que de Socrate, qui avait eu le mérite unique de revêtir les plus sublimes pensées des plus belles paroles qui soient jamais sorties de la bouche humaine, qui avait écrit des dialogues immortels où le chrétien croyait rencontrer ses idées exprimées plus de trois siècles avant la venue du Messie. Il dut apprendre que Platon était le nom de ce génie sans égal dont les œuvres passent à travers les temps sans rien perdre de leur merveilleuse et antique beauté. Le nom d'Aristote dut aussi frapper son oreille. Peut-être son génie particulier se fût-il mieux trouvé des enseignements, de la science froide et des classifications du philosophe de Stagyre ! Il entendit encore sans doute parler d'Épicure et de sa facile morale, le plus souvent calomniée parce qu'elle était incomprise ; il semble qu'on trouve dans ses œuvres certains passages qui le donneraient à penser. On trouve notamment dans ses œuvres un passage qui montre qu'il connaissait la nouvelle école platonicienne, sinon l'ancienne, et certainement il ne put pas ignorer que de son temps encore la ville d'Alexandrie courait toute entière écouter les paroles qui tombaient aussi belles qu'élevées des lèvres d'une jeune fille admirable de beauté. Plotin et Porphyre étaient sortis de l'arène philosophique, mais leur souvenir vivait toujours et leurs leçons, aux yeux des Alexandrins, ne faisaient que gagner à être continuées par la douce et belle Hypathie. Schnoudi dut apprendre de son archevêque et ami Cyrille comment des moines fanatiques, comme lui, fermèrent la bouche à la sage et pure jeune fille, en la massacrant. C'était un grand crime à leurs yeux de chanter Platon et de tirer les plus sages leçons de la vieille poésie d'Homère. Insensés ! qui ne voyaient pas qu'un cœur droit, cherchant la vérité et brûlant de la faire partager, même s'il se trompe, est plus agréable à la Vérité même qu'un fanastime aveugle et infertile.

Si lointaine que fût sa montagne, si rares que fussent les communications, les nouvelles arrivaient vite à Schnoudi : aujourd'hui encore c'est toujours une chose étonnante de voir avec quelle promptitude se propagent les nouvelles qu'on s'attendrait le moins à voir connues. Il nous semble donc impossible que, soit par la renommée publique, soit par ses entretiens avec l'archevêque Cyrille, Schnoudi n'ait pas connu l'enseignement et la mort d'Hypathie, et par conséquent les noms de Socrate, de Platon, de Plotin et de Porphyre tout au moins. Nous sommes bien sûr qu'il applaudit au fanatisme des moines d'Alexandrie, qu'il maudit la pure jeune fille et tous les docteurs de mensonge dont elle enseignait les erreurs, tant il est vrai que l'homme se réserve à lui seul le bénéfice de la vérité, se montre toujours prêt à accuser son prochain d'erreur et à proscrire les pensées de ses semblables, croyant rendre hommage à Dieu en limitant sa justice autant que sa bonté.

Mais si la philosophie lui fut connue, si elle attira son attention, ce ne fut que pour un temps ; il ne lui consacra qu'une minime partie de sa vie. Loin d'occuper son esprit des calmes spéculations et des problèmes qui ne pouvaient en aucune façon troubler la société, il devait pendant toute sa vie se jeter à corps perdu dans les discussions théologiques qui furent la plaie de son siècle, le malheur et la ruine de son pays. Rien ne lui plut autant que deux choses : invectiver contre les idolâtres et anathématiser ceux qu'il regardait comme hérétiques. Et comme il était avant tout un homme d'action, comme l'idée chez lui se traduisit toujours par l'acte, il s'en suivit que ses invectives devinrent des massacres et que ses anathèmes dégénérèrent en persécutions. Sans doute ses idées n'étaient pas encore bien démêlées à l'époque de sa vie à laquelle nous a conduit ce récit, il ne se rendait pas lui-même un compte bien exact de ses sentiments et n'avait pas soumis ses pensées à une sévère analyse, comme nous nous nous sommes efforcé de le faire malgré une distance de quatorze siècles, et quelqu'un qui, après l'avoir étudié avec méthode, lui eût annoncé qu'elle serait sa vie, l'eût bien étonné ; mais toutes les pensées, toutes les passions de sa vie étaient déjà au fond de son cœur, attendant l'heure de paraître, de se traduire par des actes aussi violents que violentes seraient les paroles. Ce fut le fruit de son éducation et de son instruction mal dirigées, plus encore que de sa nature : les eaux du torrent qui répand la dévastation peuvent, si elles reçoivent un cours intelligent, devenir une source de richesse pour les champs qu'elles auraient ruinés avec les travaux et l'espoir du laboureur.

Il ne sera étonnant pour personne désormais, qu'après des études faites dans ce sens, l'ardeur du jeune Schnoudi ait été excitée, qu'il ait renoncé aux jeux de l'enfance, qu'il ait rejeté bien loin de lui les idées qu'amène l'adolescence et qu'il se soit adonné aux plus grandes mortifications. Dès cette époque de sa vie, Schnoudi, n'ayant pas encore atteint sa vingtième année, étonna les plus anciens religieux par l'ardeur avec laquelle il se jeta dans la pénitence et par les supplices qu'il infligea à son corps innocent. Ce corps s'était sans doute fortifié, il s'était parfait dans la vigueur du fellah et il n'y avait plus de crainte à concevoir pour sa santé. D'ailleurs c'était le temps de la vie où la pénitence et la mortification paraissent le plus nécessaire : les aiguillons de la convoitise devaient percer la chair du jeune homme, et les phénomènes de la puberté étonner son cœur en excitant sa curiosité. Dans toute vie religieuse ou plutôt monacale, il y a une époque critique dont la durée varie avec l'ardeur des tempéraments. Le tempérament de Schnoudi était des plus ardents, il dut le combattre avec férocité et il le fit. Ses premières privations portèrent naturellement sur le sommeil et la nourriture. Il ne dormait qu'un petit nombre d'heures, passait souvent des nuits entières dans les veilles pieuses et jeûnait continuellement avec la plus grande rigueur, car il ne rompait son jeûne que vers le coucher du soleil et ne mangeait jamais de manière à satisfaire son appétit. Sa nourriture se composait de pain, de sel et d'eau. Il resta une fois un mois tout entier sans prendre d'autre nourriture que la moitié d'un pain trempé dans le sel.[1] Quand les quarante jours du carême commençaient, il disait adieu au pain et ne se nourrissait plus que de fèves et de graines bouillies. Souvent il passa des semaines entières sans manger, du samedi au samedi. Il occupait la nuit à des prières continuelles et ne se couchait jamais que vers le matin. Il remplissait tous les devoirs de la vie monacale avec la plus grande dévotion et la plus grande régularité ; mais le régime commun, avec ses privations générales à tous, ne lui suffisait pas, sa ferveur exigeait quelque chose de plus. Le modèle qu'il se proposa, comme nous le dit expressément son disciple, fut Elie le Thesbite, héraut et conducteur du char d'Israël. Pour arriver à ce but sublime, il n'épargna rien. Il faisait par jour douze prières suréro-

---

1. Les Coptes font usage de plusieurs sortes de pains. Les moines d'aujourd'hui en ont deux ; l'un plus soigné et plus grand que l'on sert aux hôtes et aux religieux dans les grandes circonstances ; l'autre plus petit et plus grossier. C'est de ce dernier qu'il doit s'agir ici ; il peut peser environ 125 ou 150 grammes. Le premier est double.

gatoires et à chaque prière il frappait vingt-quatre fois la terre de son front. Les jeûnes, les veilles et la prière ne lui suffirent bientôt plus, il inventa des supplices. Pendant une semaine sainte, lorsqu'arriva le *vendredi des douleurs sincères*, dit le texte, il se fit une croix comme celle du Christ Jésus, il l'éleva, s'attacha lui-même sur le bois, et resta suspendu ayant les mains étendues et la poitrine tournée du côté de l'arbre de son supplice. Dans notre siècle, un homme que l'on n'aurait guère cru capable d'un pareil amour des souffrances, le père Lacordaire, se soumit au même supplice dans son couvent des Carmes, à Paris : il resta trois heures suspendu à la croix ; Schnoudi endura le supplice pendant une semaine entière.

Il n'est pas surprenant qu'avec un pareil régime de vie et de semblables mortifications, son corps ait dépéri, que sa peau se soit collée à ses os et que, toute sa vie, il ait eu l'air d'un squelette à peine recouvert de sa chair. Cette débilitation des forces physiques amena des phénomènes intenses de lacrymabilité. Schnoudi eut le don des larmes à un degré extraordinaire : elles coulaient presque continuellement sur sa face amaigrie. Ses paupières s'amincirent et se retirèrent profondément dans l'orbite : ses yeux ressemblaient, selon l'expression du biographe, à deux trous creusés dans une barque. S'il faut en croire le récit biographique, Schnoudi fixait lui-même un terme et comme un but à ses larmes : il prenait le matin une brique crue, la plaçait sous ses pieds et, se tenant debout, il ne cessait de prier et de pleurer jusqu'à ce que la brique se fut écrasée, pétrie, et fût devenue une bouillie noirâtre. Il est bien étonnant qu'avec un pareil système il ne soit pas devenu aveugle ; il est plus étonnant encore que dans l'état de dépression physique accusé par ce don des larmes la passion ait conservé chez lui assez de force pour lui inspirer les paroles et les actions que nous aurons à juger plus loin.

Sans aucun doute cette mortification extrême ne se fit pas jour tout d'un coup ; il y eut dans la pénitence, comme dans l'éducation, une échelle graduée et les tourments que nous venons d'indiquer accusent un âge plus avancé que l'adolescence. Le monastère de son oncle devint après un certain nombre d'années un lieu trop confortable pour l'ardeur du jeune Schnoudi : soit que son oncle le lui ait conseillé, soit que ce fût un point de la règle avant la pobation définitive, soit enfin que Schnoudi s'y sentît porté de lui-même, il se retira dans le désert et y passa cinq années consécutives. Le tombeau de l'un de ses prédécesseurs dans la vie lui fournit une caverne creusée dans la montagne ; il s'y retira et n'en sortit pas de cinq ans. C'est sans doute à cette période de sa vie, qui dut commencer vers la vingtième année, qu'il faut reporter les mortifications dont nous venons de parler. Pendant toute cette époque il s'occupa continuellement au travail des mains et à la prière. Il n'est pas téméraire de supposer que, dans cette caverne, il eut plus d'un moment difficile. Les frères pourvoyaient à ses besoins corporels, lui apportaient l'eau et le pain nécessaires à sa nourriture, les feuilles de palmier dont il tressait les corbeilles, les vêtements dont il put avoir besoin : il n'avait nul souci de ce côté des choses humaines qu'il méprisait d'ailleurs profondément; mais ses pensées lui causèrent plus d'un tracas et son esprit fut son plus grand ennemi. Il eut des moments de découragement, sa virilité le travaillait et ses pénitences le dégoûtaient parfois. La preuve en est venue jusqu'à nous dans le récit de ses tentations où ses propres pensées sont nécessairement imputées à Satan. Un jour, dit le biographe, comme il était assis dans sa caverne et s'occupait à un travail manuel, Satan lui apparut sous la forme d'un homme de Dieu. « Salut, ô beau jeune homme, lui dit-il ; le Seigneur m'a envoyé vers toi pour te consoler. Renonce maintenant à tes exercices de piété et à ta dévotion : quitte cet endroit aride, redescends vers la campagne riante et va manger ton pain en la compagnie des frères. Le Seigneur n'a-t-il pas dit : « Je te donnerai une longue vie sur terre ? » ; mais si tu restes en ce lieu tu mourras avant la fin des années qui t'étaient promises. » A ces paroles, Schnoudi connut aussitôt quel était son interlocuteur, il lui dit : « Si tu es venu pour me consoler, étends la main et prie le Seigneur Jésus. » Mais en entendant le nom de Jésus, Satan se métamorphosa, il prit la forme d'un bouc au front armé de grandes cornes et chargea le jeune ascète. Celui-ci se précipita sur les cordes qu'il avait tressées, le lia et le pendit à un pieu. Satan poussait de grands cris et faisait trembler la montagne jusque dans ses fondements ; il conjurait Schnoudi avec de grands serments : « Je t'en prie, lui disait-il, ne me fais pas périr avant le terme de ma vie. » Alors Schnoudi : « Par les prières des saints, dit-il, si tu reviens ici je t'exilerai à Babylone de Chaldée jusqu'au jour du jugement » ; et il lâcha Satan qui s'enfuit couvert de confusion. Hélas ! il devait revenir et plus d'une fois : les menaces de Schnoudi et ses fureurs lui causaient peu de frayeur.

Le jeune anachorète ne regretta pas seulement les repas pris en commun avec les frères ; d'autres regrets traversèrent sans doute son esprit. Si les regrets ne furent pas trop cuisants, comme il est vraisemblable, la pensée des désirs de la chair se présenta à lui et il la repoussa. Il est impossible qu'il en ait été autrement dans un âge si tendre et avec un tempérament si passionné : aussi le panégyrique de sa vie nous en a conservé les traces dans l'un des prodiges qu'il lui attribue et que Schnoudi raconta lui-même. Ce n'est sans doute que le produit de son imagination, le récit de quelques-unes des pensées qui occupaient son esprit pendant son travail et qu'il croyait ensuite avoir vécues. Il avait un jour reçu dans sa caverne la visite d'un autre solitaire, nommé Ephrem, attiré par la réputation qui s'amassait déjà autour du nom de Schnoudi. Pendant qu'ils conversaient ensemble et qu'Ephrem comblait Schnoudi de félicitations et d'éloges, celui-ci s'écria tout-à-coup : « O mon Seigneur, accepte-le, appelle-le vers toi et sauve-le de cette tentation mauvaise ! » Ephrem étonné demanda pourquoi cette éjaculation soudaine et Schnoudi le lui apprit. Il y avait à quatorze milles environ de sa caverne un moine qui s'était fixé près d'une source d'eau et avait passé neuf ans sans goûter de pain. Il était monté très haut dans l'échelle de la perfection, les Anges conversaient avec lui et il entendait les gémissements des âmes qui sont dans les tourments de l'autre vie. Mais sa perfection lui avait donné une haute idée de lui-même, il se croyait d'une autre nature que l'homme et non sujet à ses faiblesses. Des frères allèrent un jour le trouver et le consulter sur les tentations de la chair : « Satan, dirent-ils, s'efforce de nous tenter et nous causer beaucoup de souffrances. » — « Satan !. dit l'orgueilleux, il n'existe pas et je ne sais pas ce que vous voulez dire. » Les frères se retirèrent tristes et désolés. La punition ne tarda pas d'arriver. Un jour, Satan sous la forme d'un roi suivi d'une troupe de soldats, se présenta devant l'habitation de ce moine et s'assit à l'extérieur. Il commanda de frapper à la porte, et de crier : « Sors vite. » Et le moine sortit, plein d'embarras à la vue de cette troupe de soldats. L'un deux le prit par la main et l'amena près du roi en disant avec une hypocrite douceur : « Cet homme fait partie du peuple qui prie et qui souffre pour acquérir le salut de l'âme : la solitude est tout pour eux et peu leur importe le sort des rois. » Le moine flatté dit : « Qu'y a-t-il de nouveau ? » Et le tentateur lui dit : « Puisque tu as bien voulu sortir, nous ne te ferons point de mal ; sois sans crainte. Je suis le roi des Edomites : les Perses se sont révoltés contre nous et nous ont vaincus. Je suis venu ici pour te donner l'occasion d'une bonne action : tu vois cette jeune fille, garde-la près de toi pendant que je vais combattre mes ennemis. Si, au bout d'un mois, je ne suis pas revenu, sache que nous aurons été vaincus, et alors fais du bien à cette jeune femme et tu en seras récompensé. » Et la jeune fille baignée de larmes se jeta au cou de son père en disant : « O mon père, ne sois pas trop long à revenir. » Ce spectacle touchant avait ému la sensibilité du moine qui se croyait supérieur à cette sorte de faiblesse ; il avait accepté la garde de la jeune fille, le mois s'était écoulé sans trouble et le roi n'était pas revenu. Alors la fille de Satan s'approcha du moine et lui dit : « Mon père est mort, crois-le bien, et il ne reviendra plus : aie pitié de moi, épouse-moi et sois mon mari, je serai pour toi la meilleure des femmes et je prendrai soin de toi. Cela ne vaudra-t-il pas mieux que de me chasser, car les bêtes féroces me dévoreraient et le Seigneur te demanderait compte de ma perte ? » Ces paroles étaient grossières, plus amères que la myrrhe, dit le narrateur ; mais la voix était douce, elle émut le solitaire. Il répondit cependant : « Je ne suis pas de ceux qui se marient, et pareille action ne serait pas convenable à mon état. » — « Je te soignerai si bien, répéta la jeune fille, nous serons si heureux ! » Et le moine buvant ces paroles et enivré sans doute du parfum capiteux de la jeune femme, faiblit et répondit : « Attends que j'aie tressé ces quelques feuilles, et si c'est la volonté du Seigneur, elle s'accomplira. » Et il se mit à tresser les quelques feuilles ; il n'en avait plus qu'une seule à la main lorsque Schnoudi poussa l'éjaculation ardente qui avait tant surpris le solitaire Ephrem : aussitôt le moine sur le point de succomber avait rendu son âme à Dieu, échappant ainsi à la tentation. C'est par ces pieuses imaginations et d'autres semblables que Schnoudi entretenait sa solitude et que se manifestaient à lui les ardeurs du sang

Pendant cinq ans il resta donc enfermé dans le tombeau qui lui servait de demeure, il n'en sortit point, et la terre fut pour lui comme si elle n'existait pas : les hommes disparurent à ses yeux avec leurs petitesses, seule la grande œuvre de son salut avec sa longue chaîne de pénitences et de mortifications lui fut présente et réclama tous ses efforts. Cependant nous venons de le voir, il eût des heures de tristesse, des moments où le flot des souvenirs affluait à sa jeune imagination rendus plus vifs et plus attrayants par les ardeurs de son corps adolescent. Le fellah a toujours été attaché à la terre qu'il cultive ; et Schnoudi, par son père et sa mère, avait du sang de fellah dans les veines et ce sang y coulait avec impétuosité. Il dut donc revoir en pensée ces champs où son enfance s'était écoulée riante au soleil et à l'amour de sa mère, cette verdure sur laquelle il avait reposé ses yeux s'ouvrant à peine à la lumière et qui est le plus doux spectacle en ce pays de chaleur torride. Il revit encore les scènes joyeuses de la moisson, les longues files de chameaux revenant le soir au village, chargés de blés d'or, marchant lentement au chant monotone de leurs conducteurs, portant la richesse du pays dans ces aires où les attendaient les heureux possesseurs de tant de bonnes choses que Dieu a accordées à l'homme pour le consoler des misères de la vie : il entendit les chants de fête, il vit les danses au son des instruments de musique, les jeunes filles entrer tour à tour dans le chœur et sortir en se balançant mollement sous les plis flottants de leur robe vulgaire : peut-être la brise du soir lui portat-elle les échos de ces fêtes champêtres avec le souvenir de ses parents. Il revit surtout ce Nil enchanteur, la providence de son pays, ce fleuve béni chanté par ses ancêtres, qui chaque année apporte dans ses flots la disette ou l'abondance, les pleurs ou les rires, la misère ou le bonheur. Cinq années entières sans revoir la campagne verdoyante, les aires chargées de blés et le Nil sortant de son lit pour rafraîchir et féconder les terres brûlées ! Ce dût être un supplice affreux pour le jeune Schnoudi, son biographe le fait remarquer avec mélancolie. Mais si la tentation fut grande et forte, le courage du jeune ascète fut plus grand encore. Son esprit surchauffé ne vit dans ces pensées si humaines que les ruses et les pièges de Satan voulant l'entraîner dans le monde. Il devait vaincre Satan pour être moine et correspondre aux grâces immenses qui seraient son partage ; il le vainquit et quand il sortit de la caverne son cœur était bien près d'être pétrifié ; il était du moins fermé à tous les sentiments qui font ici-bas l'humaine consolation.

Il existe en effet une chose remarquable dans la vie de Schnoudi, c'est qu'à partir du moment où il sortit de sa caverne, il n'est plus parlé pour lui des tentations de la chair. Les autres solitaires dont on prononçait le nom avec vénération avaient eu à subir de ce côté des luttes bien autrement grandes : les tentations d'Antoine sont célèbres, celles de Macaire n'ont pas été moins extraordinaires. Pakhôme eut ses tribulations et son humilité ne s'en fit pas gloire : il plia au contraire sous l'humiliation et se méprisa lui-même. Les écrivains qui nous ont légué la vie de ces illustres religieux ne nous ont caché ni les rougeurs de leurs fronts, ni la honte de leurs âmes. Si donc il en eût été ainsi pour Schnoudi, nous ne doutons pas que son panégyriste Visa n'eût fait apparaître Satan quelque fois de plus et n'eût glorifié les victoires de son maître sur l'esprit impur. Mais par une remarquable particularité, Satan ne paraît dans la vie de Schnoudi que quatre ou cinq fois au plus, et presque toujours pour tenter les autres moines et non Schnoudi lui-même. Ne serait-ce pas une raison pour penser que la vie active fut si grande chez Schnoudi, après les cinq années de sa vie érémitique, qu'il n'eut plus le loisir de se prêter aux machinations de Satan. L'état auquel il avait réduit son corps dut d'ailleurs lui faciliter singulièrement la tranquillité de l'esprit.

Quoiqu'il en soit, Schnoudi quitta sa caverne, sur l'ordre d'un ange, dit son disciple, et rentra au monastère. On présente dès lors les moines comme ses enfants : il leur dispense la nouriture de l'esprit, il les exhorte, les console et brille à leurs yeux comme un miroir de sainteté. Il ne serait pas étonnant que dès lors son oncle Bgoul lui eût confié en partie l'administration de la communauté, comme il devait lui-même, vers la fin de sa vie, remettre la plus grande part de son autorité à Visa, son disciple et son panégyriste. Apa Bgoul assurait ainsi la continuité de son œuvre en la confiant dès son vivant, aux mains de celui qu'il avait formé selon son cœur, en lui apprenant à gouverner sous ses yeux, en lui versant dans l'esprit et dans le cœur ses pensées et ses désirs. Le neveu agit sans doute plus d'une fois à sa tête ; mais il devait y avoir entre son caractère et celui de son oncle plus d'un point de contact et de ressemblance, et dans l'ardeur du jeune homme Bgoul vit revivre ses forces éteintes ; se félicitant que sa race eût produit un tel serviteur de Dieu, il reconnut son sang. Ce fut pendant les premières années que Schnoudi passa dans le couvent d'Athribis, après sa retraite au désert, qu'il dut être initié aux premières onctions du sacerdoce. Passa-t-il par les charges inférieures, fut-il *anagnoste*, ou lecteur ? on peut le supposer ; mais il est plus vraisemblable qu'en raison de sa naissance et de sa future destinée on le créa diacre du premier coup. Dans la suite, il fut fait prêtre ; mais nous ignorons complètement à quelle époque de sa vie, l'une et l'autre de ces dignités ecclésiastiques lui furent conférées. Nous ignorons de même l'époque à laquelle Bgoul fut réuni à ses pères et se reposa dans le Seigneur : les documents sont complètement muets à cet égard, et ce nous est une raison de croire que Schnoudi n'avait pas attendu la mort de son oncle pour le remplacer, qu'il n'y eut pas de transmission de pouvoirs parce qu'il y avait association au gouvernement. Si l'une des lettres que Schnoudi adressa au patriarche Timothée et dans laquelle il lui annonce la mort d'un bien heureux frère a quelque rapport à Bgoul, comme nous le croyons, le neveu devait avoir près de cinquante ans à la mort de son oncle : il lui restait encore soixante huit ans de vie et d'administration.

Avant d'étudier cette vie et cette administration, nous devons faire une remarque assez importante pour notre sujet. Pendant la première partie de la vie de notre héros, nous n'avons eu à enregistrer aucun des événements historiques dont l'empire grec fut le théâtre à cette époque : dans la seconde, nous n'aurons à parler que du concile d'Ephèse et à peine entendrons-nous quelques lointaines rumeurs sur le concile de Chalcédoine, le plus fatal des évènements pour l'Egypte, celui dont les conséquences furent irrémédiables pour ce malheureux pays. Et cependant cette époque fut fertile en grands évènements : les barbares frappaient de tous côtés aux portes de l'empire, des révolutions sanglantes avaient lieu en Occident, les empereurs issus de Constantin disparaissaient en Orient avec le règne éphémère et la tentative insensée de Julien, une nouvelle dynastie surgissait dont le fondateur eut un des règnes les plus brillants des annales humaines ; de grands hommes étonnaient le monde par leur éloquence, leur science ou leur sainteté. Dans l'Egypte même, Athanase s'éteignait usé par ses luttes et ses victoires ; après les patriarchats un peu ternes de Pierre et de Timothée, l'autorité religieuse passait aux mains du rusé Théophile et dans l'ombre croissait le grand Cyrille. De tous ces évènements, de tous ces grands hommes, il n'est pas plus question que s'il n'avaient jamais eu lieu ou n'avaient jamais existé : toute l'attention de l'auteur est concentrée sur Schnoudi et ceux qui l'entourent, les évènements racontés sont de misérables querelles de moines, des faits sans intérêt dont les couleurs merveilleuses diminuent encore l'importance. On ne saurait le nier, cette manière d'écrire l'histoire ou simplement la vie d'un homme n'est pas celle que nous comprenons et pratiquons ; mais nous ne devons pas en vouloir au pauvre Visa, ce n'est pas notre esprit qu'il voulait contenter et charmer, c'était le sien et celui de ses frères, et des moyens à prendre pour obtenir le but cherché, il était meilleur juge que notre froide critique. Son œuvre est essentiellement locale et épisodique ; mais telle qu'elle est, elle est pour nous du plus haut intérêt en ce qu'elle nous permet de connaître à fond l'état moral, intellectuel et même politique de toute une contrée sur laquelle les renseignements nous font complètement défaut par ailleurs. Sans doute pour arriver à cette connaissance nous avons été et nous serons encore plus d'une fois obligé d'avoir recours à des inductions ; mais l'induction est légitime en histoire et conduit à des résultats absolument certains, si elle tient compte des milieux, car les lois selon lesquelles se développe et agit l'esprit humain sont constantes. Il s'agit simplement de découvrir celles qui régissent les personnages en scène : la chose est difficile, mais elle n'est pas impossible.

III

Les réputations se créent vite en Orient : tel qui est complètement inconnu aujourd'hui peut être célèbre demain, quelque soit son âge ou sa position, s'il est le héros de quelque fait extraordinaire. Il semblerait d'après cette règle que la réputution de Schnoudi dût être de bonne heure répandue dans son pays : nous croyons au contraire que la célébrité du jeune ascète fut tardive. Le plus difficile n'était pas de franchir les limites de la Haute Egypte ou même de l'Egypte entière, c'était de se faire connaître dans son propre voisinage. Sans doute Schnoudi, dès l'âge de vingt-cinq ans était un moine fervent et plein d'imagination, qui racontait déjà les merveilles que son esprit créait et dont il désirait ardemment recueillir le bénéfice ; mais il devait se faire accepter et quoiqu'il fût le neveu du supérieur, appelé à devenir supérieur lui-même, et exerçât peut-être déjà une partie des fonctions administratives, il dut être encore assez longtemps regardé comme un égal parmi ses pairs. Il lui fallait acquérir l'autorité. Sans autorité il aurait eu beau s'entourer lui-même des plus admirables légendes, s'attirer quelques admirations faciles, il n'eût jamais couronné sa tête de l'auréole que du premier coup lui donna l'autorité.

Cependant une partie de sa réputation lui vint de son éloquence. Il paraît bien que son oncle le chargea d'instruire les moines, de leur faire de ces catéchèses ou de ces homélies dans le goût de l'époque et dont il nous est parvenu de nombreux spécimens. L'âme du jeune homme était ardente, ses paroles furent enflammées, et on commença de l'entourer de respect, d'une sorte d'étonnement qu'excite toujours l'éloquence en Orient. Mais de ce respect et de cet étonnement à la vénération dont on accable le représentant de l'autorité et surtout de l'autorité religieuse, il y a loin. D'ailleurs, en Orient, si l'éloquence étonne elle inspire presque toujours en même temps quelque défiance : le don de parler beaucoup, avec feu, et d'enflammer les âmes paraît plutôt un don du malin esprit qu'une grâce de la bonté divine. Il faut à ce don merveilleux ajouter quelque autre prérogative qui en certifie l'origine. Nulle preuve n'égale en cela l'autorité, et surtout en Egypte ; car dans l'antique Egypte le représentant de l'autorité était regardé comme une incarnation divine elle-même, et pour récompenser ses serviteurs le Pharaon ne savait pas de plus insigne distinction que de leur donner des titres qui les fissent entrer dans sa propre famille. Aussi dès que Schnoudi fut le supérieur de ses frères, il fut en quelque sorte leur dieu sur terre, représentant visible du Dieu invisible, seigneur du ciel et de la terre. Il put alors tout entreprendre, sûr qu'il ferait tout adopter et que les murmures particuliers qui s'élèveraient seraient étouffés dans les acclamations générales.

La conduite de Schnoudi dans l'administration de son monastère fut tour à tour douce et violente ; mais elle fut admirablement dirigée dans le but de grandir son monastère aux yeux de l'Egypte entière et d'établir sa propre réputation sur celle de son couvent. Quand il en avait franchi les portes pour la première fois, il l'avait trouvé pauvre, dénué de ressources, obligé d'avoir recours aux aumônes du voisinage, ne comprenant qu'un très petit nombre de frères, peut-être pas plus d'une centaine ; quand il le quitta pour rejoindre son oncle Bgoul où celui-ci avait rejoint ses pères, il le laissa dans l'état le plus florissant, riche et contenant des milliers de moines. Sans doute le changement ne s'opéra pas par un de ces coups de baguette magique que nous avons pris plaisir à multiplier en Orient. Il avait fallu de longues années pour détourner, au profit de la réunion sainte qui s'était formée près de la montagne d'Athribis, le courant religieux qui jusqu'alors s'était porté du côté de Tabennîsi où avait vécu le doux Pakhôme dont la réputation avait été sans rivale dans la Haute Egypte toute entière. Grâce à la ténacité qui était dans son caractère, grâce à la ferveur de son ascétisme et des pratiques auxquelles il obligeait ses moines, aux légendes qui se répandirent sur sa personne et entourèrent sa tête d'une sorte de nimbe prestigieux, il réussit dans sa tentative. Des bruits habilement parsemés, des jugements à mots couverts sur l'œuvre de Pakhôme ne furent pas non plus étrangers au revirement des esprits. Quand le saint de Tabennîsi avait, sinon fondé, du moins réglé dans la perfection l'œuvre de la vie commune, on n'avait pas eu assez d'éloges pour lui et la langue était restée impuissante en face d'une si belle action qui avait fait régner parmi les hommes pervers la concorde angélique. Mais pour arriver à établir cette concorde, il avait fallu passer par dessus bien des petites choses que l'avenir devait régler. La vie cénobitique avait paru bien moins rigoureuse que la vie érémitique, ou simplement monacale, telle que l'avait entendue Macaire de Scété. On n'avait pas compris que le sacrifice de sa volonté en toute chose était plus dûr que les pénitences et les jeûnes du corps. Les esprits en Egypte étaient trop ardents ou trop partiaux pour le comprendre, et cependant le nouveau genre de vie religieuse obtint un immense succès. Les critiques ne vinrent qu'après. Nulle part ailleurs peut-être ces critiques ne furent aussi vives qu'au monastère d'Athribis : Pakhôme n'apparaissait que comme un enfant, comparé aux sages vieillards fondateurs du couvent de Schnoudi ; on l'excusait en alléguant la nécessité des temps et l'enfance de l'Egypte dans la vie chrétienne. Au moment où Pakhôme avait paru dans la Haute Egypte, disait-on, les païens y régnaient en maîtres, les chrétiens y étaient rares ; il avait fallu faire comme l'Apôtre, leur donner le lait des enfants avant de les admettre à la nourriture substantielle des hommes faits. La règle de Pakhôme avait été bonne pour un temps de transition. Désormais les chrétiens étaient les plus nombreux, les païens étaient réduits à une infime minorité qui tous les jours allait s'accusant davantage, les temps étaient changés et c'était le moment de dire adieu aux petitesses de l'enfance. La perfection devait être de conserver la forme de la vie cénobitique en y ajoutant tout l'ascétisme de la vie érémitique. Ainsi l'on obtiendrait à la fois les douceurs de la vie angélique et les prodiges surprenants de la mortification monacale. Le programme dut paraître beau à Bgoul qui l'avait conçu ; mais il le sembla moins à ceux qui devaient l'exécuter. Le monastère d'apa Bgoul, comme nous l'avons dit, n'avait pas dépassé l'honnête médiocrité d'une foule d'autres monastères élevés par l'initiative privée ou l'admiration étrangère.

Mais quand l'âme ardente de Schnoudi entreprit de faire valoir l'excellence du nouvel institut, quand il eut mis sa parole et son imagination au service de la règle qu'il avait adoptée et perfectionnée, alors les choses changèrent de face ; car sa parole fut nourrie d'exhortations violentes et son imagination inventa d'extraordinaires prodiges. Le courant se déplaça donc. C'est chose ordinaire en Egyte : le fleuve est capricieux et souvent il change son lit ; l'homme ne l'est pas moins et ses pensées sont mobiles. Le grand village cénobitique de Tabennîsi put sans doute se peupler encore, puisque nous trouverons au cours de ce récit plusieurs supérieurs généraux de l'ordre pakhômien ; mais le monastère que Pakhôme avait lui-même élevé près de la ville d'Akhmim dut bientôt décliner, ou peut-être embrassa-t-il la règle du nouvel ordre.

Quoiqu'il en soit le moment arriva où le petit troupeau de Bgoul était devenu une immense bergerie, et à une époque de sa vie Schnoudi se trouva à la tête d'une congrégation de deux mille deux cents hommes et de mille huit cents femmes. Il nous est impossible de fixer, même à peu près, l'époque à laquelle la famille de Bgoul et de Schnoudi atteignit à ce développement énorme : dans tout ce récit, nous ne marchons qu'à tâtons, les points d'appui nous font défaut. Cependant il est probable que dès l'année 431, c'est à dire vingt ans avant la mort de Schnoudi, l'ordre avait atteint sa pleine croissance. S'il fallait en effet en croire notre panégyriste, c'est au concile d'Ephèse que Saint Cyrille aurait revêtu Schnoudi de la dignité d'archimandrite, ce qui suppose un ordre établi, reconnu et développé en plusieurs endroits. Il n'est pas possible en effet de supposer un seul instant que plus de deux mille hommes aient pu vivre ensemble dans le même monastère. L'ordre de Schnoudi dut donc se développer en quelque sorte par accession, ainsi que l'avait fait celui de Pakhôme : différents petits centres religieux vinrent se réunir au grand centre d'Athribis, acceptèrent la règle et firent partie de la congrégation. Nous ne croyons pas cependant que ces divers centres fussent bien éloignés les uns des autres, situés même dans des nomes différents, comme cela avait eu lieu pour l'ordre de Tabennisi ; nulle part il n'en est fait mention dans les monuments de l'époque. Les diverses laures s'échelonnèrent plutôt le long de la montagne, sans trop s'écarter du centre principal et de manière à pouvoir participer à tous les biens de la vie commune. D'ailleurs, comme nous l'avons fait pressentir, la vie au monastère de Schnoudi n'était pas uniforme : les uns menaient la vie cénobitique, les autres vivaient dans la montagne, comme les anciens anachorètes, et on subvenait à leurs besoins. Une foule de petites artères se rattachaient au vaisseau principal. Cependant le monastère où résidait l'autorité était le centre qui donnait la vie à tout l'édifice.

Les femmes n'avaient pas voulu être en retard

sur les hommes. Suivant en cela l'exemple de Pakhôme, Schnoudi, si Bgoul ne l'avait fait avant lui, les avait admises à l'honneur de vivre sous sa direction, et elles s'étaient empressées d'entrer dans la voie qui leur était ouverte. Nulle trace n'est restée de leurs monastères. Nous ne savons rien sur les règles qui devaient leur être particulières. A peine pouvons nous dire que ces règles ne devaient pas présenter de grandes différences avec celles que Pakhôme avait le premier établies. Tout ce qu'il est permis d'affirmer, c'est qu'elles étaient bien sous la puissance spirituelle de Schnoudi : on en trouvera plus loin des preuves concluantes.

Le développement de la pieuse congrégation ne devait pas permettre de se contenter toujours des bornes étroites où s'étaient confinés les compagnons d'apa Bgoul. Il fallut songer à édifier un monastère, à bâtir une église qui fût en rapport avec le nombre des frères. Schnoudi s'en occupa. Longtemps avant de pouvoir l'exécuter, il en avait formé le projet ; mais la grande difficulté de l'entreprise l'avait arrêté. Il fallait en effet beaucoup d'argent pour mener à bonne fin la construction. On finit par trouver l'argent. De quelle manière vint-il ? On ne peut le savoir. Il semblerait qu'on rencontra quelque trésor caché dans les ruines de la ville disparue. Le récit qu'on trouve de cette construction est revêtu d'une teinte merveilleuse qui ne permet pas au juste de découvrir la vérité. Naturellement l'ordre de bâtir est donné et les moyens fournis par Dieu lui même. « Un jour avant qu'on eût construit la grande église, dit Visa, le Seigneur apparut à mon père et lui dit: « Prends soin de bâtir une église en mon nom et au tien : invite le monde entier à y venir. Les saints s'y rassembleront et les peuples accourront en foule y faire pélerinage. » Et Schnoudi avec une grande obéissance : « Que ta volonté soit faite dit-il, nous sommes toujours prêts à t'obéir. » Le Seigneur reprit : « Va vers ta cellule au désert ; tu trouveras quelque chose en chemin, ramasse-le et bâtis ton monastère avec. Et surtout ne t'imagine pas que c'est un piège de Satan ; non, ce que tu trouveras est destiné à ton église et à ton couvent. » Et Schnoudi se mit en marche vers sa cellule, il y passa la nuit en prière. Le matin, comme il revenait à son monastère, il heurta une bouteille de celles que l'on appelait bouteilles d'Ascalon : il la prit, l'ouvrit, elle était pleine d'or. A la nouvelle de cette découverte inespérée, la joie fut grande au monastère, et l'on se hâta de préparer tous les outils et matériaux nécessaires et de rassembler les ouvriers. Une véritable armée de maçons, de tailleurs de pierre, de charpentiers, d'ouvriers de tout métier se réunit et se mit à l'œuvre. Une contestation s'éleva d'abord sur les matériaux qu'on emploierait: Schnoudi ne trouvait rien de mieux à faire que de démolir tout ce qui restait de l'ancienne ville et d'employer les matériaux ; les ouvriers n'étaient pas de cet avis : sans doute par une sorte de superstition non encore disparue, ils prétendaient que la pierre était impropre à la construction, peut-être à cause de la grandeur des blocs. L'habile Schnoudi les eut bientôt rangés à son avis en disant que le Seigneur avait lui-même jeté les fondements de la construction et s'était servi de la pierre des ruines. Dès lors toute hésitation disparut, tout le monde travailla en luttant d'ardeur et d'habileté : en dix-huit mois tout fut achevé.

L'œuvre de ces braves gens existe encore aujourd'hui : pas une pierre n'a bougé. Quand de loin on la voit se détacher en avant de la montagne, elle se présente comme un bastion carré : de fait c'est plutôt une forteresse qu'un monastère. La construction est rectangulaire, faite à la manière des anciens Égyptiens, par assises froides. Les blocs de pierre fournis par les temples de la ville ruinée ont dû être coupés et taillés de nouveau : cependant ils montrent encore leur emploi primitif. Les murs, d'une grande profondeur, n'ont pas moins de cent vingt mètres de longueur sur cent en largeur. La hauteur en est très grande ; et tout autour règne une sorte de corniche peinte qui rappelle les chapiteaux de certaines colonnes de la grande salle hypostyle de Karnak. On distingue encore quelques restes des couleurs dont les pierres étaient revêtues. On entrait au monastère par deux portes qui se faisaient face, et dont l'une a été murée depuis. Celle par laquelle on entre aujourd'hui est d'une profondeur de plus de quinze mètres : quand on y passe, l'obscurité donne le frisson. Les moines qui la traversaient étaient vraiment sortis du monde. A droite de cette porte, se trouve la « grande » église : à l'entrée on voit encore deux colonnes de marbre dont on n'a pu trouver l'emploi et sur lesquelles Schnoudi s'assit plus d'une fois dans sa vie, à l'heure où le soir amenait la fraîcheur, avant d'entrer dans l'église pour la prière de la fin du jour. L'église elle-même a la forme de toutes les églises coptes avec ses cinq coupoles. La coupole du fond est ornée de peintures encore bien conservées, avec des inscriptions coptes en l'honneur du fondateur : elles sont sans doute postérieures à Schnoudi. L'obscurité de cette église empêche de reconnaître les peintures et de lire les inscriptions : il faut se trouver au monastère avant deux heures du soir, ce qui n'est pas toujours possible. Le long des murs, se trouvaient les cellules et les grandes salles de réunion : tout a disparu aujourd'hui, car les huttes actuelles sont récentes. Au dessus de l'église, dans l'épaisseur des murs, on avait pratiqué une rampe qui conduisait à la terrasse : à gauche de cette rampe en terre, on avait construit des chambres dont les murs couverts de bizarres inscriptions attestent que plus d'une fois l'ennui a rongé le cœur des moines successeurs de Schnoudi. Les constructions du côté gauche de l'église sont seules demeurées debout : celles du côté droit n'offrent plus que des ruines où l'on ne peut se risquer.

Sans doute l'état actuel de ce monastère qui eut

une heure de grande célébrité ne peut guère donner l'idée de ce qu'il fut au moment de sa splendeur; car il n'en reste plus pour ainsi dire que la carcasse. Au moment où on l'acheva, il passa pour une merveille et ceux-là furent estimés heureux qui avaient concouru à l'œuvre ou qui l'avaient simplement vue. Le maître maçon qui avait édifié cette sainte demeure fut si charmé de son travail qu'il ne voulut pas recevoir de salaire : de tout l'argent qui lui était dû et de celui qu'il possédait, il fit un superbe diadème qu'on suspendit au-dessus de l'autel, voulant ainsi témoigner de son respect pour Schnoudi, proclamer la gloire du Seigneur et retirer profit pour son âme. Son frère, piqué d'un aussi beau zèle, fit placer une croix d'argent doré au plafond de la grande nef. Ces dons magnifiques ne furent pas les seuls : tout le pays se donna rendez-vous au monastère et chaque pélerin apportait son offrande, petite ou grande, d'un cœur joyeux. Schnoudi avait sans doute compté sur ce concours, et trouvant qu'il n'était pas assez grand, à deux reprises différentes il l'excita par les promesses les plus merveilleuses qu'il prétendait lui avoir été faites par le Seigneur lui-même. Depuis que la pieuse Hélène avait découvert à Jérusalem le bois de la vraie croix et avait fait bâtir dans la Terre-sainte des églises dont la beauté surpassait tout ce qu'on pouvait imaginer, comme c'était le bruit public, une grande multitude de chrétiens faisaient dès lors ce pélerinage qui plus tard devait susciter les

Croisades. Certains frères de l'entourage de Schnoudi semblent avoir désiré faire le voyage de Palestine, pensant à coup sûr s'y sanctifier beaucoup. Schnoudi ne le permit pas, mais cette demande fut pour lui un trait de lumière ; il imagina de dire aux frères que l'église nouvellement bâtie avait été désignée par le Sauveur comme une succursale de Jérusalem : on y pouvait venir faire ses dévotions, au lieu d'entreprendre un voyage fatiguant, et le résultat serait le même ; car les grâces spirituelles attachées à la visite des saints Lieux avaient été attachées aussi par le Messie à la visite de l'église nouvelle de la montagne d'Athribis. La manière dont il exprima sa pensée sur ce sujet est remarquable. Il raconta aux frères que, dans une vision, il avait dit au Seigneur Jésus : « Je désire, ô mon maître, que mes enfants visitent Jérusalem pour adorer ta croix sainte et baiser les traces de tes pieds divins ; » mais le Seigneur lui avait répondu : « C'est dans ton monastère que tu rendras hommage à la Jérusalem que j'ai sanctifiée par ma présence ; ceux qui t'y écouteront et t'y obéiront seront les égaux des Anges. Souviens-toi que l'homme qui sortit de Jéricho pour aller à Jérusalem tomba entre les mains des voleurs et sache que ma croix est partout pour quiconque désire faire pénitence et souhaite d'arriver à l'autre vie : celui qui garde son âme de tout péril sera lui-même gardé de toute faute. » Schnoudi avait pressenti le mot du pieux religieux qui devait écrire plus tard : *Raro sancti-*

ficantur qui multum peregrinantur, ou encore : *Erras, erras, si aliud quæris quam pati tribulationes : quia tota ista vita mortalis plena est miseriis et circumsignata crucibus*

Mais il ne lui suffisait pas d'avoir montré aux frères le danger des longs voyages et le fruit de la solitude, il n'aurait pas atteint son but si son idée était restée confinée entre les murs de son monastère ; il pensa avec raison que ses enfants en seraient les hérauts et que par eux elle se répandrait dans tout le pays. A plusieurs reprises, il insista près des frères pour leur inculper ses idées : « Tout ce que Moyse a fait sur la montagne du Sinaï, disait-il, Dieu m'a accordé de le faire sur la montagne d'Athribis ; » et il ajoutait : « Il n'y a pas dans tout ce monastère la largeur d'un pied où le Seigneur ne se soit promené avec moi, ma main dans la sienne. » Ces paroles reçues avec avidité par les moines et rapportées par eux avec amplification à la foule devaient exciter une ardente curiosité. Ce n'était pas encore assez. Schnoudi savait que le peuple égyptien de son époque avait conservé cet admirable culte des morts qui a rendu ses ancêtres si célèbres. On ne renouvelait plus les offrandes de pain, de viande, de vin, d'huile et de lait dans les tombeaux creusés aux flancs de la montagne occidentale ; mais la pensée des morts était toujours vivante au cœur de ceux que la mort avait frappés dans leurs plus tendres affections et l'on priait pour les trépassés afin que leurs chères âmes jouissent de la cité de Dieu et de toutes les délices du paradis. Le moine d'Athribis se servit habilement de ce sentiment si touchant : il affirma que son église pouvait parfaitement remplacer Jérusalem et que lui-même en priant pour les défunts, obtiendrait leur délivrance. « Que celui qui ne peut visiter Jérusalem, disait-il, pour se prosterner devant la croix sur laquelle est mort Jésus le Messie, vienne faire son offrande dans cette église où se réunissent les Anges. Je prierai pour leurs péchés passés et quiconque m'écoutera n'aura rien à souffrir de ses fautes, même les morts qu'on a enterrés dans cette montagne, car j'intercéderai pour eux près du Seigneur. » Les prières devaient amplement récompenser ceux qui viendraient les mains pleines ; mais aux autres, les injustes qui venaient souiller cette terre bénie, il se réservait la puissance de doubler leur punition. C'est ainsi que Schnoudi avait doté son église des *Indulgences attachées aux Lieux saints* et les avait rendus *applicables aux défunts* ; et cela de sa propre autorité. Cette église, son œuvre, lui tenait au cœur ; à chaque instant il disait y avoir des révélations, y causer avec le Messie, et quand ses pensées s'exaltaient, il s'écriait à haute voix devant les frères attentifs : « Oui, ô mon église, tu es la Jérusalem céleste, et j'ai l'absolue confiance que tu ne t'affaibliras jamais ! ».

Le monastère partagea nécessairement les prérogatives de l'église : aussi il devint le lieu d'un grand concours de fidèles. S'il n'eût renfermé alors que les bâtiments qui subsistent encore aujourd'hui, il n'aurait pu donner asile à de nombreux pèlerins, ni même renfermer de nombreux frères. D'autres constructions durent s'élever tout autour, comme nous l'avons dit. Le monastère enrichi par les offrandes pieuses, posséda de nombreux troupeaux : les étables devaient se trouver en dehors, de même les magasins, les boulangeries, les fours qui étaient au nombre de onze, les huttes ou s'exerçaient les différents métiers qui exigent une certaine immobilité. On avait aussi planté un immense jardin qui fournissait assez de légumes pour nourrir toute la congrégation. Les laures des frères devaient s'étendre assez loin au dehors [1]. Ce n'est pas trop dire que d'affirmer qu'il devait y avoir, autour du monastère, toute une exploitation agricole, et c'est sans doute cette réunion de magasins, d'étables, de laures, en dehors du monastère qu'on appelait le *village,* et pour laquelle il y a des mentions particulières dans la règle du couvent. Ce devait être un œuvre difficile que de gouverner tout ce monde. Les règles minutieuses dont il nous reste des fragments malheureusement trop courts en sont une preuve.

1. Je pense qu'alors, comme maintenant, il devait y avoir diverses demeures selon le rang que l'on tenait dans la communauté. Aujourd'hui la cellule d'un moine profès est une véritable petite maison avec rez-de-chaussée et deux étages : il peut y recevoir des étrangers et leur offrir le café, etc. Les novices et les moines de sous ordre, habitent une cellule qui n'a qu'une porte pour ouverture, très étroite et peu engageante.

Les frères voulaient bien vivre de la vie commune, se livrer à de grandes austérités ; mais ils auraient bien voulu aussi gagner le ciel à leur manière et sans se soumettre à autrui. La plupart étaient des gens grossiers, n'ayant aucune idée des bienséances les plus ordinaires de la vie, et il avait fallu régler jusqu'à leurs moindres mouvements.

Dès que du côté de la ville d'Akhmim, les premiers rayons du jour levant descendaient de la montagne sur la plaine, le son de la cloche éveillait la cité monacale endormie : en hiver le réveil précédait le jour. Dans le plus grand silence, entretenant son esprit dans de saintes pensées, chaque frère devait se rendre à l'église pour la synaxe.[1] Tous se rangeaient sur de longues files, les plus anciens étant les plus rapprochés de l'autel. Au signal donné, tous devaient tomber à terre et faire le signe de la croix, un grand et beau signe de croix, en prenant bien soin d'élever la main jusqu'au front et de ne pas l'arrêter à la barbe : on récitait ensuite debout l'oraison dominicale, et chacun devait étendre les mains en forme de croix. A des signaux convenus, la congrégation entière se prosternait la face contre terre, et tous priaient dans l'amertume de leur âme afin que leurs péchés fussent pardonnés, en se donnant garde de relever la tête pour regarder les voisins. Ce mouvement devait être digne, on ne devait point trop s'allonger, ni se coucher sur le flanc

---

1. [La synaxe est la réunion chrétienne pour la prière.

comme pour s'endormir. Au signal, chacun se relevait en faisant le signe de la croix et s'asseyait pour entendre la lecture de l'endroit de l'Ecriture qui servait à la méditation. La décence exigeait quand on était assis qu'on ramenât le devant de sa robe monacale sur les pieds, qu'on ne tournât pas la tête, qu'on ne regardât pas son voisin au visage pour rire ou badiner. Le moindre de ces manquements aurait attiré la colère de Schnoudi. Pendant que l'anagnoste lisait le passage de l'Ecriture, chacun écoutait attentivement et le méditait ensuite en son âme, quand quelqu'un ne prenait pas la parole pour l'expliquer. Tous les frères devaient apporter à cet acte solennel de la prière un cœur droit et confiant ; nul ne devait dire : « Je ne peux me résoudre à crier au Seigneur : je suis une âme tiède et négligente. » Les exemples de l'Ecriture étaient là pour montrer la miséricorde divine. L'enfant prodigue n'avait-il pas englouti tout son bien avec des courtisanes ? le publicain ne s'avouait-il pas coupable de tous les crimes ! David ne fit-il pas le mal avec Bersabée et ne fit-il pas tuer Urie pour légitimer son adultère ? Et Pierre, ne renia-t-il pas son maître ? Comment Dieu les traita-t-il ! Pour l'un, on tua le veau gras ; l'autre s'en alla justifié dans sa maison ; Salomon fut donné à David et à Bersabée et un regard de Jésus fit entrer le repentir dans le cœur de son apôtre. Il ne fallait donc jamais désespérer de la bonté de Dieu, et c'est dans ces pensées que chaque frère devait méditer la leçon de l'Ecriture. La méditation finie, chacun devait retourner à sa cellule en silence, conservant toujours en son cœur les pieuses paroles qu'il avait entendues. En général le silence devait régner à peu près partout quand cela était possible : il était recommandé à tous les frères de regarder comme une abomination de *multiplier les paroles* avec qui que ce fût, moine ou laïque, frère ou étranger, et même d'élever trop la voix en parlant. La prière devait être continuelle : on priait en travaillant, en marchant. C'était la prière du cœur. Outre cette première réunion du matin, le soir rassemblait encore les frères, et dans la journée on devait prier six autres fois et peut-être douze en certains jours ; mais ces dernières prières se faisaient dans la cellule, aux champs, partout, et elles étaient courtes. La cloche donnait le signal du travail, comme elle avait donné celui de la prière. Toutes les portes s'ouvraient alors avec les bouches quand la nécessité l'exigeait ; chacun se rendait près de son chef d'équipe, recevait ses ordres pour la journée et se dirigeait vers le lieu où il devait accomplir sa tâche. Il semble que, pour l'emploi des frères, on avait avant tout égard à ce qu'ils avaient fait dans le monde et à leur habileté personnelle. Tous les corps de métiers se trouvaient représentés au monastère, chacun était rangé sous un chef nommé directement par le supérieur, et ce chef nommait à son tour divers délégués de son autorité. Si le sort ne nous l'eût pas envié, nous pourrions posséder encore toutes les règles minutieuses qui déterminaient la manière dont chaque chose devait être faite ; malheureusement nous ne possédons plus que de trop rares documents. Ils nous donnent cependant, malgré leur état fragmentaire, les plus intéressants détails.

La fonction la plus importante était celle d'économe ; la première chose à faire était en effet d'assurer la subsistance des frères et de toute la communauté. Les économes étaient nombreux : l'un était chargé du pain, un autre des légumes, un autre de la cuisine, un quatrième des vêtements, et sans doute ils avaient encore des collègues. Chacun d'eux avait la mission de veiller à ce que tout marchât bien dans son service et que les subordonnés s'acquitassent de leur tâche avec ponctualité. Leur surveillance devait être continuelle, afin que rien ne se perdît ou se détériorât. Ainsi il fallait bien se donner garde d'oublier les pains qu'on mettait à tremper dans l'eau, de faire plus d'eau salée qu'il n'en fallait pour un jour ; car quelquefois l'économe chargé de ce soin en faisait pour deux jours à la fois, afin de ne pas avoir à s'en occuper pour le lendemain. De même pour faire l'eau de dattes, on ne devait pas employer trop de dattes de manière à ce que la boisson fût suffisante pour deux ou trois jours, car elle s'aigrissait ; le moindre reste de sauce devait être recueilli avec soin, et, si l'on égrenait certaines graines, il ne fallait pas en égrener plus qu'il n'en était besoin pour une semaine. Ces mêmes graines devaient être lavées à grande eau et continuellement, afin d'ôter toute mauvaise odeur. Il ne fallait pas cueillir au jardin plus de légumes que n'en exigeait la consommation journalière. En tout l'économie la plus stricte devait être observée, sans qu'elle fût nuisible cependant à la santé des frères, et l'on devait respecter même le plus petit plat de terre. Ceux qui faisaient la cuisine avaient à apporter les plus grandes précautions à leur office : le bois était rare alors comme aujourd'hui : partant, il fallait le ménager. Trois morceaux suffisaient pour faire du feu : habituellement on ne devait en employer que deux, ce qui était déjà beaucoup ; le troisième morceau ne devait être jeté dans le foyer qu'au moment où les deux autres approchaient de la complète combustion et, pour augmenter l'économie, on devait les couvrir de gateaux de fiente encore en usage aujourd'hui. La fumée était à éviter : aussi les chaudières devaient être assez élevées au-dessus du feu pour permettre à la flamme de se dégager librement. Quand on faisait cuire de la soupe, bouillir des légumes, on devait le faire à petit feu : une soupe, une sauce faite trop hâtivement ne pouvait être bonne au goût et tout se répandait hors du vase et se perdait. Ces règles s'appliquaient aux aliments préparés pour les malades ; elles devaient de même être observées par les boulangers. La plus grande propreté était demandée à tous ceux qui touchaient à la cuisine : il devaient fréquemment se laver les mains, surtout ceux qui allaient puiser de l'eau. Avant de puiser l'eau on se lavait les mains, et deux fois par semaine on lavait aussi la cruche qu'on devait toujours avoir soin de secouer et de vider complètement avant de la remplir une autre fois. Le grand bassin qui existait à la cuisine devait être lavé une fois par semaine seulement. On ne devait pas perdre de vue les chaudières, soit lorsqu'on y faisait cuire les légumes, soit lorsqu'on les retirait du feu : dans le premier cas, il fallait remuer la masse liquide et agiter les légumes ; dans le second il était de toute nécessité de les bien laver.

La manière de faire le pain était minutieusement réglée: chaque chose en était prévue et soumise à des règles différentes. Quand le jour de faire le pain était arrivé, le frère chargé de la surveillance générale de la boulangerie désignait les frères qui devaient prendre part au travail et chacun avait à se rendre en silence à l'endroit convenu. Il était expressément défendu de parler à voix haute, sous n'importe quelque prétexte : si la nécessité exigeait quelques paroles, elles se prononçaient à voix basse. Le rire même était interdit, afin qu'on ne pût dire du couvent : « Ils ont fait leur pain en dérision ». Quand tout le monde était à son poste, les uns devant leur pétrin, les autres tenant à la main l'eau qu'ils devaient verser aux boulangers, ceux-ci apportant la farine du moulin, d'autres la partageant également entre ceux qui allaient pétrir, le boulanger en chef donnait un dernier coup d'œil dans les coins pour voir si quelque paresseux ne s'y était pas dérobé à la vue en même temps qu'à la besogne : puis, frappant de ses mains sur un pétrin, il donnait le signal en disant à haute voix : « Allons, pétrissez. » Personne ne devait précéder le signal ni même mettre de la farine dans son pétrin avant que le chef boulanger ne l'eût dit ; au contraire, au signal donné, tous devaient se mettre à l'œuvre sans retard, faisant leur besogne avec une grande attention et priant au fond du cœur. Les frères qui portaient l'eau devaient la verser tranquillement, sans se hâter, de manière à ne pas soulever la farine et à la faire voler, ou à répandre l'eau sur les pieds de celui qui pétrissait. Quand celui-ci avait besoin d'un peu plus d'eau, il frappait un petit coup sur le bois du pétrin, mais il ne parlait pas. Le frère chargé de verser la farine devait se donner garde de la verser de trop haut de peur d'en perdre, ou de trop près de peur d'attacher de la pâte aux bords de sa corbeille. Le boulanger, au milieu du va-et-vient des différents services de la boulangerie, travaillait sans lever la tête ; s'il était fatigué, il levait un moment la tête et prononçait quelque oraison jaculatoire et se remettait au travail, prenant bien soin de ne pas faire tomber de pâte à ses pieds ou de la laisser adhérer au bois du pétrin, de ne pas la travailler de manière a ce qu'elle fût trop molle, par conséquent de n'y pas verser trop d'eau. D'ailleurs le chef boulanger devait avoir l'œil partout, et quand il voyait que la pâte était convenablement travaillée, il donnait le signal de l'arrêt, faisait le tour des travailleurs et distribuait à chacun sa part de levain. Cela fait, on mettait sans doute la pâte dans des corbeilles, et chacun lavait son pétrin, déposait les eaux grasses dans les baquets préparés pour cela et on portait ces baquets à la porcherie. Tout le monde rentrait ensuite dans sa cellule pour s'y reposer pendant la nuit, car on pétrissait le soir afin que la pâte put lever pendant la nuit.

Le matin venu, commençait la cuisson de la pâte. Pendant que les uns chauffaient les fours qui étaient au nombre de onze, les autres s'occupaient de sortir la pâte des corbeilles, de la couper, d'en former de petits pains ronds. Ces diverses opérations prenaient assez de temps. Les fours devaient être assez chauds pour faire de suite jusqu'à vingt cuissons différentes : et le travail nécessité pour arriver à la température convenable était regardé comme très-fatigant. On en chargeait les frères les plus vigoureux, et souvent quelques uns prétextaient quelque indisposition pour s'en dispenser. Pendant que les fours chauffaient, de jeunes garçons montaient les morceaux de pâte sur la terasse: là, des frères présentaient la pâte à l'un deux qui lui donnait la forme de petits pains ronds, les saupoudrait de farine, et les étendait au soleil. On rangeait ainsi tous ces pains tout autour de la terrasse, puis d'autres enfants sur de minces et étroites planches les descendaient aux fours où on les faisait cuire. A peine étaient-ils cuits qu'on les amoncelait dans des corbeilles, et, quand ils étaient assez refroidis, on les portait dans les magasins à pain d'où on les tirait pour la consommation journalière. La grande fatigue causée par le travail du pétrin et du four n'était point une raison pour manquer à la règle ordinaire. Il était défendu de manger à d'autres heures qu'à celle marquée par la règle générale. Si les enfants sentaient l'aiguillon de la faim, ils devaient avertir : on leur donnait du pain et ils sortaient le manger au dehors afin de ne pas exciter leurs frères. Les hommes faits ne devaient manger qu'à l'heure habituelle, et même quand l'ouvrage n'était pas terminé à midi, ils devaient attendre que le repas des frères fût terminé, et alors ils mangeaient leur pain au lieu même où ils se trouvaient. Le chef boulanger remplissait une corbeille de pains frais, choisissant pour ses frères comme il aurait choisi pour lui-même, on mangeait en silence, puis on se remettait à l'ouvrage. Ceux qui étaient ainsi occupés auraient pu facilement se procurer quelques petites douceurs, se faire pour eux-mêmes quelques gâteaux assaisonnés d'huile, de beurre ou de toute autre bonne chose : pareille conduite était expressément défendue. S'il y avait quelques restes de pâte, on pouvait en faire des gâteaux pour les malades, mais jamais plus de cinq corbeilles. On faisait pour eux aussi une sorte de soupe cuite au four ;

les frères aimaient à y mettre de la pâte ou des gâteaux beurrés sortant du four : défense est faite de se servir de pâte ou de gâteaux beurrés pour cette *polenta* qui aurait été trop lourde pour des estomacs malades. Dans quelques monastères voisins, on avait coutume d'accorder aux boulangers et aux frères employés à la cuisson une nourriture différente et un peu plus recherchée ; au monastère de Schnoudi nulle différence ne devait exister : tous les frères devaient faire leur besogne, quelle qu'elle fût, et se trouver contents de l'égalité la plus parfaite. Les moines employés aux travaux de la moisson, à l'irrigation, au labeur du jardin ne peinaient-ils pas autant et ne souffraient-ils pas autant de la chaleur que les boulangers ? Et cependant ils n'avaient que la nourriture commune à tous. La règle devait suffire à chacun : les ouvriers de la dernière heure reçurent autant que ceux de la première : ce fut la volonté du Seigneur.[1]

Les travaux de la moisson et de l'irrigation étaient réglés aussi dans les plus petits détails ; malheureusement il ne nous reste de cette partie de la règle que de minimes fragments. Avant tout, celui qui était chargé du travail de la moisson devait prendre soin de faire commencer le travail à l'heure dite comme aussi de le terminer au

---

[1]. De ces divers détails quelques-uns ne se retrouvent pas dans les deux fragments qui nous ont été conservés : mais tout se pratique encore aujourd'hui, comme je viens de le décrire, et je l'ai vu de mes propres yeux.

moment prescrit. A lui seul appartenait la direction des travaux. Il indiquait où l'on devait commencer à couper les blés, il plaçait chacun à son poste et tous les frères suivaient ses ordres sans se plaindre et sans murmurer. Le travail de la moisson exigeant une grande dépense de forces, on choisissait les moines les plus robustes : personne ne devait se vanter de ses forces, en faire parade en devançant ses compagnons et s'enorgueillir de ses muscles. Tout devait se faire avec ordre et mesure.[1] Pendant que les uns moissonnaient, d'autres recueillaient les blés, les mettaient en gerbes afin que, le soir venu, les moines chargés des bêtes de somme pussent les conduire au couvent. Cette dernière opération commençait parfois dès le milieu du jour. On déchargeait les blés dans une grande aire, on en formait des tas ronds et élevés, distincts les uns des autres par la nature des céréales moissonnées et placés à un assez grand intervalle. Quand tout était ramassé dans l'aire, on procédait à l'opération du battage.[2] Des frères armés de fourches étendaient les blés tout autour de la meule à une petite profondeur ; d'autres, montés sur de légers chars armés d'un triple rang de rondelles

---

1. Le reste manque. Tout ce que je dis ensuite a été observé par moi-même dans le plus grand des monastères actuels de l'Egypte ou se retrouve dans divers récits.

2. Le mot *battage* est bien impropre pour l'opération qui suit : mais même en France actuellement, avec l'emploi des machines à vapeur, ce mot n'offre plus qu'un sens très éloigné de son acception primitive.

de fer, conduisaient des attelages de bœufs, ou de vaches, les faisaient tourner autour de la meule, hachaient la paille et faisaient sortir le grain. Quand tout était ainsi battu on vannait par un moyen tout primitif. On soulevait, avec une pelle ou une fourche de bois, la paille presque moulue : le vent se chargeait de la séparer du grain. On emplissait alors les sacs et l'on portait le blé dans des greniers faits de telle sorte qu'on les remplissait par une sorte de terrasse supérieure.[1] Sur les aires se faisaient parfois les marchés ; on vendait le surplus de la récolte, on achetait ce qui était nécessaire de marchands venus pour l'occasion. Le frère chargé des travaux des champs devait seul faire les marchés et il n'était permis à aucun autre de se mêler à un achat quelconque.

Ces travaux occupaient une grande partie de l'été, comme encore de nos jours. Il arrivait souvent que la chaleur fatiguait quelque frère ; les surveillants devaient y prendre garde, et, si la nourriture commune ne lui suffisait pas, ils lui en faisaient donner quelque autre plus délicate. Mais cet écart de la règle ne devait pas être le fruit d'un vain désir, d'une fausse imagination ou de la concupiscence ; la nécessité seule devait faire changer la nourriture, donner du vin ; mais

---

1. Ces greniers ont existé de tout temps en Egypte. Dans les tombeaux de la XVIIIe dynastie, on leur trouve déjà la forme que j'indique. De nos jours encore la forme est la même : on remplit les greniers par une ouverture située en haut de la large cheminée qui en somme constitue ces greniers : une porte étroite et basse, à l'extrémité inférieure, permet d'y prendre ce que l'on en veut retirer.

il ne fallait rien refuser quand cette nécessité était constatée, quand même tous les frères employés à ces travaux se seraient trouvés dans le même besoin. Le grand principe qui devait diriger tous les moines dans l'accomplissement de leur travail était celui-ci : Crains Dieu et fais le bien. Si chacun craignait Dieu et faisait le bien, toute chose serait parfaite.

D'après ce principe, ceux qui travaillaient aux champs à la saison du labour ou de l'arrosage, devaient se tenir toujours prêts à se rendre à leur travail à l'heure dite. Là encore chacun remplissait sa tâche, sans s'occuper de son voisin. Si le travail pressait, on pouvait le prolonger, d'après l'avis du surveillant, d'une demi-heure à midi et d'autant le soir ; mais il fallait avoir soin d'être exactement rendu au réfectoire ou à l'église à l'heure marquée par la règle. Si l'on arrosait, les règlements différaient selon que l'arrosage se faisait à la *sakyeh* ou au *schadouf*. En tous cas, il fallait prendre grand soin de ne pas perdre l'eau, de ne pas noyer les terres, de ne laisser aucun endroit du champ souffrir du manque d'eau. Il était important de veiller sur l'animal qui faisait manœuvrer la sakyeh, de prendre beaucoup de soin de la machine elle-même. Pour bien arroser un champ, on ne devait faire qu'un grand conduit d'eau avec le nombre de petites rigoles nécessaire. Si l'on faisait deux grands conduits, l'eau ne devait être abondante ni dans l'un ni dans l'autre. En faisant conduits et

rigoles, on devait bien se garder d'arracher le blé :
le fond seul de la rigole ou de la conduite d'eau
devait être nettoyé de toute herbe encombrante ;
sur les côtés on devait religieusement respecter
les moindres brins de blé ; s'ils gênaient on devait
se contenter de les courber et il fallait prendre
soin que la terre s'imbibât. Dès que la machine
s'arrêtait, on avait à la couvrir de suite d'herbages,
afin sans doute que la chaleur du soleil ne fit pas
crevasser les vases de terre qui allaient chercher
l'eau au fond de la sakyeh. Chaque jour on faisait
l'inspection de la grande conduite d'eau pour en
retirer les herbes, pour la réparer avec un peu de
paille ou de fumier, si elle offrait quelques
crevasses, pour y ajouter quelques corbeilles de
terre, en un mot pour y apporter toutes les
améliorations dont besoin était. Le surveillant en
chef faisait chaque jour l'inspection des terres
ensemencées, voyait quel canton avait besoin
d'être arrosé, souffrait ou ne réclamait aucun
soin. Le lendemain les frères recevaient ses
ordres et les champs prospéraient.

Pendant que les travaux s'exécutaient de la
sorte avec diligence à l'extérieur du monastère, à
l'intérieur l'immense ruche humaine bourdonnait
de tous les bruits des travaux journaliers. Chacun y vaquait à sa besogne, gardant le silence le
plus qu'il était possible. Les uns se livraient à
des travaux manuels, les autres s'occupaient à
préparer les grandes salles du réfectoire ; ceux-ci
copiaient les écrits sacrés et les enluminaient de

leurs plus beaux ornements, ceux-là lisaient ou faiaient les comptes de la maison. Personne ne restait inactif : Schnoudi veillait et l'œil du maître était partout. A la porte du monastère, un moine veillait aidé d'un frère. Personne n'entrait sans qu'il le vît et aussitôt on courait avertir le supérieur du monastère ; on lui donnait tous les détails que les visiteurs avaient eux-mêmes donnés sur leurs personnes. S'il s'agissait de visiteuses, on s'enquérait avec soin de leur nom, de leur famille, de leur position dans la vie et de leur âge : les soins qu'on prenait de loger et de traiter chacun selon sa dignité et ses aumônes, et sans doute aussi la curiosité que la nature excite elle-même, justifiaient cette sorte d'enquête affectueuse. Deux frères veillaient de même à l'infirmerie, ou un seul, s'il suffisait. Il était recommandé de prendre le plus grand soin des frères malades, de condescendre à leurs désirs. Schnoudi se faisait avertir de tous les cas graves et visitait lui-même ceux de ses enfants que la maladie retenait à l'infirmerie. Si quelqu'un succombait à la maladie, on devait lui fournir un cercueil et deux moines restaient à côté de la bière pour prier jusqu'à l'heure des funérailles. On faisait ainsi pour tous, même en cas d'épidémie et fallût-il occuper toute la congrégation autour des cadavres. Si le mort faisait partie du village monacal qui entourait le monastère, on observait les mêmes règles, et deux frères priaient jusqu'à ce qu'on vînt du couvent pour rendre les derniers devoirs à la dépouille mortelle. Ce devoir semble particulièrement avoir été à charge pour les frères, c'était à qui s'en exempterait : mais Schnoudi s'irritait dès qu'il voyait un frère manquer à cette régle et l'on redoutait sa colère. A la cérémonie des funérailles on devait s'abstenir des plaintes et des gémissements, des pleurs et des lamentations : point n'était besoin de pleurer sur des saints ; que ne pleurait-on plutôt sur les infortunés que la mort surprenait dans les pièges du tentateur.

Lorsque la cloche annonçait le milieu du jour, tous les frères se rendaient au réfectoire. Là ils trouvaient leur nourriture préparée par les économes et ceux qui étaient sous leurs ordres. Chacun s'asseyait à sa place et l'on mangeait en silence. Les semainiers se tenaient un peu en arrière avec de petits vases où chacun buvait après avoir mangé sa portion. Quelques frères imaginaient de faire vœu de manger leur pain en un certain nombre de bouchées : le nombre était quelquefois si petit et les bouchées si grosses, que la bouche n'en pouvait contenir une. C'était un spectacle dégoûtant, et Schnoudi avait interdit cette sorte de mortification. La prière commençait et terminait le repas qui était très court. Quand la réfection corporelle était terminée, chacun reprenait son ouvrage jusqu'au soir. Les frères qui avaient servi au réfectoire mangeaient alors, et s'occupaient ensuite de mettre l'ordre et la propreté partout. Souvent pour s'éviter la peine du travail, ils prenaient les petits enfants qu'on élevait au monastère, leur faisaient exécuter leur propre tâche et ne craignaient pas de recourir à la violence pour les y forcer. La règle défendait absolument cette manière de se faire servir et d'échapper à la besogne journalière. On devait aussi prendre le plus grand soin de la vaisselle, ne rien casser, fût-ce la plus petite assiette de terre : il fallait éviter la trop grande précipitation, mais non pas tomber dans le défaut contraire. Les frères occupés au réfectoire lambinaient volontiers, trouvaient souvent des prétextes pour ne pas être prêts à l'heure de la prière du soir et n'y pas assister : ils étaient avertis que pareille négligence ne leur serait pas pardonnée. La négligence et la paresse étaient le cauchemar de Schnoudi : il n'avait pas assez de sarcasmes, de reproches durs et même de malédictions pour les paresseux. Une paresse invétérée, résistant à tous les avis et à toutes les punitions, était un cas de renvoi : celui qui ne participe pas au travail de la communauté, disait Schnoudi, ne doit point jouir des avantages de la vie commune : s'il n'apporte rien au trésor commun, il n'en doit rien retirer, ni vivres, ni habillement.

Avant la prière commune du soir qui avait lieu à l'église, comme le matin, les frères pouvaient à leur gré prendre quelque nourriture au réfectoire : souvent on s'en dispensait ; mais on ne devait pas rester plus de deux ou trois jours sans manger. Cette partie de la règle souffrait sans doute de nombreuses exceptions, puisque Schnoudi lui-même est dit ne l'avoir pas observée. Elle ne regardait en effet que les frères cénobites, et non la brigade sainte des anachorètes qui vivaient dans les grottes de la montagne. Après le repas et avant la prière du soir, chacun devait se livrer à l'étude de l'Ecriture, en apprendre certains passages par cœur et les réciter à un frère plus avancé dans la science de Dieu ou doué d'une meilleure mémoire. Au son de la cloche, tous se rendaient à l'église, et, la prière finie, chacun retournait à sa cellule pour s'y livrer au repos. Ce repos était facultatif: on pouvait le diminuer à volonté, mais ne jamais l'allonger. Quelques-uns employaient la première partie de la nuit à la prière, où à la lecture des livres saints: ils devaient réciter un nombre déterminés de psaumes par cœur et lire tant de divisions du livre. D'autres se levaient avant que la cloche n'eût sonné ; ils priaient aussi de la même manière, ou seuls, ou deux à deux. Si de deux frères habitant des cellules voisines et s'étant promis de prier ensemble avant le réveil général, l'un s'éveillait et l'autre continuait à goûter les douceurs du sommeil, le premier devait sortir de sa cellule et frapper contre le mur de la cellule voisine. Si les coups frappés ne suffisaient pas pour réveiller l'endormi, il devait l'appeler par son nom jusqu'à ce qu'il eût chassé le sommeil du frère négligent.

Telles sont les lignes générales de la règle monacale qui régissait le monastère de Schnoudi. Sans doute une foule d'autres points généraux et journaliers étaient réglés aussi minutieusement ; mais dans l'état actuel de nos connaissances nous ne pouvons rien dire de plus. Les diverses saisons de l'année devaient sans doute apporter du changement à quelques exercices ; les différentes époques de l'année religieuse variaient aussi le règlement : de ces points particuliers rien ne nous est parvenu. Nous savons seulement qu'à certains jours fixes, les pères se rendaient à l'église et y recevaient la communion sacrée. C'étaient sans doute le samedi et le dimanche de chaque semaine : en Egypte, du moins dans les monastères et par les solitaires ou religieux de toute nuance, le samedi fut longtemps regardé comme un jour consacré au Seigneur comme le dimanche ; mais le dimanche même, s'il faut en croire certains passages des œuvres coptes qui ne peuvent s'expliquer autrement, on pouvait se livrer à des travaux manuels.[1] Le Christianisme, ses dogmes, sa morale, ses institutions n'ont jamais été comprises en Egypte comme ailleurs, soit en Orient, soit en Occident.

Parmi ces menus détails de la vie cénobitique dans le monastère de Schnoudi, on rencontre un

---

1. Il suffit de lire quelques uns des récits coptes sur la vie des solitaires pour s'apercevoir du premier coup d'œil que le samedi était honoré à l'égal du dimanche : ces pieux solitaires ne faisaient la synaxe que deux fois par semaine, le samedi et le dimanche. C'était d'ailleurs le seul acte de sanctification qu'ils attribuaient spécialement à ces deux jours. On lit dans la vie de S*t* Pakhôme qu'il était un jour occupé à faire une ample moisson de roseaux sur les bords du Nil, loin de son monastère. Le soir venu, il commanda à son disciple Théodore de faire le catéchèse aux frères parce que *ce jour était un dimanche.*

principe général qui dominait la règle entière : ce principe était celui de l'obéissance en tout et toujours. Rien ne servait de faire de grandes mortifications, de se livrer nuit et jour à la prière, de faires des choses exceptionnellement belles et bonnes, si l'on se mortifiait, si l'on priait, si l'on agissait en un mot d'après son sens privé. La règle devait tout régir. Personne ne devait se soustraire aux obligations qu'elle imposait. Celui qui agissait à son sens privé n'acquérait aucun mérite ; ses actions ne comptaient pas pour le ciel. Celui qui apportait de la négligence à l'observation de la règle ressemblait à un fils de grand personnage, dont le père et les frères sont comblés de richesses et d'honneurs, montent chaque jour aux charges les plus élevées et jouissent de tous les plaisirs de la vie, tandis que lui-même est misérablement vêtu et mendie sa subsistance à la charité des passants. Ainsi le négligent n'aura qu'une toute petite gloire dans le ciel, tandis que ses frères en surabonderont. Ce principe de la fidélité à la règle est fécond lorsqu'il est sagement mis en pratique : deux écueils sont à éviter cependant qui empêchent toute grande action. Il ne faut pas que la règle empêche toute initiative individuelle et prétende prohiber telle manière de penser, comme elle prohibe telle manière d'agir ; il ne faut pas davantage qu'elle soit trop minutieuse, qu'elle descende à de grossiers détails. C'est ici le cas de répéter que la lettre tue et l'esprit vivifie. La formule célèbre *perinde ac cadaver* n'était pas encore inventée pour annihiler la raison humaine ; mais on en approchait déjà, et les moines égyptiens n'étaient guère aux yeux de leurs supérieurs et des archevêques d'Alexandrie que des machines humaines qu'ils pouvaient employer à leur gré. D'un autre côté, les minuties dont la règle était pleine étouffaient toute pensée noble et généreuse, et entretenaient l'esprit dans un cercle étroit de pensées, comme le corps dans un cercle uniforme d'actions. Il est vrai que les natures étaient grossières et devaient être polies ; mais par bonheur aussi elles étaient rebelles, et elles firent que l'œuvre du cénobitisme eut quelque temps de grandeur. Il devait fatalement arriver en effet que la vie cénobitique dépendît uniquement ou de la sainteté ou de l'intelligence du supérieur général de la congrégation ; si l'archimandrite, comme on l'appelait, savait s'entourer d'une auréole de sainteté, comme Pakhôme, se faire craindre et obéir, comme Schnoudi, la communauté se soutenait malgré toutes les rivalités et les jalousies ; si au contraire le supérieur était faible et n'avait aucune éminente qualité, la congrégation se dissolvait d'elle-même. C'est ce qui est arrivé à la fois pour les disciples de Pakhôme et ceux de Schnoudi : les quelques restes qui ont survécu à la dissolution ne ressemblaient aucunement aux communautés primitives. Une congrégation relativement moderne a donné le même spectacle en Occident : tant qu'elle a eu pour généraux des hommes d'une vaste intelligence, qui ont su interpréter dans le sens de la liberté individuelle tournant au bien général ce principe mortel *perinde ac cadaver*, elle a eu une histoire brillante ; le jour où le général n'a plus été à la hauteur de son poste, elle a commencé de décroître. La dissolution serait depuis longtemps un fait accompli, si à l'insensibilité de volonté exigée des individus, on n'eût joint la souplesse dans les pensées, les sentiments et aussi les actions. Ce tempérament d'une règle trop minutieuse et trop étroite manqua aux règles égyptiennes : c'est pourquoi, elles n'eurent qu'un éclat passager. Celui qui pose à la base d'un édifice moral quel qu'il soit, l'annihilation de la volonté, y pose en même temps la cause de sa ruine. L'homme n'est homme que par sa volonté : cette volonté n'est que le libre choix de sa raison, et la raison est sa plus belle prérogative : on ne saurait l'en dépouiller sans proclamer sa déchéance.

Sans doute les fondateurs d'ordres en Egypte ne se firent pas ces réflexions. Leur but premier était de mettre de l'ordre et de la ferveur dans leur communauté. Les moyens qu'ils employèrent furent différents : tous furent insuffisants. Schnoudi employa tour à tour la douceur, la persuasion et la plus extrême violence. En général la supercherie domina. Il semble qu'aux premiers jours de son gouvernement, il ait fait plus souvent usage de douceur, de persuasion, de pieuses supercheries que de violence. Pour imposer sa volonté, il fallait que son autorité fût reconnue sans conteste. Pour obtenir une unanimité d'obéissance, il employa tous les moyens qui lui semblèrent bons, et nul ne lui sembla meilleur que de convaincre fortement l'esprit des frères qu'il était un homme de Dieu, supérieur à Elie le Thesbite, égal au grand Moyse, le premier et le plus grand des prophètes. Le panégyrique entier de sa vie n'offre qu'une succession d'actions plus merveilleuses les unes que les autres : toutes ont sans doute un certain fond de réalité, mais souvent cette réalité nous échappe. Il en ressort au contraire vivement que Schnoudi prit grand soin d'entourer ses actions, même les plus communes, d'un merveilleux si extraordinaire que les simples moines fussent persuadés que leur père n'était pas un homme comme le commun des mortels et que l'esprit de Dieu était en lui.

Rien ne lui était plus ordinaire, lorsqu'on se présentait à sa cellule pour lui demander des ordres ou l'avertir de quelque présence étrangère, que de faire attendre celui qui venait à lui, de simuler le bruit de plusieurs voix et après avoir fait entrer le frère, de le plaindre de la mauvaise fortune ou de la négligence qui l'avait empêché de voir les anges, les apôtres ou même le Messie conversant avec lui dans la plus douce intimité. Un jour son disciple chéri et son futur successeur, Visa, frappa à la porte de la cellule de son père Schnoudi. « Entre directement, » lui répondit celui-ci. Visa n'osait d'abord parce qu'il avait entendu un bruit de voix ; il entra enfin, baisa la main de Schnoudi et lui demanda d'où provenait la voix qu'il avait entendue. « Le Messie vient de me quitter, répondit l'heureux Schnoudi ; il m'a longtemps parlé des mystères les plus secrets. » Cette réponse enflamma les désirs de Visa : « Puissé-je aussi le voir ! » s'écria-t-il. — « Tu es trop petit de cœur, repartit Schnoudi, sans cela je l'aurais prié de se laisser voir de toi. » — « Il est vrai que je suis un pécheur, répondit le pauvre Visa. » — « Evite tout ce qui sent la petitesse, reprit le maître, et je te promets que tu le verras. » Visa, heureux de cette promesse, baisa de nouveau la main de Schnoudi : « Je suis ton esclave, dit-il, prends pitié de moi et fais que je mérite de le voir réellement. » Schnoudi lui recommanda de revenir le lendemain à la sixième heure, il les trouverait de nouveau conversant ensemble. Le lendemain Visa ne manqua pas de se présenter à l'heure dite, il frappa et quand il entra, il ne vit personne que Schnoudi : le Messie l'ayant entendu frapper était remonté au ciel. A cette déconvenue, ses larmes jaillirent avec abondance : « O mon grand malheur ! s'écria-t-il, je ne mérite pas de voir le corps de Jésus le Christ. » — « Ne t'attriste pas, mon fils, répondit le bienheureux ; si tu ne mérites pas de le voir, tu pourras du moins entendre sa douce voix. » En effet, ajoute le bon Visa, depuis lors je l'ai plusieurs fois entendu converser avec mon père.

Schnoudi passait-il son inspection dans le

monastère, il n'était jamais seul, assurait-il : toujours quelque prophète, quelque apôtre ou même le Messie marchait à ses côtés. Un jour, il rencontra un frère qui, tout en lisant les prophéties de Jérémie, avait senti le sommeil le gagner. Le frère était assis dans un coin, bien exposé au soleil : il ramena la partie supérieure de son vêtement sur son visage et se livra sans remords aux douceurs du repos. A sa vue Schnoudi fut ému, il versa peut-être quelques larmes qui tombèrent sur le vêtement du frère à l'endroit du visage ; puis il le réveilla. Le frère fut fort étonné : il avait sans doute dormi plus longtemps qu'il ne le voulait, et la nuit était venue. « D'où vient cette eau qui est tombée sur ton visage, lui demanda sévèrement Schnoudi. » — « Mais, dit le frère, c'est probablement la rosée du ciel. » — « Insensé ! répliqua Schnoudi : le prophète Jérémie était debout à mes côtés : voyant que tu t'étais endormi en lisant ses prophéties, il a pleuré sur ta tiédeur, et ce sont ses larmes qui ont mouillé ton visage. » Le frère Abaschia, c'était son nom, promit d'être plus poli : il devait nécessairement après cette explication ne plus causer de peine au sensible Jérémie et trouver que son père Schnoudi était favorisé du ciel plus que tout homme. — Une autre fois, dans une semblable tournée, il rencontra un frère qui, toute la journée et une partie de la nuit précédente, s'était appliqué à lire les prophéties d'Ezéchiel. Ayant pris goût à son occupation, quand il eut fini les œuvres d'Ezéchiel, il commença celles des douze petits prophètes. Il était arrivé au dernier, à Malachie, lorsque la fatigue lui ferma à demi les yeux. Il resta longtemps à moitié assoupi, ne lisant point. Schnoudi qui voulait sans doute le féliciter de son application, le voyant accablé par la fatigue ranima son courage : « Eveille-toi, mon fils, lui dit-il, congédie ce grand homme, tu le retardes et tu dois le laisser aller. » Le frère tout surpris lui demanda sans doute l'explication de ses paroles, et Schnoudi lui apprit une grande merveille : il se promenait par le monastère avec le prophète Ezéchiel tout charmé de la politesse qu'on lui faisait en lisant ses œuvres : ils étaient arrivés près de lui, lorsqu'il commençait la lecture des douze petits prophètes, et pendant qu'il lisait chaque prophète, celui-ci se tenait debout près du lecteur, cédant la place au suivant à mesure que la lecture s'avançait. Tous étaient allés s'asseoir près d'Ezéchiel et de Schnoudi : seul, Malachie, restait debout attendant que le frère eût achevé sa prophétie, et il ne convenait pas de le faire attendre plus longtemps, avait dit Ezéchiel. « Et le frère, le cœur joyeux, acheva la prophétie ; et les prophètes, prenant congé de mon père, le quittèrent avec grande joie. »

Toutes les nouvelles règles qu'il établissait dans le monastère avaient un avertissement céleste pour origine. S'il avait établi la lecture de l'Apocalypse à la prière du samedi soir, c'est qu'à pareil jour il l'avait entendu lire dans le ciel par les Anges eux-mêmes. Il y avait été ravi un samedi soir en compagnie d'apa Victor, archimandrite de Tabennîsi : on les y avait reçus avec les plus grandes marques de respect et de vénération, on les avait fait assister à la réunion angélique et on y avait lu l'Apocalypse. Un ange lui expliqua qu'au ciel on ne lisait l'Apocalypse qu'une fois par semaine, le samedi soir. Schnoudi s'était hâté d'introduire cette coutume dans son monastère. Quand l'archimandrite Victor vint au couvent après cette grande faveur, Schnoudi lui demanda de raconter aux frères ce qu'ils avaient vu ensemble. Victor refusa, soit qu'il n'eût rien vu, soit qu'il fût plus modeste que Schnoudi : celui-ci raconta le tout aux frères émerveillés, et chacun rendit gloire à Dieu.

Schnoudi se servait aussi de ce moyen ingénieux pour faire observer la règle et maintenir la discipline. Il avait quelquefois fort à faire avec les moines grossiers qui formaient la majeure partie de son troupeau. Un jour il se présenta à la prière du soir, conduisant un étranger revêtu d'un splendide costume. Tous les yeux se tournèrent vers cet étranger lorsqu'on le vit monter à la chaire du lecteur. Là, d'une voix douce et suave, il commença de lire les Psaumes : « Qu'il est doux pour des frères, disait-il, d'habiter ensemble dans une amitié parfaite : le Seigneur s'élévera, et mon âme bénira le Dieu du ciel. » Et pendant que les frères écoutaient, les passages appropriés à la vie cénobitique se multipliaient dans la bouche du psalmode. Ils étaient dans le ravissement, mais non pas tous ; car lorsque le lecteur fut descendu de la chaire et se fut retiré dans le sanctuaire, quelques frères indociles firent entendre des murmures : « Notre père n'a donc trouvé personne parmi nous, dit-il, pour lui faire réciter la prière, puisqu'il a choisi ce laïque ! » Schnoudi connut leurs murmures : pour les apaiser il n'eût qu'une parole à dire. Ce beau chanteur était David, le roi prophète en personne. Aussitôt tous les frères se précipitèrent vers le sanctuaire pour recevoir la bénédiction du chantre céleste, mais il avait disparu. — Une autre fois, Schnoudi réunit les principaux frères du monastère et les portiers : « Cette nuit, dit-il, vous verrez arriver vers nous des moines à figure respectable, dignes de la plus grande vénération : gardez-vous bien de leur adresser la parole ; mais prosternez-vous à leurs pieds et recevez leur bénédiction, car ce sont des saints et des élus de Dieu. » On était en hiver ; et pendant que les frères étaient dans leurs cellules, occupés à réciter les endroits de l'Ecriture qu'ils avaient appris par cœur dans la journée, au moment où l'on sonnait la prière du soir, trois moines de la plus belle apparence firent leur entrée dans le monastère. Schnoudi les reçut et les accompagna vers l'église, pendant que les frères s'inclinaient avec respect et recevaient la bénédiction des trois saints personnages. Personne ne souffla mot. Mais, le matin venu, la communauté entière se rassembla près de

Schnoudi, on l'interrogea de toutes parts : « Quels sont, dit-on, ces grands hommes qui sont venus à nous cette nuit ? Jamais nous n'avons vu piété ni politesse semblable. L'éclat de leur costume était extraordinaire et ce costume ne ressemblait pas au nôtre. En vérité, ils étaient comme les anges lumineux du Seigneur. » — « Rendez gloire à Dieu mes enfants, répondit Schnoudi ; vous avez vu Jean le Baptiste précurseur du Messie, Elie le Thesbite le héraut et le cocher d'Israël, Elisée son disciple, l'homme chauve. Ils ont voulu tous les trois venir s'édifier au spectacle de votre ferveur et prier pour vous : le Seigneur le leur a permis. »

La méthode de Schnoudi était la même quand il voulait féliciter un frère de sa perfection ou d'une qualité quelconque ; les éloges qu'il lui donnait étaient pour ainsi dire d'origine céleste ; c'étaient les anges, les saints, c'était quelquefois Dieu lui-même qui les donnait. Un jour l'archimandrite des monastères de Faou[1], apa Martyrios[2], vint faire visite à son collègue de la montagne d'Athribis ; il avait avec lui plusieurs frères, parmi lesquels un chanteur excellent, nommé David, Ces sortes de visite que se rendaient les moines entre eux étaient toutes spirituelles ; elles étaient l'occasion de fêtes religieuses et d'une sorte de

---

1. Faou est un petit village sur la rive droite du fleuve, dans l'intérieur des terres, près de la chaîne arabique et appartenant à la moudirieh de Qéneh.
2. Le nom arabe est Mardorios. C'est une corruption de Martyrios que donne le texte copte.

joûtes angéliques. Le frère David semble avoir eu un amour de préférence pour Schnoudi et son monastère ; il voulut faire entendre sa belle voix dans cette église que Schnoudi disait l'égale des plus grandes basiliques du monde chrétien. « Je veux chanter dans ton église, lui dit-il, jusqu'à ce que le peuple ait achevé son offrande. » Schnoudi aimait les chants religieux, il chantait lui-même avec douceur et grâce, il connaissait la belle voix du frère, il lui accorda sa demande. Et le psalmode commença de chanter : emporté par l'amour de son art, électrisé en quelque sorte par la noble assistance qui l'écoutait, il n'avait aucune attention à ce qui se passait autour de lui. De son côté Schnoudi, charmé par la voix superbe, par les accents d'une douceur infinie que l'habile chanteur savait mettre dans ses modulations, vit le ciel s'entrouvrir et les anges entourer le psalmode. Depuis longtemps déjà le peuple avait fini l'offrande et frère David chantait toujours ; les Anges pour ne pas lui donner occasion de s'interrompre, prenaient tour à tour les offrandes sur l'autel et se les repassaient dans un cercle béni : le prophète David lui-même se tenait aux côtés du chanteur et lui indiquait les passages à réciter. Schnoudi était dans le ravissement, mais apa Martyrios qui ne voyait rien, partageant en cela le sort de tous les autres assistants, lui dit : « Fais le donc taire : ne vois-tu pas que l'offrande est finie depuis longtemps ? » Alors Schnoudi lui découvrit le grand mystère qu'il était seul à voir.

Le psalmode, heureux de tant d'admiration, ne voulut pas retourner de suite à son monastère avec l'archimandrite Martyrios : il implora de Schnoudi la permission de rester quelques jours près de lui. Or, dans la nuit bénie du Dimanche, comme les pères se réunissaient dans l'église pour la synaxe, le Seigneur Jésus le Messie descendit du ciel au milieu d'une troupe d'anges ; il monta à l'autel avec son serviteur Schnoudi et s'entretint avec lui de la gloire céleste. Pendant qu'ils conversaient ensemble, un ange pinça le chanteur David au côté et lui dit : « Attention, David, le Messie est ici aujourd'hui. » En ce moment la cloche de la prière donna le signal des chants spirituels et Schnoudi ordonna au psalmode de commencer. Celui-ci se surpassa. « Ton apparition est sainte ô mon Dieu, chanta-t-il ; Dieu s'est arrêté dans l'assemblée des dieux. » Et il continua le psaume, ornant son chant des plus mélodieuses inflexions. Les frères étaient ravis ; David leur avait communiqué son feu sacré ; tous chantaient avec allégresse et la joie débordait des cœurs. Mais hélas ! tout finit ici bas et l'office se termina ; le Seigneur et ses anges remontèrent vers le ciel : David ni les autres frères ne s'étaient sans doute aperçus de leur présence, mais Schnoudi fit venir le psalmode et lui dit : « Je suis content de toi : le Seigneur m'a dit en parlant de toi : C'est bien, maître David. » Maître David, l'âme inondée de joie, s'humilia et répondit : « C'est ta présence qui m'a obtenu cette insigne faveur ; soyez éternellement bénis, toi et tous les frères qui habitent dans ton monastère. » Quelques jours plus tard il prit congé : « Tu as agi miséricordieusement avec moi, » dit-il à Schnoudi. — « Le contentement est pour nous, répondit le supérieur d'Athribis, tu nous as fait honneur et tu as excellé dans ce que tu as fait. » Et ils se séparèrent, Schnoudi prenant soin de le faire accompagner afin qu'il arrivât en paix dans son couvent.

Les reproches que méritaient les frères à cause de leurs désobéissances nombreuses et de leurs murmures fatigants leur étaient adressés d'après le même procédé. La cloche avait un jour appelé les frères au réfectoire : tous s'étaient rendus à l'appel. Schnoudi manquait seul ; c'était le septième jour de Pharmouti.[1] Il arrive enfin avec un étranger inconnu de tous. A cette vue, les frères firent éclater leurs murmures. « Quel est donc cet homme, dirent-ils tout haut ? Vaut-il la peine de nous faire attendre ainsi. » Ces basses paroles blessèrent profondément Schnoudi, il se retira avec l'étranger et d'un mois entier il ne reparut plus au réfertoire. Les frères craignant sa colère dont ils avaient sans doute eu quelqu'autre preuve, voulurent l'adoucir et lui députèrent Visa, le disciple chéri, et le vieillard Paphnuti, l'un des

---

[1]. Le mois de Pharmouti commence le 27 Mars et se termine le 26 Avril. D'après ce qui est dit plus bas, le sept de Pharmouti aurait été l'anniversaire de l'Incarnation : ce qui donne le 2 Avril. En Occident la fête de l'Annonciation est célébrée le 25 Mars. On voit que les traditions ne concordent pas.

plus révérés du monastère. Schnoudi les reçut, les fit manger avec lui. Pendant le repas, les pères s'efforçaient d'atténuer la faute de la communauté : « C'est l'effet de l'ignorance, disaient-ils, et de l'aveuglement dont Satan avait frappé leurs cœurs. » Alors Schnoudi, par un geste qui lui était familier, frappa ses mains l'une contre l'autre, en s'écriant : « Que la volonté du Seigneur soit faite ! » et il apprit aux frères désolés que cet étranger n'était autre que le Messie : s'ils n'avaient pas murmuré, chaque année à pareil jour, anniversaire de son incarnation, Jésus le Christ aurait couvert leurs tables des mets les plus exquis et serait venu manger avec eux : voilà ce qu'ils avaient perdu par leurs murmures.

Près des gens simples qui formaient la grande majorité des moines d'Athribis, ces moyens devaient réussir au delà de toute espérance. En les employant Schnoudi savait bien ce qu'il faisait. Mais ces pieuses supercheries n'étaient pas le seul moyen qu'il eût à son service : il chercha de se faire aimer et il est certain qu'il y réussit assez souvent, malgré la violence de ses passions. Il semble que dans son monastère sa bonté ait été à toute épreuve, soit qu'il aimât réellement ses moines, soit que, comme tant d'autres après lui, il ait regardé comme une sorte de point d'honneur d'avoir une communauté aussi nombreuse que possible. Quand ses moines n'étaient pas trop récalcitrants, il se faisait un plaisir de leur venir en aide et de tourner à leur soulagement, même corporel, la puissance surnaturelle dont on le croyait doué. Ayant un jour ordonné de creuser un puits, il vit venir à lui son disciple Visa tout effrayé, le priant d'accourir, car les démons faisaient ébouler la terre et allaient ensevelir vivants ceux qui travaillaient. Le bon Visa avait été chargé de veiller au travail ; mais au lieu de suivre les conseils de Schnoudi et de faire creuser où il en avait reçu l'ordre, il avait fait commencer le puits à un endroit où la roche était friable et la couche de terre peu adhérente. Il reconnaissait maintenant sa faute et s'en humiliait. Schnoudi se hâta d'aller à l'endroit qui menaçait ruine, planta son bâton de palmier dans la terre, et soudain, un magnifique palmier apparut couvert de fruits délicieux dont les frères mangèrent avec plaisir ; mais il fallut recreuser le puits dans l'endroit indiqué d'abord. Une autre fois que l'on boulangeait et que les onze fours étaient en activité, il y eut une sorte d'émeute parmi les boulangers. Ils se plaignaient vivement que l'endroit où l'on devait porter les cendres était trop éloigné : c'était à la fois pour eux une perte de temps, une cause de mauvais travail et une occasion de fatigues. Leurs murmures et leurs plaintes furent si violents, malgré la règle qui obligeait au silence, qu'il fallut avertir Schnoudi. Il arriva de suite, mais sans se courroucer ; il compatit à la misère des travailleurs, fit éteindre le four qui se trouvait au milieu et le destina à recevoir la cendre qu'on retirait des autres : « Jamais, ajouta-t-il, ce four ne se remplira. » Et le biographe constate qu'il en fut ainsi. Poussant encore plus loin la douceur et l'humilité, Schnoudi n'hésita pas un jour au témoignage de son panégyriste, à reconnaitre sa propre infériorité. Des moines de Scété étaient venus à la montagne d'Athribis, ils regardaient en curieux cette vie cénobitique si différente de la leur et, selon leur pensée, si inférieure. De grands personnages de la ville d'Akhmim se trouvaient aussi près de Schnoudi ; en leur présence, les moines de Scété demandèrent indiscrétement à Schnoudi si leur temps produisait encore des moines semblables au grand Antoine : « En vérité, leur dit-il, si vous pouviez réunir en un seul homme les vertus des moines présents et futurs, vous n'atteindriez pas à la prefection du seul Antoine. » Et tous admirèrent la sage humilité de sa réponse.

L'inflexibilité de son esprit et de son cœur ne se relâcha guère que pour ses moines : après en avoir chassé quelques-uns, il les admettait à résipiscence et leur ouvrait les portes qu'il leur avait d'abord fermées. Un jour un frère nommé Schoura pécha comme pèche un homme,[1] « car Dieu seul est exempt de péché. » Selon la règle, Schnoudi le chassa sur le champ. Le pauvre Schoura s'en alla à travers champs, l'âme triste et désolée, sans savoir que faire et où aller. Dans sa désola-

[1]. Cette expression voile, je crois, un péché contre la continence.

tion, il regretta amèrement la faute qu'il avait commise, il pria Dieu et la pensée lui vint de retourner au couvent et d'essayer de fléchir le cœur de Schnoudi. Comme il agitait cette pensée dans son esprit, il rencontra un moine qui le voyant tout troublé, lui demanda ce qui lui était arrivé. « Mon malheur est extrême en ce jour, ô belle figure, répondit-il : mon père m'a chassé de l'assemblée des frères et je ne sais où aller. O mon grand malheur ! si je me suis coupé tout espoir de pénitence. » Le moine l'exhorta à retourner au monastère et à fléchir son père. Schoura prit ce conseil comme s'il fût venu d'un ange ; mais il avait peur de se voir refuser l'entrée par les gardiens de la porte. L'autre lui conseilla de saisir le moment où les portiers seraient absents et d'aller tout droit s'adresser à Schnoudi lui-même. Les dernières hésitations du frère Schoura cessèrent à ce conseil : il retourna au monastère et, trouvant l'entrée libre, il se dirigea tout droit où il savait devoir rencontrer le terrible Schnoudi. C'était l'heure où la nuit commence d'envelopper la terre : Schnoudi fatigué de la journée était assis sur l'une des deux colonnes qui n'avaient pu trouver leur emploi dans la construction de l'église et qu'on avait laissées près de la porte : il appuyait sa tête contre le mur, prêt à céder au sommeil. Le frère tomba à ses pieds et connaissant le faible de son supérieur : « Celui qui te parlait tout à l'heure à droite de l'autel, dit-il, te prie de me recevoir de nouveau.

O vieillard béni, fais-moi miséricorde, car je suis orphelin de naissance et je ne sais où aller. » Schnoudi, flatté par ces paroles, écouta avec bienveillance le récit que le frère lui fit de sa conversation et de la rencontre du moine qu'il prenait toujours pour un ange : « Au Seigneur ne plaise, répondit enfin le père avec douceur, au Seigneur ne plaise que personne ne soit rejeté de nous. » En ce moment, le semainier vient lui demander l'ordre de sonner pour la prière du soir : « Appelle-moi un tel, » lui dit Schnoudi ; et lorsque le frère fut arrivé : « Prends le frère Schoura, lui dit-il, et conduis-le de nouveau dans sa cellule. » Les moines, fait remarquer le panégyriste, s'étonnèrent fort de cette bienveillance inaccoutumée ; mais personne ne s'y opposa.

Schnoudi était surtout attentif à faire régner la concorde parmi les frères. Ce n'était pas chose facile ; si l'homme renonce à déployer son activité en dehors du cloître, il la concentre entre les murs de son couvent, et ses passions sont rendues d'autant plus aigües qu'elles ne trouvent aucun objet sur lequel se porter. La division intestine est le fléau ordinaire des communautés religieuses. Le monastère de Schnoudi n'échappa point à cette loi de l'activité humaine ; les divisions intestines, les petites haines, les mille et une désobligeances auxquelles donne lieu la vie commune, y étaient fort nombreuses. A chaque instant Schnoudi était pris comme arbitre dans les différents des frères et devait jouer le rôle de pacificateur. L'une des inimitiés les plus fameuses dans l'histoire du monastère s'éleva entre deux moines des plus vénérables et des plus avancés en sainteté, entre apa Paphnuti, que nous connaissons déjà, et apa Etienne. Selon la coutume, ils avaient longtemps été des amis modèles, mais Satan « que Dieu le confonde ! » fit si bien qu'ils en vinrent à se haïr mortellement. Comme ils étaient prêtres tous deux, le scandale fut grand dans le monastère. On fit sans doute tous les efforts possibles pour réconcilier les deux ennemis : ce fut peine inutile, et le malheur voulait que Schnoudi, au plus fort de la haine, se fût retiré dans sa caverne du désert. Après avoir résisté à toutes les instances, l'un des deux ennemis, apa Etienne, faiblit enfin. Il alla trouver un saint vieillard, nommé Benjamin, du couvent d'Atsa, et tous deux se rendirent près de Schnoudi, au désert, pendant que Visa et Paphnuti s'y rendaient de leur côté, et la réconciliation s'opéra.

A cette réconciliation est lié, dans le panégyrique, un récit qui montre bien quelle était la vie intérieure du monastère et jusqu'à quel point on s'y haïssait chrétiennement. Les frères qui étaient occupés à des œuvres plus relevées méprisaient profondément les ouvriers plus obscurs qu'on employait à des travaux plus grossiers. Parmi ces derniers, il semble que les bouviers étaient de préférence un objet de mépris. Schnoudi s'était déjà employé en faveur de l'un d'eux, nommé Daniel, que trois moines poursuivaient de leur inimitié et qu'il avait enfin réconciliés : pour un autre, nommé Maghnitos, il fallut un grand prodige pour le faire respecter des frères. Ce Maghnitos en prenait à son aise avec la règle, il ne jeûnait jamais en dehors du carême, et chaque matin avant de conduire ses bestiaux au pâturage, il mangeait ce qui lui tombait sous la main, au su et vu de tout le monastère. Ce repas lui suffisait pour la journée : il ne mangeait plus jusqu'au lendemain matin. Toutefois il causait un grand scandale dans la communauté : chacun le méprisait du haut de son abstinence. A chaque instant des moines pleins de zèle se plaignaient du scandale à Schnoudi ; mais celui-ci qui avait des idées sans doute plus larges et qui d'ailleurs comprenait l'impossibilité où le bouvier se retrouvait de revenir au monastère pour midi, leur disait : « Prenez bien garde que votre cœur ne soit mauvais pour votre frère : vous autres, vous ne mangez qu'une seule fois par jour, à midi ou le soir : c'est très bien : mais lui ne mange aussi qu'une fois par jour, le matin. » Ces paroles ne calmèrent pas les frères, leur religion était trop scandalisée. Ils revinrent à la charge : ils avaient eu des visions, disaient-ils, où Dieu leur avait clairement révélé que Maghnitos était un pécheur scandaleux. Schnoudi, qui avait sans doute appris à ses moines la manière d'avoir des visions en leur racontant les siennes, répondit à ces âmes timorées : « Mes enfants : ne laissez pas Satan obscurcir vos esprits par de vaines visions où vous voyez que votre frère rompt le jeûne : le diable ne cherche qu'à vous faire haïr votre frère. Rappelez-vous que dans le neuvième article de la règle je vous ai prescrit de n'ajouter foi aux visions que si vous voyez les saints et le signe de la croix. » Malgré ces paternels avis, le scandale ne cessa pas. Or, la vérité était que Maghnitos était un frère fort avancé dans la vertu. Pendant qu'il était aux champs faisant paître ses troupeaux, il se livrait à de grandes mortifications, et personne ne le savait. Pendant l'hiver, il descendait dans un canal, malgré le froid, et priait tout le jour ; pendant l'été au contraire, il creusait un trou dans le sable, s'y étendait, les mains en forme de croix, et supportait ainsi toute la chaleur, sans changer de position pendant tout le temps que durait sa prière. Et il arriva qu'un jour Schnoudi à la suite de ses effrayantes mortifications tomba malade : le mal lui apporta l'envie de manger une pomme ; mais la saison des pommes était depuis longtemps passée. Le bouvier Maghnitos était présent lorsque son père exprima le désir de manger le fruit : lorsqu'il fut rendu en pleine campagne et qu'il eut attaché ses bestiaux devant la pâture [1] il pria le seigneur avec grande ferveur et s'écria : « Guide-moi, mon Dieu, vers

---

1. Encore maintenant en Egypte on attache les bestiaux à un pieu dans les champs de *bersim* : les animaux s'agenouillent et ne peuvent manger que la portion qu'on leur a destinée. On a d'ailleurs soin de les changer de place, quand il le faut. Sans cette précaution, le champ serait bientôt dévasté.

ce fruit qu'a demandé mon père, afin que je le lui rapporte et qu'il contente son désir. » Aussitôt un ange le ravit au ciel. A son témoignage, les bienheureux le reçurent d'une façon fort civile, et l'ange, qui l'avait enlevé, lui montra un arbre chargé de fruits magnifiques. « C'est le fruit qu'a désiré ton père, lui dit-il ; prends ce que tu voudras. » L'heureux Maghnitos cueillit les fruits convoités et l'ange le replaça sur terre auprès du malade. Mais Schnoudi savait déjà ce qui avait eu lieu : il baisa la tête de Maghnitos et lui dit avec un grand sens : « Désormais, mon fils, personne ne te blâmera et viendra me raconter de vaines visions à ton sujet ; personne ne songe à désapprouver celui qui marche dans la voie facile où chacun se presse. » De ce jour, Schnoudi attacha Maghnitos à sa personne, désigna un autre bouvier, et prit conseil du frère tant calomnié. Il le lui devait bien, car les pommes célestes devinrent une source en miracles féconde. Il sema dans le jardin les pépins de la pomme céleste, et, à son commandement, un arbre crût à l'instant chargé de fruits délicieux. Les frères, qui non loin de là creusaient un puits et avaient attaqué une roche trop dure, mangèrent du fruit divin, furent réconfortés et se remirent à creuser dans un autre endroit où Schnoudi leur prédit une eau intarissable. Un ouvrier muet recouvra l'usage de la parole en touchant la robe de Schnoudi. La pomme paradisiaque avait complètement guéri le trop fervent ascète, il pouvait retourner à sa caverne du désert :

les Anges descendirent du ciel et l'emportèrent à travers les airs pendant que tous ses fils contemplaient la gloire de leur père. C'est alors que Visa s'était rendu à la caverne de Schnoudi pour réconcilier Étienne et Paphnuti. Quand il fut sur le point de retourner au couvent, Schnoudi lui fit une recommandation : « Quand tu seras descendu au monastère, lui dit-il, fais aux frères une distribution des fruits de la *bénédiction sainte* : » c'est ainsi qu'il nommait le pommier merveilleux, comme on avait nommé *La hâte* l'endroit du jardin où il avait cru à la parole de Schnoudi. Visa, qui était alors très occupé de la construction du monastère, oublia la recommandation. Dix jours après, il eut besoin de retourner à la caverne pour prendre les ordres de Schnoudi : « Pourquoi, lui dit celui-ci, n'as-tu pas donné la *bénédiction* aux frères, le jour où je te l'avais recommandé ? » Visa s'humilia. « J'ai commis un oubli, dit-il, mais dès que je serai descendu au monastère, je le réparerai. » — « Par les prières des saints, lui jura Schnoudi, c'est inutile : l'arbre est remonté au ciel le lendemain du jour où je t'avais donné l'ordre. » Et le pauvre Visa pleura beaucoup et amèrement : longtemps il maudit son oubli et sa négligence les regrettant d'autant plus que Schnoudi lui apprit la propriété merveilleuse de ces fruits célestes : quiconque en avait mangé ne devait jamais être sujet aux ophthalmies et Visa pensait sans doute qu'il eût mieux valu en avoir mangé deux fois qu'une.

Ces différents épisodes de la vie monastique montrent suffisamment que la règle si chère à Schnoudi n'était pas toujours observée, que les frères étaient parfois mutins et que le supérieur avait besoin de toute son énergie pour maintenir l'ordre dans son immense congrégation. S'il faut en croire les plaintes de Visa, [1] successeur de Schnoudi, il y avait mille désordres dans l'intérieur du monastère. Non seulement les frères se déchiraient entre eux, se jalousaient, se calomniaient près du supérieur; mais les désordres matériels ne manquaient pas. Quelques-uns trouvaient le moyen de sortir du couvent la nuit pour parler aux moines qu'on avait chassés, ou à des laïques auxquels ils donnaient rendez-vous. C'est peut-être en semblable occasion que le frère Schoura avait éprouvé sa fragilité. D'autres ne se faisaient aucun scrupule de dérober ce qui ne leur appartenait pas, des colliers, des vêtements, des cuculles, des chaussures, et autre chose semblable. Les forgerons, les charpentiers, les tisserands, les foulons, ceux qui tressaient des corbeilles trouvaient mille occasions de se réserver quelque chose de leur travail, soit des outils, soit des ustensiles de cuisine, des pelles, des haches, des pinces, etc., on les tenait cachés du surveillant, on les emportait dans sa cellule, et, quand les

---

1. Un fragment du musée Borgia, le CCIV du catalogue de Zoéga (p. 502) nous a conservé les détails qui suivent. Il y est expressément dit que Schnoudi reprocha tous ces abus aux frères.

parents ou les amis venaient visiter les recéleurs, on leur en faisait cadeau. C'était un pillage général et organisé ; mais nulle part ailleurs il n'était plus grand que dans la librairie. Ceux qui copiaient les livres les gardaient pour eux, les vendaient et en conservaient le prix. La règle ordonnait cependant de remettre toute chose au surveillant de l'atelier, jusqu'à la plus petite pièce d'argent : mais les frères trouvaient qu'il y avait des accomodements avec la règle comme avec le ciel Ceux qui étaient chargés des achats faisaient payer le double et le triple : au contraire ceux qui vendaient se trompaient dans leurs additions et, pour cinquante pièces d'or, ils en écrivaient douze : le reste était leur petit bénéfice. D'un autre côté, certains moines apportaient à leur toilette un soin qui contrastait avec la malpropreté des autres : ils ne trouvaient jamais que leurs habits fussent assez blancs et ils y ajoutaient une foule de petits ornements défendus. D'autres fois on se glissait à l'infirmerie en cachette pour y prendre quelque douceur le matin ou le soir, alors que personne ne pouvait les voir : quelques-uns poussaient même l'audace jusqu'à s'y rendre en plein jour. Sous prétexte de rendre visite aux malades, on allait à l'infirmerie, on s'y asseyait, on y mangeait des gâteaux, on y buvait de ces sorbets exquis, dont les Coptes et les moines ont toujours le secret : le temps s'écoulait dans des conversations prolongées, on parlait et l'on riait comme dans les tavernes. Rien n'était plus ordinaire que de se dire malade quand on ne l'était pas : une fois admis à l'infirmerie, les faux malades s'emparaient de tout ce qui leur faisait plaisir, et si la nourriture d'un frère alité semblait meilleure, on la lui enlevait sans scrupule. Il est malheureux que le parchemin copte qui nous a conservé les plaintes de Visa soit fruste : il nous en aurait appris bien d'autres sans doute. Cependant tel qu'il est, il nous en dit assez pour nous montrer qu'à côté des actions vertueuses il y avait des défaillances, et que, pour un moine plein de zèle, il y en avait dix dont la tiédeur devait provoquer bien des nausées à Schnoudi.

Il ne pouvait en effet voir tant d'abus sans que son cœur bondît de colère et de dégoût. Lorsqu'il parlait aux frères sur ce sujet, il passait aux extrémités les plus grandes : tantôt il pleurait de rage, tantôt ses paroles étaient douces et suaves ; parfois il bénissait les frères, leur faisait les plus belles promesses ; mais d'autres fois il les maudissait, livrait les coupables à Satan, comme Paul avait fait pour l'incestueux de Corinthe. Quand son âme était disposée à la mélancolie, il se laissait aller à de tendres plaintes, se trouvant bien malheureux que sa destinée l'eût conduit à gouverner des cœurs indociles et rebelles ; mais au milieu de ses plaintes, soudain un éclair brillait dans ces yeux et une malédiction ardente tombait sur les délinquants. S'il se fût borné à ses malédictions ou à ses promesses, à ses plaintes ou à ses menaces, Schnoudi n'aurait pas sans doute apporté grand changement aux désordres qui devaient nécessairement se trouver dans une congrégation de plus de deux mille moines ; mais il trouva des moyens plus efficaces et n'épargna pas les voies de fait. Les récits qui nous ont transmis cette particularité du gouvernement de Schnoudi sont peu nombreux : peut-être les faits semblables furent-ils réellement rares, peut-être Visa les trouva-t-il trop compromettants pour la mémoire de son maître. Il ne nous en a guère conservé qu'un seul ; mais le fait est typique. On vint un jour annoncer à Schnoudi que deux frères étaient malades à l'infirmerie et qu'on craignait pour leur vie. Il se rendit aussitôt à l'appel des infirmiers. L'un des deux moines avait été un fervent dans toute l'acception du mot ; l'autre était un négligent, un tiède, et le réglement n'avait eu pour lui que peu d'attraits : celui-ci était plus en danger que l'autre, croyait-on. Schnoudi l'interrogea d'abord : « Je vois que tu es bien malade, lui dit-il ; que penses-tu au fond du cœur ? crois-tu que Dieu te fera miséricorde ? » Le frère qui regretta sans doute alors sa négligence et qui se crut aux portes de la mort, répondit avec humilité : « En vérité, mon père, comme je n'ai pas observé un seul point de la règle, je ne sais pas comment je paraîtrai devant le Seigneur, ni comment je lui répondrai. » — « Que la volonté de Dieu soit faite », répliqua Schnoudi en frappant ses mains l'une contre l'autre, puis il se dirigea vers le malade dont toute la vie s'était écoulée dans l'observation la plus exacte de la règle : il lui fit la même question qu'au premier. « Tu le sais, ô mon père, répondit le malade, j'ai fait ce que j'ai pu, je me suis efforcé d'accomplir tes ordres : mes actions ne t'ont pas été cachées. Et maintenant que Dieu me fasse miséricorde et donne-moi le secours de tes prières. » Et Schnoudi, de toute l'ardeur de son âme, lui dit : « Que Dieu te bénisse, ô mon fils. » Alors il se retourna vers Dieu : « Juge toi même, ô mon Dieu, s'écria-t-il, ce frère qui a toujours observé la règle, et arrose ce figuier stérile afin qu'il paraisse un jour devant toi en bon état. » Et le frère fervent mourut : le moine tiède au contraire guérit bientôt et, dès qu'il fut guéri, il reprit sa vie d'autrefois, coulant gaiment ses jours, prenant le temps comme il venait et peu pressé de travailler à sa sanctification. Pareille conduite faisait la désolation de tous les bons moines dans le monastère. Un jour, en été, à l'heure où les boulangers étendaient la pâte au soleil,[1] Schnoudi considérait quelques moines qui allaient chercher de la terre détrempée, soit pour faire des briques, soit pour élever quelques-unes de ces maisonnettes de boue que l'on construit en Egypte. Parmi eux se trouvait Arkhal, le frère négligent et peu observateur de la règle ; il allait et venait paresseusement, portant négligemment sa couffe sur

---

1. C'est à dire vers neuf ou dix heures du matin, car c'est à cette heure que j'ai vu pratiquer cette opération.

son épaule, riant, badinant, prenant joyeusement la vie. Schnoudi ne put tenir longtemps à ce spectacle, la colère lui monta du cœur au visage, il s'élança sur le frère, saisit la couffe, la jeta à terre, le renversa lui même, et levant son bâton : « Cesse, dit-il, tes actions rebelles à la règle : alors que tu devais mourir, je t'ai remplacé par le frère fervent et j'ai prié Dieu de te donner le temps de faire pénitence ; et voilà que tu n'y prends pas garde. » Le frère Arkhal d'abord, surpris et étourdi, leva enfin les yeux vers le terrible Schnoudi : « Je prie ta paternité, dit-il, de me pardonner : je crois que désormais Dieu et ton cœur seront satisfaits de ma conduite. » Schnoudi se calma, il n'abaissa pas le bâton : Visa, qui assistait à la scène, dit à son père : « En vérité, j'ai tremblé pour ce pauvre homme et j'ai cru que tu allais le frapper. » Mais Schnoudi lui apprit qu'un ange l'avait arrêté et l'avait assuré que le frère tiendrait sa promesse. Cette promesse, Arkhal la tint en effet. Mais sa pénitence ne fut pas longue : il mourut au bout d'un mois, entre les bras de son père, et Schnoudi affirma aux moines que frère Arkhal était allé tout droit au ciel.

Une autre trait du panégyrique nous montre que Schnoudi ne pardonnait pas à quelqu'un de ses enfants, petit ou grand, le désir de quitter le monastère. Parmi les enfants qu'on élevait au couvent d'Athribis et qui devenaient ensuite moines, il s'en rencontra un qui, à un certain âge, rêva d'autres rêves que ceux de la vie monastique. « Quand mon père viendra me voir, se dit-il, je le prierai de m'emmener avec lui. » Sans doute il ne conserva pas cette pensée pour lui seul, car elle parvint aux oreilles de Schnoudi. Aussitôt il fit venir l'enfant. « Est-il vrai, lui dit-il, que tu aies la pensée de t'en aller avec ton père quand il viendra te voir ? » L'enfant ne répondit pas, mais son sourire et l'éclair qui traversa ses yeux en apprirent assez à son interrogateur. « C'est bien, lui dit Schnoudi, sois tranquille, je t'enverrai vraiment à ton père. » Le jeune novice s'en alla, croyant peut-être que le supérieur du couvent allait en effet le renvoyer à la maison paternelle ; mais le soir il tomba malade. On vint avertir Schnoudi, on le pria de l'aller voir : « Non, non, répondit-il, il veut aller chez son père et je l'enverrai au Seigneur afin que ses mérites précédents ne soient pas perdus. » Les frères insistèrent : Makhis était bien jeune, il n'avait pas atteint l'âge de la majorité ;[1] Schnoudi fut inflexible et le soir même de ce jour, un samedi, l'enfant mourut, à la sixième heure. On l'enterra de suite, et le père commun réunit ses enfants pour leur apprendre que le jeune Makhis avait rendu à Dieu son âme pure, et qu'il avait été, sans délai, admis aux joies des bienheureux. S'il était permis de lire

---

1. Ce trait est à noter. Il semble qu'il soit mis là pour bien faire observer à Schnoudi que la chose est dangereuse. D'ailleurs les couleurs du récit sont agencées de telle sorte que la pensée vient d'elle-même à l'esprit que Schnoudi ne fut pas étranger à cette mort.

entre les lignes de ce récit, on pourrait avec assez de vraisemblance accuser le moine d'Athribis de n'avoir pas été étranger à cette mort soudaine d'un enfant auquel la règle monastique n'offrait aucun charme.

Non content d'assurer à ses enfants qu'il avait vu dans l'enfer le lieu où l'on châtiait les moines, Schnoudi, comme nous le lisons dans ses œuvres, avait établi une prison dans l'intérieur de son monastère,[1] il y enfermait les moines qui violaient trop gravement la règle. Il semblerait même que l'autorité civile lui eût accordé une sorte de basse justice sur les membres de sa congrégation. Il en usait et ne se faisait pas scrupule de châtier lui-même les désobéissants. Une année, vers le commencement de janvier, il y eut de graves désordres dans le monastère et un certain nombre de frères furent jetés en prison. Le soir du 4 janvier, Schnoudi, tout préoccupé de ces désordres, se rendait à la prison pour les punir, encore irrésolu et hésitant à chasser du monastère les auteurs de la rébellion. Comme il traversait la cour, il vit entrer un homme portant le costume d'un magistrat et suivi d'un compagnon qui paraissait être sous ses ordres. Ils avaient tous deux l'air d'être envoyés pour remplir une mission officielle, et cette mission avait rapport aux frères

---

1. Ce n'est pas le seul exemple. Dans le monastère de Pakhôme, il y avait aussi une prison. Théodore, le disciple chéri de Pakhôme, y fut même enfermé par l'ordre de son maître : mais il y conserva une certaine liberté.

enchaînés dans la prison. Dès qu'ils en eurent informé Schnoudi, celui-ci entra en fureur : « Qui es-tu ? dit-il à celui qui lui semblait le plus élevé en dignité. Qui es-tu ? je n'ai nulle peur de toi. Je ne crains pas. Qui es-tu ? pourquoi ne pas dire ton nom. Si tu es quelque esprit, quelque ange envoyé par Dieu, moi aussi je suis son serviteur : si tu as cessé de l'être, moi je ne cesserai pas. Dis-moi donc, si l'on t'a envoyé, si ce sont eux qui ont péché contre Dieu ou si c'est nous qui avons péché contre lui ; car nous sommes résolus à les chasser du milieu de nous. Je ne te laisserai pas aller et je te combattrai tant et plus. » En parlant ainsi, Schnoudi avait saisi le magistrat par la chaîne que celui-ci portait suspendu au cou, comme insigne de sa charge ; il le secouait violemment. L'autre résista, il s'en suivit une lutte véritable. Schnoudi parvint à jeter à terre le magistrat qui lui résistait, il lui mit le genou sur la poitrine et le contraignit de s'avouer vaincu. Un grand nombre de frères étaient accourus à ce spectacle. Schnoudi les exhorta inutilement à se saisir de l'autre personnage : la peur les retint dans la neutralité. Fier de sa victoire, l'ardent Schnoudi chassa les deux malencontreux visiteurs et nul doute que les malheureux prisonniers n'aient reçu la correction qu'on leur destinait.

Si la partie masculine de son troupeau n'offrait à Schnoudi que des consolations mêlées de déboires, les femmes qui étaient venues vivre sous sa loi n'étaient pas pour lui une moindre source d'inquiétudes et d'afflictions. Il n'était guère possible qu'il en fût autrement dans une communauté de dix-huit cents femmes, même partagées entre plusieurs couvents. Les calomnies et les médisances, péchés chéris de la femme, y étaient à l'ordre du jour : la langue, au témoignage de S¹ Jacques, est difficile à dompter, même pour un homme. Lorsque au milieu de la nuit l'ange du Seigneur prit la main de Schnoudi pour le conduire en enfer et lui montrer les supplices auxquels étaient soumis les damnés, il vit des vierges qu'on châtiait. « Quelle faute ont-elles commise, demanda-t-il, pour être dans ce brasier inextinguible ? » Et on lui répondit : « Elles sont vierges de corps ; mais leurs langues étaient des glaives aiguisés et à deux tranchants ; elles ont passé leur vie à courir d'un lieu à un autre, mettant à sac l'honneur des hommes : c'est pourquoi on les chatie maintenant. Car sache-le, ô homme : si tu es pur et vierge, ne péche pas par la langue : autrement tu deviendrais étranger à Dieu. » Et Schnoudi en racontant aux frères ce qui précède ajoutait : « Je vous l'affirme, j'ai vu en cet endroit des gens que l'on brûlait et que j'avais connus sur la terre. Ils m'ont aussi reconnu et m'ont supplié avec larmes de prendre intérêt à leur sort et de leur obtenir quelque adoucissement à leurs souffrances. Et moi, j'implorai le Seigneur de laisser tomber une goutte d'eau sur leurs langues pour les rafraîchir. Et pendant que l'ange me tenait par la main, le

Seigneur lui-même arriva et me dit : « Vois-tu, cela, ô mon élu Schnoudi ? Ils m'implorent maintenant et pendant leur vie, leurs langues ont déchiré mon image et ma ressemblance. Je les ai pris sur le fait, quand ils déchiraient l'honneur des hommes, et voilà qu'ils sont punis du feu de l'enfer. Quand un artisan a terminé quelque œuvre, si quelqu'un vient déprécier et dénigrer son travail, il ne sera pas content : c'est moi qui ai créé les hommes ; pourquoi donc les appeler cochons et chiens ?[1] Enseigne donc bien à tes enfants, aux religieuses et à tout ton peuple à ne pas parler ainsi, à ne pas médire et à ne calomnier personne, s'ils ne veulent un jour endurer ces tourments. »

Malgré ces terribles avertissements, les abus et les désordres ne cessaient pas. Les religieuses ne se faisaient pas faute de refuser l'obéissance. A la supérieure qui ordonnait à l'une d'aller travailler à tel endroit, celle-ci répondit : « Si je suis toujours en chemin, je ne travaillerai pas. Je n'irai donc pas. » Quelques-unes supportaient difficilement la chasteté : un grand nombre de désordres eurent lieu de ce chef. La différence des conditions parmi les sœurs causaient aussi de nombreuses infractions à la règle. Quelques-unes appartenaient à de riches familles : sœur Aphtonia était

---

1. Ces deux mots se trouvent dans le texte. En Egypte ce sont les deux plus grosses injures que l'on puisse adresser à quelqu'un : *cochon* est de la monnaie courante ; *chien* est plus grosse pièce.

même, au temps de Visa, fille d'un comte d'Alexandrie ; le plus grand nombre appartenaient à la classe des fellahs. Les femmes ont toujours été friandes de gâteaux et de sucreries, en Egypte tout autant et peut-être plus qu'ailleurs : quand les parents des sœurs de riche famille les venaient visiter, on leur apportait mille petites friandises exquises. Chacune conservait à part soi ce qu'on lui avait apporté pour en manger à son aise dans sa cellule ; mais les yeux de l'envieuse gourmandise étaient toujours ouverts et les sœurs de famille pauvre qui ne détestaient pas les douceurs dérobaient à l'envie ce qu'on avait donné à leurs compagnes plus fortunées. Un fait de ce genre irrita même un jour si fort sœur Aphtonia qu'elle fit un esclandre : elle parla de quitter le monastère et sut ranger à son parti les sœurs les plus distinguées. De pareils désordres, quand on les rapportait à Schnoudi, enflammaient sa colère : il écrivait aux sœurs des lettres brûlantes où il les vouait à la malédiction éternelle, si elles ne changeaient de conduite. Il leur envoyait un frère âgé qui portait à la fois ses lettres et sa colère, qui devait faire une sérieuse enquête et rapporter fidèlement tout ce qu'il aurait vu.

Malgré tout, tant que Schnoudi vécut, sa communauté se soutint dans une ferveur relative : quelques frères et quelques sœurs, en assez grand nombre sans doute, firent même des prodiges de mortification et s'élevèrent très-haut dans l'échelle de la sainteté. L'œil du maître suffisait à tout et cet œil était partout. S'il était obligé de quitter son couvent pour entreprendre quelque lointain voyage, il arrivait à l'improviste et surprenait tout le monde. Quelquefois les frères étaient pris en flagrant délit de désobéissance à la règle. Un jour Schnoudi était allé à la grande Oasis pour y construire une église, dit son panégyrique. Quand il eut vu la construction achevée, il désira de retourner à son monastère : pour aller plus vite, les Anges le transportèrent à travers les airs, moyen commode dont il usa souvent. A peine descendu à terre, la pensée lui vint de voir ce que l'on faisait dans son couvent, sans que personne s'aperçût de sa présence : il se déguisa de manière à se rendre méconnaissable, puis il alla s'asseoir à la porte par où sortait l'essaim des frères. Il n'y fut pas longtemps sans voir venir à lui quelques moines qui le prirent pour un étranger et engagèrent la conversation, malgré la défense de la règle. Au cours de l'entretien, Schnoudi hasarda une réflexion fort naturelle : « Observez-vous bien, leur demanda-t-il, la loi du Seigneur et la règle que vous a donnée votre père ? » Les frères étaient chatouilleux, ils n'admettaient pas qu'on pût douter de leur ferveur et de leur sainteté : pour montrer combien ils étaient avancés dans les voies de la sanctification, ils s'emportèrent contre l'étranger, ils coururent vite rapporter le scandale aux frères restés dans l'intérieur du couvent, et bientôt tout le monastère accourut prêt à faire un mauvais parti à l'audacieux qui avait osé mettre en doute la sainteté de leur conduite : « Qui es-tu, lui dirent-ils, d'où viens-tu ? Certes un grand nombre d'étrangers sont venus nous visiter, et jamais personne ne nous a parlé comme toi. » Ils ne pouvaient témoigner plus clairement que leur conduite n'était pas dictée par les plus purs motifs. Schnoudi fut exaspéré, il rejeta vivement son déguisement : « Qui je suis, dit-il ? Je suis votre père. » A la vue de la colère qui l'enflammait à son tour, ceux qui étaient le plus près de lui et qui s'étaient montrés les plus vifs s'enfuirent avec hâte : la peur et aussi l'envie de voir ce qui allait se passer en clouèrent d'autres à leur place ; mais les plus sages de la communauté prirent sur eux de s'approcher du terrible supérieur, ils lui baisèrent la main, lui firent mille caresses et de leur plus douce voix : « Que ta présence soit la bienvenue, lui dirent-ils, ô pasteur fidèle qui diriges tes brebis dans les voies du salut. Comme la terre asséchée désire l'eau qui la rafraichira, ainsi nous avions soif de ta présence. Pardonne à ces frères, pardonne-nous à tous, aie pitié de nous, car tu sais bien que le diable nous hait et ne cherche qu'à nous faire tomber dans le péché. » Ces paroles calmèrent un peu le courroux de Schnoudi, il releva les frères qui étaient tombés à ses pieds ; et tous, pour lui faire oublier leur faute, se mirent alors à lutter de prévenances, de caresses, de douces paroles : l'homme se laisse toujours prendre aux marques, même hypocrites, de l'affection et du respect.

Toute la communauté se réunit à l'église où la réconciliation se compléta, entre le père et les enfants, au milieu des chants et des prières. Schnoudi prononça une exhortation des plus éloquentes, et peut-être pour se faire illusion à lui-même autant que pour flatter sa famille repentante, il prit pour texte ces paroles : « Ce qui tombe dans une bonne terre fructifie et donne trente, soixante, cent pour un. » Heureux homme qui prenait ses idées pour la réalité, mais cœur égoïste qui rapportait tout à lui sans prévoir que son édifice croulerait aussitôt que le maître n'inspirerait plus de terreur.

Si les moines de Schnoudi n'étaient pas parfaits et s'occupaient même fort peu d'arriver à la perfection, il n'en était pas ainsi de lui-même. A mesure qu'il avançait en âge, il redoublait ses macérations, ses jeûnes et ses prières. La caverne du désert où il avait passé cinq années de sa vie et où il était mort à presque tous les désirs humains, lui était restée chère. Pendant l'hiver, à une certaine époque de sa vie, il s'y rendait toutes les nuits. Comme aux jours de son enfance, il descendait dans l'eau et, malgré le froid, il passait toute la nuit en prière. Le supplice devait être grand : la température descend quelquefois dans le désert jusqu'à un degré au-dessous de zéro pendant la nuit, et le jour apporte une chaleur étouffante. Cette brusque transition de température rend le froid d'autant plus vif. Quand le matin paraissait, Schnoudi se hâtait de rentrer dans sa cellule au couvent, et les frères l'y trouvaient quelquefois à six heures du matin perclus de froid, ne pouvant dormir, obligé de rester étendu sur le dos sans avoir la possibilité de remuer ses membres paralysés. La chaleur du jour seule le ranimait. A certaines époques de l'année, il passait des semaines entières dans sa caverne, défendant expressément qu'on l'y vînt troubler. Il y vivait en continuelle conversation avec tous les saints du Paradis et avec Jésus-Christ lui-même : il y méditait toutes les réformes qu'il avait à opérer, toutes les pieuses ruses qui devaient le faire passer aux yeux des simples pour l'un des plus grands thaumaturges qui aient étonné la terre de leurs prodiges. Il y combattait quelquefois le diable, et montrait à Satan que l'impossible pour l'ange déchu n'était qu'un jeu pour lui, Schnoudi. Un jour qu'il s'y était enfermé pour implorer une inondation bienfaisante, Satan lui dit avec un mauvais sourire : « Après toutes les privations et les peines que tu as endurées, n'es-tu pas certain que le Nil montera cette année ? » — « La volonté de Dieu soit faite, répondit Schnoudi ; je sais en effet qu'il montera. » — « Je le sais aussi, répliqua Satan, j'en ai la certitude. » — « Toi, repartit Schnoudi, tu es menteur dès le commencement ; quand même le Nil montera, je ne te croirai pas et n'aurai aucune confiance en toi ; mais si par hasard il ne montait pas, je te compterais absolument pour rien. » Ces paroles mortifièrent

profondément Satan, il voulait être pris au sérieux :
« Je vais te faire un miracle, dit-il à Schnoudi, et
tu me croiras. Tu vois cette roche qui est vis à vis
de ta caverne, je la fendrai en deux parties
exactement égales. » Satan se mit en devoir
d'accomplir sa promesse, mais sa puissance fut
pour un moment suspendue ; il ne fit qu'en
détacher un coin. Alors Schnoudi : « Au nom du
Seigneur qui autrefois partagea le pain, dit-il, que
cette pierre soit divisée en deux parties égales. »
Et il fut fait ainsi : Satan confus, humilié, s'enfuit
loin du lieu de sa défaite, et les passants se
signaient respectueusement à la vue du rocher
fendu. Le propre du caractère de Satan est d'être
sans vergogne : non-seulement il n'avait pas été
effrayé de la menace que lui avait faite autrefois
Schnoudi de l'exiler à Babylone de Chaldée ; mais
sa nouvelle défaite ne le découragea pas et il porta
l'audace jusqu'à aller attaquer Schnoudi dans son
monastère, et plusieurs fois. La première fois,
comme Schnoudi était assis dans la cour du
monastère, Satan entra suivi d'une foule de
diablotins. Il alla droit à Schnoudi et lui adressa
la parole avec la plus audacieuse violence. Dès
qu'il l'avait vu entrer, Schnoudi avait été certain
que le but de Satan était de lui chercher querelle
à cause de quelques pécheurs : il sauta sur lui, le
renversa par terre, le foula aux pieds et s'écria
aux frères : « Saisissez-vous des autres. » Et Satan
lui dit : « Depuis le jour où encore enfant tu es
venu vers apa Bgoul, tu ne m'as jamais laissé en

repos et tu m'as toujours chassé. » Et derechef, Satan et ses diables s'enfuirent humiliés et confus. Ils devaient revenir encore. Telle est dans la légende la forme qu'a prise la lutte de Schnoudi avec les magistrats.

Malgré ces scènes de luttes spirituelles et physiques, Satan ne joue qu'un très petit rôle dans l'existence monacale de Schnoudi : nous le retrouverons cependant dans les grandes entreprises de Schnoudi contre les païens de son temps. Comme nous l'avons déjà observé, la lutte avec les puissances ténébreuses, pour parler le langage reçu, tient une grande place dans la vie des Antoine, des Macaire et des Pakhôme : ces grands moines eurent à souffrir de violentes tentations ; au contraire Schnoudi semble avoir été mort aux désirs de la chair et du monde. Sa grande occupation était de paraître supérieur à toutes les humaines faiblesses, à ne prendre de l'homme que l'apparence et à vivre dans les cieux quoique sur la terre. Il avait très bien vu que pour conserver cette auréole dont il avait eu tant de peine à ceindre sa tête, il devait s'entourer de mystère, se faire invisible autant qu'il le pourrait et ne se montrer qu'à certains exercices et en certaines occasions où sa présence était nécessaire. C'est pourquoi à chaque instant, dans son panégyrique, il est hors de son couvent, dans cette grotte célèbre alors, maintenant ignorée ; ou même, s'il était à l'intérieur du monastère, il défendait sa porte. Il pouvait, disait-il, se rendre invisible quand il le voulait, et enchanter la vallée, comme autrefois dans les contes de l'antique Egypte, Bitiou le petit frère enchantait l'acacia sur lequel il déposait son cœur : Schnoudi allait et venait alors sans que personne le vît. Il pouvait ainsi apparaître à l'improviste ou se dérober à toutes les recherches. Son monastère n'en marchait pas moins : il avait déjà choisi son successeur et, comme apa Bgoul avait fait pour lui-même, il avait délégué à son disciple chéri entre tous, à Visa, la plus large part de son autorité. En résumé, il s'était déchargé peu à peu de tout le poids de l'administration temporelle à laquelle il se tenait pour supérieur : il s'était réservé le domaine spirituel. Ce n'était peut-être pas là une conduite bien sage de la part du chef d'une si vaste communauté : la règle doit être faite tout d'abord pour les supérieurs qui doivent donner l'exemple à tous : Schnoudi croyait au contraire que les règlements ne sont faits que pour les inférieurs. Lui-même allait où sa passion le poussait, ne connaissant d'autre voix que la sienne et uniquement possédé du désir d'arriver au but qu'il poursuivait : peu lui importait que ses actions fussent en contradiction avec les règlements qu'il avait faits en partie : le législateur ne peut-il pas s'excepter de la loi, quand il est à la fois législateur et juge.

Bien que notre récit ne soit pas encore très-avancé, nous croyons être arrivé au moment de poser une question importante. On l'a vu, le surnaturel dont s'entourait Schnoudi n'offre pas de voiles assez épais pour qu'on ne puisse les percer : les circonstances qui accompagnent la plupart de ses prodiges montrent que ses miracles n'étaient que des supercheries : était-il donc réellement un imposteur? Question délicate, s'il en fût, car de quelque manière qu'on y réponde on est presque sûr de choquer les plus légitimes susceptibilités. Trop souvent en Occident nous sommes portés à juger les caractères comme celui de Schnoudi, avec une raideur qui nous écarte de la vérité ; évidemment si nous avions affaire dans nos froids climats, avec notre critique raisonneuse, notre manière de penser, à quelqu'un qui se conduisît à la façon de Schnoudi, nous lui appliquerions avec vérité l'épithète de charlatan imposteur. Nous ne concevons pas qu'il y ait divers degrés dans la sincérité, et, pour nous, ce qui n'est pas vrai est mensonge ou imposture. Le Christianisme a habitué l'Occident à une morale sévère, et la science l'oblige à un examen approfondi. Mais en Orient, tout est bien différent. Pendant que l'Occident vit dans la réalité physique la plus dépouillée de tout ornement d'imagination, l'Orient en est encore où il en était il y a deux et trois mille ans. Aussi pour le bien juger faut-il instruire sa cause d'après ses idées et non d'après les nôtres. Cette cause est complexe. Pour ce qui concerne Schnoudi, il faut considérer à la fois le but qu'il poursuivait et le milieu dans lequel il vivait. Son but était avant tout d'opérer son salut.

Il ne le pouvait opérer qu'en correspondant à la vocation qui lui était échue en venant en ce monde. Les vocations sont diverses : mais à toutes l'on doit correspondre avec fidélité. Sa vocation à lui était de conduire sa communauté dans les voies de la perfection chrétienne et d'étendre, dans la mesure de ses forces, le règne du Messie. Peu importe qu'il se fût donné à lui-même cette vocation : il était persuadé jusqu'au plus intime de son âme qu'elle était la sienne : il y devait et voulait correspondre. Or, pour être digne de cette éminente vocation, il devait bon gré mal gré faire avancer ses moines dans ce qu'il regardait comme la perfection de la vie monastique. Cette perfection se trouvait en partie dans la règle de son monastère : il fallait donc tout d'abord la faire observer, et ensuite élever le plus possible vers Dieu ces cœurs grossiers trop attachés à la terre. Pour arriver à ce double but qui n'était que le chemin le conduisant lui-même à son propre salut, tous les moyens lui semblèrent bons. Sa pensée était bonne : les moyens qu'il employait n'étaient que le fruit de sa pensée. A-t-on vu quelquefois un bon arbre porter de mauvais fruits ? L'Evangile n'apprend-il pas au contraire à tout chrétien qu'un bon arbre ne saurait porter de mauvais fruits ? Si donc la pensée était bonne, les moyens devaient être bons. La fin poursuivie justifiait les moyens employés. Quel mal y avait-il d'ailleurs à faire croire aux frères qu'ils avaient vu David, Elie, Elisée ou Jean-Baptiste ? que les anges étaient autant qu'eux-mêmes les habitants du monastère? que leur père était continuellement en rapport avec les Saints, la Vierge ou le Messie? Si cette foi entrait dans leur âme, leur conduite ne s'en ressentirait-elle pas? ne seraient-ils pas plus fervents dans l'accomplissement de la règle, plus assidus à la prière, plus détachés des choses du monde, de ses biens et de ses concupiscences? ne s'approcheraient-ils pas ainsi davantage du but cherché par le cénobitisme, c'est-à-dire faire mener aux hommes sur terre la vie des anges dans les cieux? En toute conséquence, Dieu serait amplement glorifié et Schnoudi sauvé. Schnoudi avait évidemment conscience de ses supercheries : mais ce qui nous choque ne le choquait pas, et ce que nous nommons ainsi supercheries, il devait l'appeler habileté consommée.

Il faut aussi faire entrer, dans la solution de ce problème, un autre facteur très-important. Vivant dans le milieu qu'il est aisé de se figurer d'après ce qui précède, Schnoudi devait nécessairement se plier aux idées de ceux qui l'entouraient. L'Egypte chrétienne a toujours été en plein courant surnaturel. Il était de droit commun que les représentants de l'autorité divine devaient être revêtus d'une partie de la toute-puissance de Dieu. Les merveilleuses tentations d'Antoine étaient célèbres. Pakhôme avait eu des visions splendides et avait lu dans les cœurs. Macaire, dans son désert de Scété, avait attiré sur lui les regards de l'Egypte entière par les miracles qu'il avait opérés. Schnoudi qui, pour ses enfants, égalait tout au moins Antoine, Pakhôme et Macaire ne pouvait faire moins qu'eux. Des esprits, nourris des récits les plus fantastiques qu'aient produits l'imagination populaire et la fantaisie religieuse, ne comprenaient pas la véritable sainteté sans un accompagnement de prodiges plus ou moins grossiers : Schnoudi par sa culture intellectuelle et l'élévation réelle de son âme était supérieur à ceux qui l'entouraient, mais il n'était pas exempt des faiblesses de son temps : sa culture et son élévation d'esprit n'avaient eu pour résultat que d'exagérer ces faiblesses en le poussant à s'en servir comme d'une force. Il n'eût donc pas besoin d'être porté par d'autres vers un surnaturel quelquefois de bas étage, il y était porté par la pente naturelle de son esprit et de ses désirs ; mais quand bien même il aurait compris tout ce qu'il y avait de faux et de bas dans les moyens qu'il employait, son entourage ne lui eût pas permis d'en employer d'autres. Quand on ne peut précéder la foule, il faut la suivre en ayant l'air de la conduire : il n'est besoin pour cela que de surenchérir sur les idées étroites ou mesquines du vulgaire et de flatter ses passions. Dans l'ordre politique comme dans l'ordre religieux, la méthode est toujours la même. Schnoudi le comprit admirablement. On a voulu en faire un tribun révolutionnaire, il ne fut même pas un illuminé vraiment digne de ce nom : ce fut un cœur ardent et un habile homme. Tout son secret fut d'être de son temps et de connaître son époque. Il n'eut pas grand mal à atteindre cette perfection : la nature l'avait douée de plus qu'il n'était nécessaire.

Sans doute ces raisons ne sont pas d'un ordre très élevé : elles ont seulement la prétention d'être conformes à la réalité telle que nous l'ont montrée la connaissance du pays et une longue étude des idées de l'Egypte. D'autres expliqueraient peut-être la fantasmagorie des récits dont nous avons donné quelques exemples par une sorte d'hallucination continuelle, une faiblesse produite dans le cerveau par des jeûnes trop prolongés : on mettrait sans doute aussi en avant une prédisposition morbide ou une névrose quelconque. Il y eut peut-être de tout cela, mais un homme qui a pu vivre cent dix-huit ans, sans être malade plus de deux ou trois fois, qui jusque dans les derniers jours de sa vie montrait encore une activité étonnante, une passion jeune et vigoureuse ; un homme qui sut conserver la lucidité de son intelligence, la force de son éloquence jusqu'à l'heure de sa mort, un pareil homme, croyons-nous, devait avoir un tempérament d'une force peu commune, que ni les jeûnes ni les tortures volontaires n'avaient pu entamer. Il ne devait point être plus sujet aux hallucinations que ne le sont ses successeurs d'aujourd'hui ; son cerveau fut libre et fort jusqu'au dernier moment. Le but poursuivi, les idées ambiantes, voilà selon nous les vrais mobiles de sa conduite. Nous ne l'excusons pas : il fut trop souvent inexcusable :

nous ne faisons que l'expliquer et l'analyser. La terreur qu'inspirait sa violence était de même un de ses moyens de gouvernement ; à l'époque la plus reculée qu'on connaît de l'histoire d'Égypte, on trouve l'usage du bâton : c'était un moyen d'inculquer la moralité et la science. On peut discuter sur l'excellence de ce moyen et différer de sentiment ; mais personne ne peut nier que l'usage du bâton n'ait été acclimaté en Égypte. Maintenant encore la fellaha n'a que du mépris pour son mari qui paie bénévolement l'impôt ; mais, si le mari ne paie qu'après avoir préalablement reçu la bastonnade, elle a du respect et de l'admiration pour son courage. Schnoudi fut en cela un Egyptien de son temps et pas autre chose. Quand on parle du Christianisme, on s'imagine trop souvent pour le glorifier plus encore que pour le dénigrer, qu'il eut l'ambition et la gloire de changer subitement la nature humaine : hélas ! la nature humaine est toujours la même, des habitudes invétérées sont restées des habitudes, et l'homme est maintenant ce qu'il était autrefois. Le Christianisme, et c'est là sa grande gloire, a rendu plus fréquents les actes sublimes de la vertu, il a élevé les aspirations de l'homme en lui donnant une morale unique ; mais nous sommes encore aujourd'hui ce que nous étions autrefois, et Schnoudi a été l'un de nous. Sans doute, on doit avoir chargé le compte déjà si grand dont nous lui demandons raison : la légende qu'il se fit à lui-même fut grossie après sa mort et même de son vivant; mais, au fond, il est le seul auteur de sa sainteté trompeuse et de la vénération dont on devait l'entourer jusqu'à nos jours. Si son cœur eût été stable, s'il avait cherché le bien de l'humanité, ou simplement l'amélioration de sa race au lieu de ne rechercher que son bien propre, inconsciemment ou dans toute la plénitude de sa conscience, il n'aurait droit qu'à nos louanges : ce n'est pas le cas, et il est justiciable de l'histoire ; mais il ne faut le juger, nous le répétons, qu'en connaissance de cause, selon les idées de son temps et non selon nos pauvres et mesquines pensées. Le dernier venu qui hérite des biens amassés par une longue suite d'aïeux s'attarde-t-il à scruter les pensées et les actions de l'auteur de sa race !

IV

La vertu de Schnoudi ne pouvait rester enfermée dans les murs trop étroits de son couvent ; quand même il lui aurait convenu de n'avoir pour témoins de ses prodiges que les moines vivant près de lui, il lui aurait été impossible de maîtriser l'envie de parler qui possédait les frères et la curiosité du dehors qui ne demandait qu'à se satisfaire. La montagne d'Athribis lui fermait l'Ouest ; mais l'Est lui était ouvert jusqu'à la chaine Libyque, et le fleuve portait indifféremment, au Nord ou au Midi, toutes les renommées, bonnes ou mauvaises, méritées ou usurpées. L'ambition de Schnoudi allait plus loin que la ville d'Akhmim et ses dépendances. L'immense orgueil qui était au fond de sa nature, sous une couche très mince d'humilité apparente, le faisait aspirer à devenir célèbre. Les habitudes de son pays et de ses contemporains le servirent admirablement dans ses desseins. A chaque instant le Nil est sillonné par des barques descendant ou remontant ; les gens qui montent ces barques ne sont point pressés ; peu leur importe le temps qu'ils consacreront au voyage, pourvu qu'ils arrivent au but, et ils l'atteindront. « s'il plaît à Dieu » : c'est leur mot favori. Chaque soir on s'arrête près d'un village au bord du fleuve : on y trouve d'autres barques arrêtées aussi par la nuit ; on converse longuement avec les habitants du village, les compagnons de route que le hasard a donnés ou les rencontres d'un soir : ce que chacun sait est bientôt su de tous, et le lendemain les accidents ou les nécessités du voyage l'auront fait redire à une quantité étonnante de personnes. La vallée du Nil étant peu profonde dans la Haute Égypte, les nouvelles y sont répandues dans tous les villages avec une rapidité extraordinaire ; le Nil les conduit jusqu'à Alexandrie, après en avoir semé son parcours. Quand le sentiment religieux venait en aide à la curiosité, tel moine qui était profondément inconnu la veille était célèbre le lendemain : un jour avait suffi pour asseoir sa réputation. Comme nous l'avons fait observer, le plus difficile avait été pour Schnoudi de créer sa sainteté dans son monastère même : ce premier but une fois obtenu le reste devait venir de lui-même, c'est à dire la célébrité, avec la célébrité la vénération, avec la vénération la richesse relative de son couvent. Aussi dès que Schnoudi se fut fait agréer par ses frères et ses enfants comme un thaumaturge et un parfait homme de Dieu, l'Egypte entière sut qu'il y avait près de la montagne d'Athribis un homme supérieur à Elie, qui faisait revivre Moyse et pour lequel les prodiges les plus étonnants étaient comme des actions ordinaires. Combien de fois avait-il lui même prononcé ces paroles avant qu'il ne les entendît répéter à ses oreilles charmées ? il est impossible de le savoir, mais on les répétait enfin et la célébrité lui était venue.

Pour être juste, nous devons dire qu'il se servit généralement pour le bien de cette célébrité et du concours immense qu'elle attira à son monastère. En Egypte, comme partout, la morale avait beau être élevée, la loi être rigoureuse, il se trouvait toujours des cœurs assez bas pour manquer à l'une et à l'autre, quand ils croyaient pouvoir échapper à la vindicte de la loi outragée. Les magistrats romains ou grecs ne manquaient pas de sévir ; mais souvent le crime leur échappait, parce qu'ils l'ignoraient. La Haute Egypte, sous toutes les dominations, a été le théâtre du brigandage sous toutes les formes ; aujourd'hui encore quand la nuit est bien noire, qu'il n'y a rien à craindre de la police, une bande de voleurs ou d'assassins a assez de courage pour piller les cabanes isolées ou assassiner un homme qu'on rencontre seul. Il en était au temps de Schnoudi comme au nôtre ; mais les voleurs avaient un peu plus d'audace : ils opéraient dans les villes, tranquillement et quelque fois en plein jour. Quand le magistrat était en tournée, tous ceux qui se sentaient la conscience mal à l'aise se tenaient cois ; mais, comme le dit fort bien le proverbe, quand le chat est parti les souris dansent, et, le gouvernement une fois éloigné, les voleurs reprenaient le cours de leurs exploits. D'un autre côté, le désert d'Est et d'Ouest fourmillait de tribus sauvages rôdant sans cesse autour de l'Egypte et de ses richesses, s'abattant à l'improviste sur elle lorsque les garnisons romaines ou grecques s'étaient éloignées, s'enfuyant avec rapidité, emmenant pêle mêle bœufs, chameaux, ânes, hommes, femmes, enfants, vieillards; tout butin leur était bon. Du temps des Pharaons les Schasou, nomades arabes, faisaient souvent des incursions dans la Basse Egypte, les Nubiens et les Ethiopiens dans le Sa'id : aujourd'hui rien n'est changé et l'histoire contemporaine de ce pays est pleine de faits de ce genre. Au cinquième siècle, la vigilance des gouverneurs et des autres magistrats ne suffisant pas, le peuple faisait quelquefois lui-même la police, comme de nos jours en Amérique. Plus souvent, quand on connaissait l'auteur du mal, on s'en remettait à une sorte d'arbitrage religieux ou civil. Les hommes que leur grande renommée de sainteté avait rendus vénérables à tous, étaient souvent malgré eux appelés à exercer une sorte de justice courante à laquelle on se soumettait d'assez bon gré : le pouvoir spirituel, généreusement accordé à ces hommes sacrés par l'imagination populaire, inspirait plus de crainte que la puissance de la justice séculière. De plus le juge était loin, l'homme de Dieu tout près ; la sentence du gouvernement se payait cher, une aumône minime pouvait acquitter la dette contractée envers l'arbitre saint : si l'aumône était grande, ne valait-il pas mieux donner à Dieu qu'aux hommes ? Dès que sa renommée se répandit, Schnoudi fut naturellement appelé à être le grand justicier de son nome ; ce rôle lui convenait, il l'accepta avec joie, sans trop le témoigner toutefois. Chaque samedi, son monastère était le rendez-vous d'une foule de pèlerins qui venaient assister aux offices du dimanche, voir leurs parents qui s'étaient faits moines et écouter les discours éloquents du supérieur d'Athribis. Schnoudi était ainsi tenu au courant de tout ce qui se passait dans le nome, et quelquefois plus loin : quand on portait une cause devant lui, il la savait souvent avant que les parties ne lui en eussent dit le premier mot, et, avec l'air d'un prophète inspiré de Dieu, il donnait une solution à ses solliciteurs émerveillés. Un jour il vit venir à lui des gens dans le plus grand désespoir : en signe de leur deuil ils avaient déchiré leurs habits et s'étaient revêtus de haillons. Riches la veille, ils ne possédaient plus rien : des voleurs leur avaient tout enlevé. « Aie pitié de nous, dirent-ils à Schnoudi, tout ce que nous possédions nous a été volé. On nous a donné le conseil de nous saisir de nos voisins et de ceux qui habitent notre rue ; mais nous avons préféré venir d'abord à toi. » Schnoudi fut ému de leur détresse, il les reçut dans son couvent et leur y fit passer la nuit. Le lendemain matin, comme il ne savait rien de l'affaire, car les malheureuses gens s'étaient trop pressés d'accourir à lui, il dit au plus âgé : « Prends ton fils avec toi, retourne à votre maison, et dans trois jours tu reviendras seul me trouver. » Trois jours lui semblaient suffisants pour tout savoir ; mais le panégyriste fait naïvement observer que l'homme était peu généreux et que Schnoudi voulait lui donner une leçon. Au bout de trois jours, le malheureux revint : « Sois pitoyable envers les pauvres, lui dit Schnoudi, tu ne leur fais pas l'aumône d'un cœur assez généreux ; ne sais-tu pas qu'il est écrit : Donne et l'on te donnera ? » L'homme protesta au nom de Dieu qu'il était prêt à donner la plus grande partie de ses biens aux pauvres et aux indigents pourvu qu'on les lui rendît. « Va maintenant, lui dit Schnoudi rassuré, va vers la laure qui est un peu au Nord[1] : assieds-toi au pied de la montagne et tu verras près de toi passer trois hommes qui habitent dans la ville.[2] L'un d'eux dira à ses compa-

---

1. Cette indication peut désigner le couvent rouge (Deir el Ahmar) qui se trouve au nord du *couvent blanc* ou couvent de Schnoudi : il est étonnant en ce cas qu'on ne trouve pas dans le texte arabe le mot *deir*.

2. Le texte dit *cette ville*. Cela n'explique rien. Cependant il est probable à cause de cette mention vague et du détail des étoffes qu'il s'agit d'Akhmim.

gnons : — Asseyons-nous ici pour déjeuner : — et les deux autres répondront : — C'est impossible : — mais cependant ils s'assiéront quelque temps près de toi. Quand ils se lèveront pour partir, tu te lèveras aussi et tout en marchant, tu diras à celui qui sera à ta gauche : Viens vers mon père Schnoudi, il veut te parler. » Ces instructions furent exécutées à la lettre, et le malheureux revint avec un des trois voleurs. « C'est pour moi un jour heureux, puisque je t'ai vu, » dit le nouveau venu en baisant les mains de Schnoudi. — « Mon fils, lui répondit celui-ci, veux-tu me faire plaisir ? rends à cet homme les vases et les étoffes que tu lui as enlevés : le Seigneur autrement te priverait de tes biens propres, car vraiment tu as dépassé les limites permises. » — « Mais, mon père, dit le voleur confus, tu sais bien que je ne les ai pas volés tout seul. » — « Je le sais, dit Schnoudi mais je te fais venir toi, parce que je te sais obéissant, tu ne voudras pas me causer de déplaisir : tes compagnons au contraire sont méchants et brutaux ; s'ils ne m'écoutent pas davantage ils finiront par être perdus. » Le voleur voulut bien rendre tout ce qui avait été pris ; mais il voulut aussi n'avoir rien à démêler avec la justice et retirer quelque profit de sa bonne action : « Allons devant l'autel, dit-il ; si cet homme me jure de ne jamais rien dévoiler et de me donner quelque chose, je lui rendrai ses étoffes intactes. » Les conditions étaient trop peu exigeantes pour ne pas être acceptées : la promesse fut faite, les étoffes rendues et l'homme rentré en possession de ses biens fit les aumônes exigées par Schnoudi.

On ne peut nier qu'en cette affaire Schnoudi ait été habile, malgré la mise en scène un peu théâtrale dont il s'entoura. Ce fut son procédé, il tâchait d'abord de découvrir les coupables, détachait l'un d'eux de ses complices, le flattait et le comblait de caresses ; il lui faisait ainsi avouer doucement le crime et, quand il le tenait entre ses mains, le serment de ne rien dire accompagné de la promesse d'un bénéfice particulier surmontait les dernières répugnances du voleur. Sans doute pareille morale n'était pas très élevée et la justice ainsi rendue n'était pas une justice ; mais l'effet produit était bon et cela valait mieux qu'une injustice complète. Les cas où Schnoudi agit de la sorte durent être nombreux. Une autrefois, un des plus riches marchands d'Akhmim vint le trouver : « Sois-moi secourable ! lui dit-il, on a pillé ma maison et il ne me reste plus rien. » Schnoudi était au courant de l'affaire : « Lève-toi, dit-il au marchand, va vers la ville de Siout, tu trouveras assis à la porte de la ville trois hommes dont l'un sera occupé à peigner sa tête.[1] Dis à ce dernier : — L'homme de Dieu, Schnoudi t'appelle. — Il te répondra : — Cela se trouve bien, il y a longtemps que je désire recevoir sa bénédiction. » Le

---

[1]. Ce détail est typique. Encore aujourd'hui on rencontre souvent des gens du peuple qui s'assiéent au premier endroit venu, ôtent leur turban et leur calotte, se peignent et enlèvent consciencieusement la vermine qui les dérange.

marchand se rendit à Siout et revint avec l'homme qu'il avait trouvé se peignant la tête. Après les premières salutations et les premiers baisements de main, Schnoudi dit à l'homme : « O mon fils, tu as volé les biens de ce marchand, rends-les-lui et ne crains rien. » — « Mais je ne les ai pas volés tout seul, » répondit encore ce nouveau voleur. — « Je le sais, » repartit Schnoudi ; et tout se passa comme précédemment. Le marchand ne trouva pas assez de paroles pour remercier son protecteur, et, à la requête de Schnoudi, il donna cinq dinars [1] au voleur repentant. « En vérité, répéta-t-il en se retournant vers Schnoudi, tu m'as fait une grande miséricorde. » — « Te voilà bientôt sur le point d'aller à Alexandrie, lui fut-il répondu : tâche de trouver le plateau que l'on m'a dérobé et sur lequel mon nom est inscrit : achète-le-moi, et je te rendrai ce que tu auras dépensé. » — « Je le ferai avec plaisir, » répondit le marchand et il s'en alla. Chemin faisant, il eut le temps, tout en descendant le Nil, de faire une foule de réflexions : « Si j'achète ce plateau pour Schnoudi, se dit-il, je ne pourrai honorablement pas le lui faire payer après le service qu'il m'a rendu. » Plus loin il ajouta : « Je ne le chercherai pas et lui

---

1. Il n'est guère possible de déterminer la valeur absolue et surtout la valeur relative d'un dinar à cette époque. On l'évalue habituellement à 15 francs sous la domination musulmane, et ce ne sera pas s'éloigner trop de la vérité que d'adhérer à cette estimation. Cinq dinars étaient et sont encore une fortune pour les pauvres. Il est vraiment étonnant de penser à tout ce qu'un fellah peut encore acheter dans la Haute Egypte pour quinze francs.

dirai que je ne l'ai pas trouvé. » Mais voilà qu'en arrivant au débarcadère, il aperçut dans la main de l'un des nombreux rôdeurs qui sont toujours à la piste d'acheteurs étrangers, le plateau même qu'il cherchait et sur lequel se détachaient les lettres du nom de Schnoudi. Il l'examina sans doute ; mais il ne l'acheta point. Sa reconnaissance avait peur d'acheter à prix trop élevé. Quand il eut fini ses affaires, alors qu'il était sur le point de se rembarquer, le rôdeur qui s'était attaché à lui, comme c'est la coutume de ses pareils, en croyant trouver une proie, lui présenta encore le plateau ; mais il ne l'acheta pas davantage. L'un des matelots qui manœuvraient la barque, ayant vu le nom de Schnoudi gravé sur le plateau, l'acheta pour quatre dinars, se disant : « Ce plateau doit appartenir à Schnoudi, puisque voici son nom ; je le lui rendrai. » Et le marchand ne s'était aperçu de rien. Lorsqu'on fut de retour à Akhmim, le matelot se hâta de porter le plateau à Schnoudi et lui dit : « Veux-tu l'acheter ? » — « Combien as-tu pesé d'or pour le payer, » dit le moine. « Huit dinars, » répondit le matelot. — « Oh ! repartit Schnoudi qui connaissait ses compatriotes, tu veux dire quatre dinars ; allons dis la vérité, car elle vaut mieux que le mensonge. » Soit hasard, soit qu'il sût déjà la chose, Schnoudi était tombé juste : le matelot émerveillé lui dit : « Tu es un saint. » et quand il se vit offrir cinq dinars, il les refusa et fit présent du plateau à l'homme de Dieu. Cette nature mobile et généreuse qui lui était commune avec la plupart de ses compatriotes, l'avait fait passer en un instant d'un violent désir de gagner à la libéralité la plus parfaite : « Ne crains rien, lui promit Schnoudi, je suis sûr que Dieu te récompensera au double. » Or, quelques jours après, le marchand revint au monastère dans le plus grand chagrin : chemin faisant, la bourse qu'il portait emmaillotée dans un coin de son habit s'était détachée, était tombée à terre sans qu'il s'en aperçût : il pria Schnoudi avec larmes de la lui faire rendre par celui qui l'aurait trouvée, car elle ne contenait pas moins de soixante dinars. Schnoudi savait que le matelot avait trouvé la bourse, mais il gardait rancune au marchand : « Ami, dit-il, les biens de ce monde ressemblent à une prostituée : aujourd'hui dans ta maison, demain elle couche chez un autre : le bien que tu as perdu, Dieu l'a donné à quelqu'un qui le méritait mieux que toi : tu ne le trouveras jamais. » Le marchand se retira humilié, confus, pensant sans doute qu'il eût mieux valu pour lui payer quatre dinars que d'en perdre soixante.

Schnoudi, pour nous servir de l'une de ses expressions, avait peut-être en agissant ainsi « dépassé les bornes permises » ; mais il n'y regardait pas de si près : son but était amplement atteint, il était en possession du plateau, avait récompensé le matelot et puni l'ingratitude du marchand. Fort heureusement pour sa mémoire, s'il a commis des actions plus coupables cent fois, il en a fait d'autres plus méritoires. Non seulement les voleurs ne lui refusaient pas de restituer leurs larcins, mais les assassins eux-mêmes lui confessaient leurs crimes. Schnoudi, s'attribuant alors le droit de haute justice, leur pardonnait ou les punissait selon l'inspiration du moment. Un homme d'un village éloigné, passant du côté d'Akhmim ou venu peut-être dans cette intention, alla le trouver : il avait entendu parler des grandes vertus de Schnoudi et venait lui demander sa bénédiction. « Comment puis-je te bénir après le grand crime que tu as commis », lui dit le moine. — « Quel crime, répondit l'homme ? je suis chrétien depuis mon plus jeune âge. » — « Rappelle tes souvenirs, dit Schnoudi qui avait appris son péché; un jour tu étais assis à manger dans ta maison ; tu vis passer une femme et, comme Satan était entré dans ton cœur par l'ivresse,[1] tu pris ton épée, tu courus après la femme et tu lui ouvris le ventre. » — « La vérité règne dans tes paroles, répondit l'homme ; mais ne me reste-t-il plus espoir de pardon ? » — « Tu seras pardonné si tu acceptes la pénitence que je t'imposerai, répliqua Schnoudi, car le Seigneur ne veut pas la mort, mais la conversion et la vie du pécheur. » — « Je ne demande qu'à ne plus me séparer de toi, » répondit humblement l'assassin. Et Schnoudi le fit moine après lui avoir rasé la tête. Trois jours après, il le prit avec lui et le

---

1. Le texte ne contient pas le mot *ivresse*, mais je crois que les circonstances du récit l'indiquent assez.

conduisit à treize milles du monastère, le long de la montagne : là, il y avait une caverne étroite, sombre ; l'on y entrait par une sorte de fenêtre. C'était une des chambres d'un tombeau dont on n'avait pas su trouver l'entrée et qui était à moitié comblé : la voute en était si peu élevée qu'on ne pouvait même pas s'y tenir à genoux. Schnoudi y enferma l'assassin et, pendant une année, chaque samedi, il vint à lui, lui apportant une cruche d'eau et un peu de pain pour la semaine ; il passait près de lui la journée du dimanche toute entière, lui exposant les vérités du salut. Au bout de l'année, comme Schnoudi arrivait, le prisonnier lui dit : « J'ai senti ce matin mon corps s'agiter : j'ai été saisi d'un tel tremblement que j'ai pensé mourir. De mon corps est sorti un pus qui tombait goutte à goutte, comme celui qui sort des cadavres : les trous du rocher en ont été remplis et il s'y est desséché. Je me suis évanoui, et jusqu'à ton arrivée la pâleur de la faiblesse ne m'a pas quitté. » La rupture de cet abcès fut pour Schnoudi le signe que de l'ancien assassin il ne restait plus rien et qu'il en était sorti un homme nouveau. « Le Seigneur t'a pardonné », lui dit-il, et il emmena le frère au couvent. A son retour, les frères furent tous surpris ; Visa s'approcha de Schnoudi et lui dit : « Où était-il donc caché jusqu'à ce jour ? » — « Le loup l'avait saisi et mordu, répondit Schnoudi ; je l'ai conduit vers le médecin et le médecin l'a guéri. »

Tous les assassins n'obtinrent pas cette clémence de Schnoudi : l'un d'eux n'eut même pas beaucoup à se louer d'être venu lui avouer son crime ; car Schnoudi l'obligea de se livrer à la justice, s'il ne le livra lui-même. Un homme du village de Samnhoud, dans le nome de Psoi,[1] se présenta un jour au monastère de Schnoudi, demandant à lui parler. Il était en proie à une grande excitation : il parlait de péchés trop lourds pour que sa conscience pût les supporter davantage, il voulait obtenir son pardon. Selon la règle, les frères employés à la porte prévinrent Schnoudi. « Dites-lui, leur répondit-il, que s'il ne veut pas m'obéir, il ne verra pas mon visage. » L'homme promit d'obéir et de faire tout ce qu'on lui ordonnerait. On l'introduisit. Il s'avança vers Schnoudi, se prosterna à ses pieds en disant : « O mon père, bénis-moi. » — « Confesse le crime que tu as commis, répondit le justicier, si tu veux échapper à un grand malheur. » Et l'homme confessa qu'il était dans l'aire de son village, lorsqu'il vit passer un voyageur monté sur un âne. Ce voyageur portait une bourse suspendue à son cou par un lien de cuir.[2] L'homme réfléchit qu'on ne porte pas de bourse quand on n'a pas d'argent, et qu'on ne la suspend pas à son cou, par crainte de la perdre, quand elle n'est pas bien garnie. Il rentra dans sa maison, saisit une hache,

---

[1]. La ville de Psoi était aussi connue à cette époque sous le nom de Ptolémaïs. Elle était la préfecture d'un nome : elle se nomme aujourd'hui Menschyeh. Elle est située sur le bord de la rive droite du fleuve à 7 ou 8 kilomètres d'Akhmim.

[2]. C'est encore la coutume.

courut après le voyageur et le tua. Hélas! en ouvrant la bourse, il n'y trouva que trois deniers. Alors les beaux jours qu'il avait rêvés de passer grâce au fruit de son crime s'étaient envolés, et le repentir était entré dans son âme. Bourrelé de remords, il avait enterré la bourse et était accouru vers Schnoudi. Le crime était horrible : Schnoudi qui avait pardonné au meurtrier d'une femme ne pardonna pas à l'assassin d'un homme ; sans doute les femmes ne comptaient guère. Ce même jour, les habitants de la ville d'Akhmim s'étaient emparés d'une bande de voleurs et, comme le duc d'Antinoé se trouvait dans la ville en montant vers le midi, ils avaient réclamé une justice aussi complète qu'expéditive. Schnoudi, au courant de ce qui se passait, dit à l'homme, selon le panégyrique, d'aller se ranger lui-même parmi les voleurs et de se faire tuer avec eux. Le meurtrier n'hésita pas, s'il en fut ainsi ; il se rendit à Akhmim et se constitua prisonnier. Le gouverneur lui demanda : « Et toi aussi tu es de leur bande? » L'assassin se rappela les conseils de Schnoudi : « Oui, » répondit-il sans sourciller. Et séance tenante on le tua. Il avait, dit Schnoudi, obtenu de la sorte une couronne immortelle.

Les assassins et les voleurs ne furent pas les seuls à recourir à Schnoudi : le pays d'Egypte n'avait pas que des coupables, il contenait aussi une foule de malheureux indigents. Schnoudi se montrait généralement pitoyable à leur égard. Il devait posséder quelques connaissances en médecine. On a trouvé dernièrement dans son monastère des livres à recettes magiques, selon l'opinion générale, mais plutôt simplement médicales. Les prêtres de l'empire pharaonique étaient presque tous des savants en médecine : les moines de l'Egypte chrétienne furent en plus d'un endroit leurs véritables successeurs. On amenait à Schnoudi les animaux malades et il les guérissait en les signant ou en leur donnant à boire de l'eau bénite. De pauvres gens lui conduisirent un jour une chamelle qui venait de mettre bas. C'était leur seul bien : elle dépérissait sans allaiter le petit chameau. Ils implorèrent le moine dont ils avaient entendu vanter la puissance. Schnoudi fut touché de l'affliction de ces braves fellahs, quoiqu'elle fût bien terrestre, il toucha la chamelle de l'extrémité de sa robe en disant : « Puisque tu l'as mis bas, il est bien juste que tu le nourrisses de ton lait ; » et la bête docile allaita aussitôt le petit chameau. — Un pauvre fellah, nommé Luc, qui habitait vis à vis d'Akhmim sur la rive occidentale du fleuve, travaillait nuit et jour d'un bout de l'année à l'autre : il était chargé d'une nombreuse famille et ne pouvait la nourrir. Désespéré que tous ses efforts et son travail fussent inutiles, il fut pris de lassitude et, un samedi soir, voyant la foule des pélerins se rendre au monastère, il s'y rendit aussi avec sa petite offrande. Il assista dévotement aux saints offices et prit sa part au festin de réjouissance que Schnoudi offrait à ses visiteurs. Le dimanche, il s'avança vers Schnoudi et, lui ayant baisé la main ; « Mon père, dit-il, indique-moi un métier dont je puisse vivre et faire vivre ma famille : je me tue à travailler et souvent, mes enfants et moi, nous n'avons pas de pain pour manger à notre faim. Je t'en prie, aie pitié de moi : je ferai tout ce que tu me diras, et si tu me dis de rester comme je suis, eh bien ! la volonté de Dieu s'accomplira. » Schnoudi le regarda, et l'homme trouva grâce à ses yeux. Il prit quelques graines de concombre, les trempa dans l'eau bénite, les donna au malheureux en lui disant de les semer dans tel champ du monastère qu'il voudrait ; mais on devait partager les produits.[1] Le fellah sema les graines, et, quand les concombres commencèrent à donner des fruits, il en porta les prémices à son bienfaiteur qui les distribua aux moines. Schnoudi remit ensuite au cultivateur un peu de l'eau bénite qu'on laissait sur l'autel : »Arrose-les avec cette eau, » lui dit-il. Le champ produisit une abondante récolte : le fellah vendit les concombres, acheta du blé, des grains de toute sorte : il trafiqua et sa maison se remplit de biens qu'elle n'avait jamais vus. Lorsque les concombres furent secs, l'heureux fellah alla trouver Schnoudi : « Envoie-moi des chariots, lui dit-il, des sacs et des chameaux afin que je puisse t'apporter ta part. » Schnoudi se rendit à la maison du fellah, et devant tant de bonnes

---

1. Le texte ne dit pas que le champ appartînt au monastère, mais il est évident que Schnoudi ne pouvait disposer que de ce qui lui appartenait.

choses qu'il y vit amassées, il goûta le céleste plaisir de la bienfaisance. « O mon père, lui dit son obligé, partage avec moi les biens que Dieu a accordés à tes prières. » — « Je n'en veux rien, dit-il, garde tout pour toi et tes enfants : désormais Dieu ne te laissera manquer de rien. Montre-moi seulement le champ de concombres. » Luc l'y conduisit : toutes les plantes étaient désséchées, dit le panégyriste; mais la puissance de Schnoudi était sans bornes : à sa voix elles revécurent et donnèrent une autre récolte au pauvre Luc. — On avait enlevé à un débiteur solvable ses deux enfants pour les réduire en esclavage ; le malheureux eut recours à Schnoudi : « Aie pitié de moi, lui dit-il, je dois cent quarante dinars ; je ne peux les payer : mon créancier va emmener mes deux fils dans sa province ; et de tous les soins que j'ai pris d'eux, voilà quelle sera ma récompense : je les perdrai. » Schnoudi lui remit les cent quarante dinars. Heureux si toutes ses actions eussent été semblables : il n'aurait pas eu d'histoire, il est vrai, mais combien sa vie n'eût-elle pas été plus belle et plus pure.

A cette bienfaisance intermittente, il joignait une certaine prodigalité dans l'hospitalité qu'il offrait et ne reculait devant aucune dépense. Tous les samedis soirs, il faisait un grand festin aux pélerins que lui amenait sa renommée. L'église était magnifiquement décorée pour les offices saints : toute la nuit elle restait éclairée pour ceux qui voulaient chanter et prier ; mais au moment de l'oblation divine, elle resplendissait : les lampes et les flambeaux étaient innombrables. A certains jours de fête, les chants et les prières duraient le jour et la nuit. C'était une ivresse spirituelle. Mais l'homme est faible et les chantres, anagnostes et psalmodes, malgré leurs belles voix et leurs beaux traits, ne pouvaient pas chanter sans que leurs gorges ne se desséchassent. Il leur fallait du vin, et en abondance. Dans ces jours là Schnoudi accordait tout. Un jour, les chanteurs revinrent trois fois à la charge : leur ivresse dégénérait. Les âmes timorées s'étonnèrent de la condescendance de l'homme de Dieu, ils lui en firent presque des reproches. « Laissez-les, leur dit Schnoudi ; la prochaine fête ne les reverra plus. » Entendait-il par là que ces chanteurs trop terrestres ne seraient plus employés, qu'ils seraient morts spirituellement ? Qui peut le savoir ? les assistants le comprirent de la mort véritable.

Un des riches propriétaires d'Akhmim avait une créance sur l'un de ses concitoyens : n'étant pas payé, il le fit mettre en prison pendant plusieurs jours. Le malheureux débiteur trouva la prison dure, et, quand sa femme vint le visiter, il lui dit d'aller trouver le geôlier pour le prier de se rendre près du grand homme de Dieu, Schnoudi. Si Schnoudi consentait à intercéder pour lui près du créancier, pensait-il, celui-ci ne refuserait pas de l'élargir. Le geôlier fit ce qu'on demandait de lui, et Schnoudi, « par la miséricorde de Dieu qui le remplissait et la pitié qu'il avait de tous les gens en détresse, » écrivit au riche en le priant d'élargir son débiteur, s'il voulait que Dieu lui pardonnât ses péchés. Mais le geôlier était un méchant homme : il avait vu que la femme du prisonnier était désirable et il lui dit : « J'ai rempli près de l'homme de Dieu la mission dont tu m'avais chargé : si tu veux maintenant que je t'accompagne chez le riche, sois à moi et satisfais mon désir. » La femme était honnête, point passionnée et elle aimait son mari. Elle pleura beaucoup et dit à l'infâme geôlier : « Comment le ferais-je ? jamais homme ne m'a connue que mon mari ! » et elle alla raconter le tout à son mari. Celui-ci vit la chose d'un autre œil : « O ma sœur, dit-il, ne vois-tu pas dans quel état je suis ? fais ce qu'il te demande. » La pauvre femme, tout en pleurs, se livra au geôlier en disant : « Fais de moi ce qu'il te plaira, mais élargis mon mari. » Le geôlier satisfit sa passion, fit élargir le prisonnier et eut l'audace de retourner annoncer à Schnoudi que son ordre avait été entendu. Mais Schnoudi savait déjà ce qui s'était passé : « Et quel salaire as-tu pris ? » lui demanda-t-il. Et dans sa colère : « Qu'au nom du Seigneur qui jadis ordonna à la terre d'engloutir Dathan et Abiron, elle t'engloutisse comme eux, fils de perdition. » Il n'avait pas achevé sa menace que la terre s'entrouvrit devant tous les assistants et l'on ne vit que les cheveux du damné s'enfonçant dans l'enfer. Nous apprendrons bientôt, de la bouche même de Schnoudi, que la terre ne s'entrouvrait pour engloutir ses victimes, que lorsqu'il les avait préalablement assommées de son bâton.

A une certaine époque de sa vie sa charité eut lieu de s'exercer sur la plus vaste échelle. Une peuplade sauvage dont les auteurs grecs et latins nous ont laissé une description pleine d'horreurs, les Blemmyes, aidés de la tribu nubienne des Bouga, [1] avait quitté les déserts et avait ravagé l'Egypte. Sans cesse ils rôdaient autour de la vallée du Nil, mais ils n'osaient que de temps en temps, quand ils croyaient l'occasion favorable, faire de véritables incursions sur la terre qui leur semblait à raison le grenier de toutes les abondances. D'autres fois ils n'avaient guère dépassé Tabennîsi ; mais, à cette époque, ils portèrent leurs ravages jusqu'aux environs d'Akhmim et établirent leur quartier général près de la ville de Psoi ou Ptolémaïs. Les populations épouvantées avaient partout cherché un refuge qu'il ne leur était pas donné de trouver : Schnoudi dans un de ses écrits, rappelant les lamentables souvenirs de cette invasion féroce, disait à ses enfants : « N'avez-vous pas vu ou entendu raconter ce qu'ont fait les barbares à des communautés semblables à la vôtre, à une ville voisine de vous, à d'autres villages et en tous lieux ? La désolation, la ruine et la dévastation qu'ont causées les bar-

---

1. On a cru pouvoir identifier les Blemmyes avec les Bouga ou Boudja : la mention de cette peuplade à côté des Blemmyes donne raison à Letronne qui n'avait pas admis cette identification.

bares aux enfants de l'Eglise suffisent pour corriger le cœur des sages, s'ils considèrent surtout le nombre des hommes qui ont péri. Est-ce que vous ne savez pas quelle grande multitude s'est noyée dans le fleuve, qu'une foule d'autres sont morts dans les montagnes, qu'un nombre considérable ont été réduits en esclavage, qu'on a violé les vierges, incendié des églises, pillé les autres, qu'on a fait en un mot une foule de maux à nos compagnons et à nos frères ? » [1] Les désastres avaient réellement été immenses, car les Blemmyes et leurs alliés semblent être demeurés assez longtemps sur le territoire de Ptolémaïs. Après être venus d'abord du Nord, avoir pillé la ville et les bourgs environnants, ils s'étaient dirigés vers le Sud, puis tout à coup avaient reparu devant Ptolémaïs et annonçaient l'intention de descendre plus au Nord vers Akhmim. Cette nouvelle jeta la désolation dans toute la province d'Akhmim : sans doute on pressa Schnoudi de faire usage de son éloquence et de sa puissance merveilleuse pour détourner le fléau prêt à tomber sur le pays et auquel son monastère ne devait pas échapper selon toute probabilité. Il se résolut à tenter un effort desespéré, traversa le fleuve et se rendit au camp des barbares, déterminé à racheter les prisonniers et à détourner l'orage qui le menaçait lui-même. A son aspect les barbares furent saisis

---

[1]. Ce passage se trouve reproduit dans le texte et traduit par Zoëga : *Cat. Cod. Cop.* p. 393.

de crainte : à mesure qu'il passait devant les groupes, ces cœurs farouches se calmèrent et ne se sentirent pas le courage de frapper un homme qu'ils savaient entouré d'une grande vénération et doué d'une merveilleuse puissance. Leurs bras se levèrent prêts à le frapper de leurs lances, dit le panégyriste Visa, mais leurs mains se desséchèrent aussitôt : le même prodige se répéta pour tous les guerriers qui se trouvèrent sur son passage jusqu'à ce qu'il fût arrivé en présence du chef de la nation barbare. Le chef, comme ses hommes, fut frappé de sa grandeur d'âme et de sa noble apparence : s'il eut un moment de colère, les prières de ceux qui l'entouraient le ramenèrent bientôt à la clémence : d'ailleurs Schnoudi guérit en un instant tous ceux dont sa vue avait paralysé les bras. Le chef voulut lui offrir des présents pris sur le butin ; ils furent refusés. « Donne-moi seulement, dit Schnoudi, les prisonniers que tu as faits. » Le barbare lui donna plus encore, car il remit une partie des dépouilles à ceux qu'il avait dépouillés et ne porta pas plus loin ses ravages. Schnoudi se mit à la tête de la multitude lui fit traverser le fleuve [1] et la conduisit joyeuse à son monastère. Il amenait avec lui vingt mille hôtes, sans compter les femmes et les enfants. [2] Dès son arrivée il don-

---

1. Ce passage montre que Ptolémaïs était située sur la rive opposée au monastère de Schnoudi. De même chaque fois que Schnoudi se rend à Akhmim il doit traverser le fleuve.
2. Ce chiffre est donné par le panégyriste : il doit être un peu forcé : vingt mille personnes en comptant les femmes et les enfants durent amplement suffirent pour consommer les

na les ordres les plus minutieux aux frères afin qu'on servît les malheureux : il fit venir sept médecins pour soigner les malades, des chirurgiens pour guérir les blessures faites par les flèches : cinquante mille drachmes passèrent en salaire pour les médecins et les chirurgiens. [1] Cette multitude passa trois mois au couvent de Schnoudi : il lui fallait sans doute se remettre de ses fatigues et attendre que les derniers barbares eussent disparu. Pendant tout ce temps, elle fut à la charge du monastère et des frères. « Il en mourut quatre-vingt-quatorze qui furent enterrés près du monastère, dit le panégyrique, et il naquit cinquante deux enfants. On dépensait par semaine vingt-cinq mille drachmes pour acheter des légumes, les assaisonner et faire cuire la viande, sans compter tout ce qu'il fallait pour faire la cuisine, cent cinquante bouteilles d'huile par jour et dix-neuf ardebs[2] de lentilles, outre ce que l'on préparait pour nous. Quatre fours cuisaient le pain ; un jour on fit dix-huit fournées, un autre jour dix-neuf, un autre vingt, un autre encore seize et un dernier dix-sept. [3] Afin de rassasier tout ce peuple, on ne laissa rien manger de tout cela aux frères.

provisions énumérées plus bas. Il est d'ailleurs vraisemblable que les uns retournèrent à leurs villages avant les autres.

1. La drachme valait à peu près 0,90 centimes de notre monnaie. La dépense totale représente environ deux cent trente huit mille cinquante francs en mettant la drachme à 0.90 centimes.

2. L'ardeb mesure un peu moins de deux hectolitres.

3. Ces détails se comprendront si l'on se reporte à la règle de la boulangerie.

Je ne compte pas le grand nombre des bestiaux, chameaux, vaches, chevaux, ânes, moutons, chèvres. dont nous prenions soin pour l'amour de Dieu. Nous demandâmes à Dieu de bénir le puits, afin que l'eau n'y tarît point, et ainsi nous nous chargeâmes de ce soin, nous nous occupâmes d'eux tous, je veux dire les prisonniers faits par les Bouga ; je ne compte pas les dépenses de la porte, ni celles nécessitées par la réception des hôtes qui venaient nous visiter les jours où l'on faisait l'oblation, [1] et de ceux qui nous apportaient leurs offrandes. Nous leur donnâmes de l'or, de l'argent, des vêtements, des souliers, des tapis, des chiffons, des linceuls, des brebis, du pain, de l'orge, des grains, des semences, du vinaigre, du vin, des œufs, du fromage, des volailles, des pigeons, de la farine, de l'huile, du raisin, des fruits, et tout ce dont les malades ont besoin. Tout ce que nous dépensâmes pour eux s'éleva à la somme de deux cent soixante cinq mille drachmes, sans compter le blé et le pain, soit huit mille cinq cents ardebs ; quant à l'huile, ce qu'on dépensa pour eux, s'éleva à deux cents ardebs d'olives non pressées. Quant aux légumes et aux racines, je n'en peux dire le nombre. » Schnoudi, ce jour là, comprit bien la charité chrétienne, il fut utile à son pays : c'est la plus belle page de sa vie.

On a voulu sur cet épisode de la vie de Schnou-

---

[1]. C'est à dire les jours où l'on célébrait la messe, les samedis dimanches et à certains jours de grande fête.

di bâtir tout un système de chronologie : malheusement les faits ne nous permettent pas de l'adopter. On a reculé cette invasion des Blemmyes dans le nome de Ptolémaïs jusque vers les années 449 et 450. Procope raconte en effet une expédition que le général romain Maximin fit contre ces barbares vers cette époque. Le panégyriste de Schnoudi raconte de son côté qu'un gouverneur lui demanda sa bénédiction avant de les combattre : on avait cru que ce gouverneur était Maximin ; mais un fragment des textes se rapportant à la vie de Schnoudi nomme ce gouverneur, et il s'appelait Héraclius. Ce fait détruit toute la chronologie édifiée avec tant de peine. D'ailleurs il n'était guère vraisemblable que Schnoudi en 450, âgé de cent dix-sept ans, pût faire des courses comme celle que nécessita cet évènement de sa vie. Quoiqu'il n'y ait aucun ordre chronologique dans les monuments coptes, il y a cependant une sorte de gamme ascendante des faits, et l'épisode des Bouga se trouve raconté vers le milieu du panégyrique de Visa. Les détails si précieux conservés par cet ouvrage laissent en plus supposer un état extrêmement florissant pour le monastère de Schnoudi : or, vers la fin de sa vie, la disette semble avoir régné au couvent et l'on traversa de mauvaises années.

Le spectacle de cette charité dut encore augmenter la vénération qu'on avait pour Schnoudi et lui donna plus d'autorité pour réprimer les vices qu'il jugeait contraires à la doctrine qu'il professait. L'ancienne Egypte avait pratiqué les mariages entre frère et sœur : la légende d'Isis et d'Osiris justifiait, dit-on, cet usage ; plus probablement le soin des intérêts particuliers le légitimait aussi. Rien n'était plus contraire aux idées juives adoptées par le Christianisme sur ce même sujet : les mariages entre frères et sœurs, s'ils existèrent pour d'autres que pour les membres de la famille royale, furent sévèrement prohibés ; mais au temps de Schnoudi, pour ne pas diviser et trop morceler les propriétés, on mariait encore ensemble les oncles et les nièces. Un jour un homme fort riche de la petite ville de Bousch,[1] nommé Pierre, vint lui demander sa bénédiction. « Tu n'en es pas digne, répondit Schnoudi, car tu as fait un grand péché en épousant la femme que tu as épousée, puisqu'elle est la fille de ta sœur. Tu as ainsi désobéi aux canons. » — « Mes biens et tout ce que je possède, plaida Pierre, sont mélangés avec les siens : je l'ai épousée afin qu'ils ne passent pas à un étranger. » — « Mais, répliqua Schnoudi, n'as-tu pas entendu ces paroles de l'Evangile : Que sert à l'homme de gagner le monde entier s'il perd son âme ? Que peut-il donner en échange de son âme ? » — « Ne me reste t-il donc aucun moyen de pénitence ? » implora le riche. — « Si, répondit, Schnoudi. » Pierre crut comprendre : il retourna vers sa mai-

---

1. Bousch est une petite ville qui se trouve dans la province de Benisouef et qui contient le second des couvents coptes encore existants. Le premier est celui de Moharraq.

son, y prit cinquante dinars et les apporta à Schnoudi, lui disant : « Je te prie de les dépenser en aumônes pour le salut de mon âme. » — « Ce n'est point ici un lieu où l'on reçoit, répondit le moine par un reste de pudeur ; nous donnons au contraire aux pauvres et aux indigents ; mais va vers la laure d'apa Khaflou : peut-être y trouveras-tu quelqu'un à qui tu puisses remettre cette somme. Pierre se rendit à la laure d'apa Khaflou ; il y trouva apa Paul, supérieur de la laure de Boueit.[1] Apa Paul, à la vue de tant d'or qu'on lui offrait, pensa à la pauvreté de son couvent et il accepta avec remerciement : « Tu as fait grand bien aux frères », dit-il à Pierre, et il lui donna sa bénédiction. Pierre, de retour en sa maison, dit à sa femme : « O ma sœur, nous vivions dans le péché à notre insu : il nous faut nous séparer. » Et lorsqu'il eut raconté ce que lui avait dit Schnoudi, il laissa ses biens à celle qui avait été son épouse, lui dit adieu pour toujours et alla embrasser la vie religieuse près de celui qui lui avait ouvert les yeux.

Les mariages illicites ne faisaient pas seuls horreur à Schnoudi : il semble avoir eu une sorte d'horreur pour les femmes en général. Non-seulement il regardait l'œuvre de chair comme une imperfection, la plus basse de toutes les imperfections, et s'estimait heureux d'être au-dessus d'une telle faiblesse ; mais il paraît avoir

1. Ce monastère a sans doute disparu.

eu sur la situation et la valeur des femmes des idées que ne lui avait point léguées sa race. Un samedi, le bac qui traversait le fleuve près d'Akhmim était pesamment chargé. Parmi les passagers qui désiraient passer sur la rive gauche, se trouvait un jeune homme riche et pieux, fort connu dans la contrée. Chaque samedi, il se rendait au couvent de Schnoudi avec l'un de ses domestiques portant son offrande. Or, ce jour là, un vent violent soufflait et agitait le fleuve : la barque eut beaucoup de peine à traverser le Nil et l'on ne put accoster assez près de la rive pour y descendre à pied sec. Il fallut monter sur le bord de la barque et sauter. Les passagers étaient habitués à cet exercice, tous descendirent aisément ; mais une jeune fellaha n'eut pas le même bonheur. Au moment où elle était sur le point de s'élancer, un violent coup de vent souleva sa robe : elle n'avait que ce seul vêtement. Les yeux du jeune homme la virent et son cœur la désira. Aussitôt qu'il sentit ce désir, il prit à part son domestique, lui ordonna de l'attendre, et lui-même il se hâta de repasser le fleuve pour éteindre dans les embrassements permis de son épouse le feu qui s'était allumé dans son cœur. Il repassa de nouveau sur la rive gauche du fleuve, retrouva son domestique, et tous deux ils se rendirent au monastère ; mais, au lieu de porter lui-même son offrande au moment solennel, il envoya son serviteur à sa place et se tint dans un endroit écarté de l'église. Le lendemain matin, Schnoudi le rencontra : « Pourquoi n'as-tu pas présenté toi-même ton offrande, » lui dit-il. — « O mon père, lui répondit le jeune homme, tu sais bien ce qui m'est arrivé. » Schnoudi, avec un sourire qu'il est difficile d'expliquer, lui dit pour le consoler : « Tu es heureux, ô mon fils ; tu as suivi le chemin des rois, tu as marché dans la bonne voie. Tu as donné à boire de ta source, [1] et Dieu a accepté ton offrande avec plaisir. »

L'adultère, on le croira facilement, produisait une sorte de cauchemar pour Schnoudi dès qu'il en était question devant lui. Sans pitié pour l'honneur des familles, il dénonçait lui-même les femmes à leurs maris et, quand sa patience était poussée à bout, il châtiait les coupables de sa propre main. Il refusait même de prier pour ceux qui avaient commis de trop grands crimes et de les secourir dans leurs maladies. Un jour, on lui amena un prêtre cassé de vieillesse et hydropique. La maladie était arrivée à son dernier période, la peau ne retenait plus le liquide, une eau fétide suintait de tout son corps et à chaque instant il fallait veiller aux ordures du malheureux. Schnoudi s'aperçut au premier coup d'œil que la guérison était impossible : il avait prié Dieu, dit-il, mais une voix lui avait répondu que le malade ne guérirait pas. « Tu dois avoir

---

1. Cette expression arabe signifie simplement faire ce que l'on peut. Ce trait de la vie de Schnoudi me semble fort curieux et donne à son caractère une teinte que l'on n'observe que dans ce passage.

commis quelque grand crime, dit-il au malade : apprends-moi maintenant ce que tu as fait afin que je puisse trouver un moyen de prier pour toi ; car tu le sais, il est écrit : Confessez-vous vos péchés les uns aux autres. » Le prêtre, qui vit dans cette invitation un dernier espoir de salut, répondit : « En effet, j'ai commis plusieurs fautes ! » — « N'aie pas honte ! repartit Schnoudi ; nous sommes tous pécheurs et chacun de nous pèche plusieurs fois par jour. » Et le prêtre confessa ses quelques péchés : il avait fait un faux témoignage qui avait causé la mort d'un homme, il avait assisté à l'exécution du malheureux, il avait vendu les vases de l'église et s'en était approprié le prix, il avait commis l'adultère dans tous les coins de l'église et jusque près de l'autel, il avait enfin emporté les vases sacrés dans les maisons des courtisanes et s'en était servi pour ses orgies. Les oreilles de Schnoudi durent tinter en entendant de telles horreurs : « Levez-vous, dit-il aux gens qui avaient apporté le prêtre, prenez cet homme et reconduisez-le dans sa maison. » Deux jours après, le cadavre vivant était rendu à la mort.

Un autre prêtre se trouva fort mal de n'avoir pas écouté les conseils de Schnoudi. Il ne s'était jamais marié, et, quoique déjà avancé en âge, les aiguillons de la chair se faisaient toujours sentir à lui. La passion, selon l'expression du texte, le poursuivait. Schnoudi qui le connaissait lui répétait souvent : « Marie-toi, ou n'exerce plus les fonctions sacerdotales, car le Seigneur n'accepte pas l'offrande de la main des adultères. » Le prêtre n'écouta pas ces sages paroles, il ne se maria pas. Un jour il vit venir à lui une femme dont le mari, ayant eu maille à partir avec de grand personnages, avait été par eux dépouillé de tous ses biens et jeté en prison. « Viens avec moi, lui dit-elle, allons trouver notre père apa Schnoudi et tu lui demanderas de me faire miséricorde. » Le prêtre menait une vie d'apparence fort honorable ; mais, au témoignage de Visa, c'était un loup revêtu de la peau d'une brebis. La femme était simple et ignorante : on lui mit quelques conditions à la démarche qu'elle demandait, elle les accepta. Quand Schnoudi les vit venir à lui, il dit au prêtre : « Sûrement, tu ne l'as pas amenée ici sans te faire payer ! » Cependant il se rendit aux prières qu'on lui adressait et il obtint l'élargissement du prisonnier. Mais, quand le mari et la femme revinrent le remercier de sa bonne action, quelques paroles lui suffirent pour gâter son bienfait. « Tu m'as fait une grande miséricorde, lui dit le mari, car j'étais tombé malade dans la prison par suite des mauvais traitements que l'on me faisait endurer. » Schnoudi lui donna quelque argent, lui fit plusieurs recommandations sans doute sur la conduite à tenir envers ses persécuteurs, et il ajouta : « Surtout ne t'irrite pas contre ta femme, car tu dois bien penser qu'on ne l'a pas amenée ici pour rien. » Malgré ces paroles assez claires, le mari ne comprit pas ou ne voulut pas comprendre, il protesta de ses bonnes dispositions avec serment : « Sois sûr, ô mon père, dit-il, qu'il n'est pas resté la plus petite haine en mon cœur. » Ces choses continuèrent dans le même état pendant un an : le prêtre, selon notre auteur, accumulait péchés sur péchés dans son âme avec cette femme. Schnoudi, à chaque visite qu'il en recevait, ne lui épargnait pas les avertissements : « N'exerce pas les fonctions sacerdotales, lui disait-il, autrement Dieu ne t'accordera pas de délai. » Cependant à une certaine époque les deux pécheurs voulurent se convertir, mais les liens de l'habitude les reprirent de nouveau. Un jour qu'il y avait grande fête et grande foule au monastère, le prêtre et la femme vinrent assister à la cérémonie pieuse : et toutes les fois qu'ils allaient au monastère, c'était pour eux une occasion d'adultère. Schnoudi en les voyant fut exaspéré : il était suffoqué « par l'odeur de l'adultère. » La fête finie, il prit la femme à part comme elle quittait le couvent : « Combien t'a-t-il payée aujourd'hui, » lui demanda-t-il. La femme nia le péché, et le prêtre qui était survenu s'écria : « Il n'y a entre nous que l'amitié du frère et de la sœur. » Alors, dit le panégyriste, Schnoudi se rappela les terribles jugements que, sur le mont Sinaï, le Seigneur avait ordonnés à Moyse d'exécuter : de son bâton il frappa la terre qui s'entrouvrit et les deux criminels furent engloutis vivants, c'est à dire que de ce bâton miraculeux Schnoudi les assomma. Tous les assistants furent pénétrés d'horreur ;

ce fut à qui s'enfuirait au plus vite. La nouvelle de cette exécution se répandit rapidement dans le pays : soit que le prêtre fût connu et aimé, soit que la famille de la femme fût puissante, pendant que Schnoudi, au milieu de ses moines, se félicitait de cette action et laissait déposer son bâton près de l'autel, comme une relique égale à la verge d'Aaron, les évêques, les prêtres et un grand nombre de personnages du pays environnant ne virent dans ce fait qu'une occasion pour le perdre. Tous ces « hérétiques » avaient été souvent réprimandés par Schnoudi qui voulait leur conversion, « car il aimait toutes les créatures de Dieu ; » ils se rendirent près du duc d'Antinoë et accusèrent le moine d'Athribis d'un double meurtre : « En un seul jour, dirent-ils, Schnoudi a tué un homme et une femme. » Schnoudi affecta d'abord de mépriser cette dénonciation, puis il se montra prêt à subir toutes les conséquences de son acte, car il avait « un vif désir d'être martyr » ; mais quand il reçut du gouverneur d'Antinoë l'ordre d'avoir à comparaître devant son tribunal, il commença de concevoir quelques craintes et ne crut pas inutile de se faire accompagner des plus riches habitants d'Akhmim. Leur témoignage, pensait-il, contrebalancerait la dénonciation, et leur or viendrait à bout de la justice du gouverneur. Mais ce gouverneur était « un homme violent, sévère ; il ne voulut pas se laisser corrompre et élargir Schnoudi. » Les riches habitants d'Akhmim ne virent plus alors qu'un moyen de sauver Schnoudi, ce fut d'affirmer que son action n'était nullement criminelle et qu'il n'y avait là rien qui méritât la mort qu'on réclamait. Ce ne fut pas l'avis du gouverneur : « Combien de fois as-tu dépassé tes droits, dit-il à Schnoudi ? Combien de meurtres as-tu commis ? Qui es-tu donc, pour tuer en un seul jour un homme et une femme ? » — « J'ai fait comme Samuel en priant Dieu ; il tua Agag roi des Amalécites, et cette action lui fut comptée comme une bonne œuvre. Quant à toi, fais de moi ce que tu voudras. » En présence de la justice séculière, Schnoudi n'avait plus recours à de misérables subterfuges, il ne mettait plus le ciel en avant, il avouait ; mais il justifiait son crime par l'exemple de Samuel. Que pouvait-on reprocher à Samuel ? Rien évidemment. Et que dire à un homme qui avait agi comme Samuel ? Ce qui avait été louable en Samuel ne le serait-il pas en Schnoudi ? Le malheureux ne réfléchissait pas que les temps étaient changés et que la barbarie des juifs n'était pas à imiter : son esprit était faussé par la méditation étroite de l'histoire du peuple hébreu. Le gouverneur le lui fit voir en le condamnant à mort. Ses ennemis triomphaient ; « Il est condamné, disaient-ils, que va-t-il faire maintenant ? » Malgré eux, ils redoutaient encore la puissance surnaturelle que l'on prêtait à Schnoudi. Le bourreau leva son épée : il se tint prêt à trancher la tête du moine sur un signe du gouverneur. Que se passa-t-il alors ? Il nous est impossible de le savoir d'une manière précise. Sans doute les moines et les partisans de Schnoudi empêchèrent l'exécution de la sentence. La légende nous apprend seulement qu'au moment où le bourreau tirait son glaive, deux anges descendirent du ciel sur une nuée lumineuse, enlevèrent Schnoudi et dans l'espace d'une heure le transportèrent à sa montagne. Les assistants furent éblouis d'un pareil prodige : « Vraiment s'écrièrent-ils, tes œuvres sont grandes, ô Dieu ! » Les frères de leur côté, en apprenant ce qui s'était passé, furent « stupéfaits des miracles qui avaient eu lieu. »

A l'époque où nous arrive ce récit nous partageons aussi la stupéfaction des moines de Schnoudi ; mais non pour la même raison. Le vice de l'éducation qu'avait reçue Schnoudi nous apparaît ici sous le jour le plus frappant. Son esprit étroit, pour employer une expression vulgaire, n'y allait pas par deux chemins et n'admettait pas deux poids et deux mesures. Ce qu'il voyait loué dans l'Ecriture, il l'imitait, fût-ce même en commettant un crime. Les distinctions subtiles que nous avons imaginées depuis ne s'étaient pas un seul moment présentées à son esprit. Le Dieu qu'il adorait se plaisait encore aux victimes humaines : quoiqu'il les rappelât quelquefois, il oubliait dans sa passion ces simples, mais admirables paroles : Je ne veux pas la mort du pécheur, mais sa conversion et sa vie. Les paroles de Jésus-Christ si pleines de douceur et de mansuétude n'avaient aucun sens pour lui : il ne voyait que les foudres et les éclairs du Sinaï, et, comme il le disait lui-même, de sa montagne d'Athribis il voulait faire un autre Sinaï, dût-il épouvanter ses compatriotes comme Moyse avait terrifié les Juifs. L'étude des livres de l'Ecriture l'avait amené à ce point d'exaltation et de fanatisme : elle nous aurait conduits à une folie semblable, si le bon sens de l'Occident n'avait eu raison du sentiment religieux mal compris.

Ce ne fut pas la seule fois que Schnoudi eut à redouter la justice des gouverneurs grecs ou romains. Nous le retrouverons plus loin dans une situation à peu près semblable, tenant tête aux magistrats, s'entourant d'une foule nombreuse et défiant leur justice. Si nous avions quelque point d'appui chronologique, peut-être pourrions-nous affirmer avec quelque assurance que les *gouverneurs de la Haute Egypte avaient peur du terrible moine*. Ces gouverneurs ne furent pas tous en odeur de sainteté près de Schnoudi, peut-être même quelques-uns furent-ils payens. C'était pour le moine d'Athribis un crime impardonnable. On trouve dans ses œuvres les noms de plusieurs des magistrats de son temps : pendant la longue vie et le long gouvernement du moine d'Athribis, un assez grand nombre de préfets durent se succéder dans les villes d'Alexandrie et d'Antinoë. Les préfets *augustaux* résidaient dans la ville d'Alexandrie, ils avaient le gouvernement général de l'Egypte, la charge de l'administration particulière de la Basse Egypte et quelquefois aussi l'administration spéciale de la Haute Egypte était entre leurs mains ; mais le plus souvent, un gouverneur spécial était donné au Sa'id et résidait dans la ville élevée à la mémoire du favori de Hadrien. Les uns et les autres furent, selon les circonstances, les amis ou les ennemis de Schnoudi ; les premiers l'allaient visiter dans son monastère, les autres le citaient à leur tribunal, comme nous l'avons vu ; tous semblent avoir compté avec lui. Le moine aimait à citer ceux qui avaient été ses amis, Dioscorités, Héraclamon, Théodore, Spoudasios, Elien, le comte André. Leur passage dans la Haute Egypte lui avait laissé des souvenirs bien doux à sa vaniteuse mémoire : il les rappelait avec orgueil, et ne craignait pas de donner les éloges les plus exagérés à ceux qui lui plaisaient, même en leur présence. Le comte Jovien se trouvant un jour au monastère, Schnoudi en prit occasion pour lui faire entendre quels étaient les devoirs d'un gouverneur, tels qu'il les comprenait. Comme il commençait son discours en disant : « Considérez la manière dont Dieu vous a honorés, glorifiés et élevés : vous-mêmes honorez-le, glorifiez-le, exaltez-le tant et plus, en gardant ses justices et ses lois ! » le comte Chosroas qui accompagnait Jovien avec tous ses soldats, s'écria : « C'est le diable qui nous fait obstacle et cause notre chute : il ne nous laisse rien faire de cela et nous retient dans ses œuvres. » Schnoudi lui répondit aussitôt avec force que le diable n'avait rien de commun avec l'homme : que l'homme même, de son propre gré, se faisait le compagnon de Satan en péchant : il est impossible à Satan, dit-il, de faire pécher l'homme, si l'homme n'entre pas tout d'abord en participation avec lui par quelque pensée ou désir mauvais ; de plus le Christ est toujours prêt à secourir son disciple qui lutte. Après avoir longuement développé ses idées sur la liberté humaine, il revint à ses hôtes et dit à toute l'assistance : « La richesse n'a été donnée que pour exercer la miséricorde, la puissance pour la justice, les moines pour prier, la langue pour bénir, les pieds pour fouler le seuil de la maison de Dieu. Je n'ai point oublié ce que m'a dit quelqu'un : « C'est aux moines qu'il convient de jeûner. » Ordinairement, car ce sont eux qui ont l'espérance qu'ils considèrent dans les cieux ; mais sans doute cet homme a parlé en plaisantant, quoique la plaisanterie soit inopportune. Je lui dirai : Un homme avait deux fils ; il tua le veau gras. A l'un, il donna quatre parts ; il n'en donna qu'une seule à l'autre. Auquel des deux convient-il de faire l'œuvre de son père, à celui qui a peu reçu, ou à celui qui a reçu beaucoup ? Ne m'accuse pas, je te dis la vérité ; car tu as parlé en riant, voulant sans doute me faire rire quand il est bon de pleurer, ou désirant me faire plaisanter avec toi ; moi, je te parle avec sagesse : si le moine jeûne, ne jeûne-t-il pas pour toi ? et si tu rends la justice, ne la rends-tu pas pour lui ? chacun ne lutte-t-il pas pour obtenir miséricorde près de Dieu ? Je dirai encore ceci :

comme nous allions commencer le jeûne du saint carême, un frère me demanda : Que dois-je manger en ce temps ? je lui dis : De quoi que l'homme s'abstienne, il recevra sa récompense, et notre gloire est près de Dieu ; mais je t'apprendrai qu'il y a quelque chose qui rend impur à l'excès, si tu n'en manges pas tu seras heureux. Il me répondit : Qu'est-ce donc ? du porc ? — Je lui dis : Non. — Il cita plusieurs autres choses, disant : N'est-ce point cela ? — Je lui dis : Non — Il me dit : Qu'est-ce donc ? — Je lui répondis : C'est le péché, abomination pour le Seigneur. Si tu t'abstiens de faire le mal pendant quarante jours, tu peux te dire : Donc, quoique je n'aie pas terminé ma vie, ni démon, ni esprit impur ne me contraindra à pécher. Vous croirez peut-être que je parle ainsi à cause du gouverneur qui se trouve près de nous aujourd'hui, parce qu'il jeûne chaque jour et surtout pendant le carême. Vraiment cette conduite est glorieuse pour lui ; mais il est encore plus honorable pour lui d'observer la justice, d'être miséricordieux et de juger équitablement, car quand même il a dit : « Je vis de la même nourriture que les moines pendant le carême, » il nourrit encore davantage son âme des justices du Seigneur. Il prend soin de ceci, et encore soin de cela ; il donne à Dieu ce qui est à Dieu ; il donne aux rois ce qui est aux rois, le tout avec sagesse, avec zèle et prudence. On désire le voir chez les pauvres, on l'aime chez les rois pieux. Trois fois on lui a conféré le commandement sans le lui avoir fait payer ; car lui aussi, c'est un homme pur. Quelle violence ou quel mal avons-nous entendu dire qu'il ait fait à son prochain ? Il n'a même pas maltraité ses ennemis. Il lutte pour le service des rois ; il lutte encore plus pour le service de Dieu. Il recevra des honneurs de la part des rois ; qu'il reçoive dès maintenant la bénédiction du Christ. On versait de l'eau sur les pieds d'un gouverneur un jour de jeûne à cause de la grande chaleur, [1] on le priait de manger et de boire, il protesta : « Quand même je devrais en mourir, je ne mangerai rien avant l'heure » ; comme l'a témoigné un de nos frères hégoumènes. Comment ne serait-il pas digne de toute gloire ? comment le Seigneur, le Dieu qui domine toutes choses, ne lui donnerait-il pas la puissance dans ses lois et ses commandements. Ces paroles et d'autres semblables, je les ai dites à Dioscorités, le gouverneur, et à Héraclamon, son scholastique,[2] qui fut gouverneur après lui. Je n'ai rien caché de ce qui était dans mon cœur à Spoudasios, le comte de la reine, et à son frère ; car c'étaient mes amis et des hommes aspirant ardemment vers Dieu, doux, miséricordieux, aimant les hommes, et surtout aimant les pauvres. J'en ai dit plus encore à Elien qui fut gouverneur de la Thébaïde et devint ensuite augustal d'Alexandrie ; mais lorsqu'il entendit mes paroles, il crut que je lui

---

1. Il s'agit ici de la coutume de laver les pieds d'un hôte.
2. C'est-à-dire son secrétaire.

parlais de cet homme ennemi qui habite Akhmim. Je lui répondis ce que je devais répondre et je dissipai ses soupçons. J'ai parlé de même à un nombre considérable de commandants et de gens ayant puissance ; j'ai dit tout cela au comte André. Il n'est donc pas étonnant que je vous aie dit tout ce que je pensais, et que je ne vous aie rien caché de ce qui m'a été révélé afin de vous l'apprendre. Je ne suis qu'un pauvre homme : mais je désire que vous me répariez l'exaction qui m'a été faite. » [1]

Nous ne savons pas de quel tort Schnoudi avait à se plaindre et demandait réparation. Sans doute à cette époque, comme à toutes les périodes de son histoire, depuis qu'elle a été conquise par des étrangers, l'Egypte était regardée par ceux qui en étaient les maîtres comme un trésor où chacun pouvait prendre à pleines mains, sans s'occuper des prohibitions de l'honneur qui n'existait point et de la morale qu'on n'écoutait guère. Schnoudi, dans un de ses discours, fait une peinture lamentable des vexations que les malheureux Egyptiens devaient endurer de la part des gouverneurs grecs et de leurs soldats. Ils avaient, à l'entendre, le cœur plein de fornication, d'adultère, de violence, de rapine, de cupidité, d'avarice ; ils n'aimaient rien tant que ce qui ne leur appartenait pas, ils avaient soif de profits honteux ; leur insolence et leur orgueil étaient sans bornes. Les gouverneurs

---

1. Cf. Zoëga : *Cat. Cod. Cop.*, p. 463-466.

ne cherchaient qu'à susciter des discordes, qu'à pervertir la justice : il était facile de les corrompre, car ils détestaient les pauvres et se montraient pleins de jactance et de pervicacité. Leurs soldats eux-mêmes avaient à se plaindre d'eux, car ils se voyaient privés de leurs vivres et de leur solde, comme de simples ouvriers. « La violence bouillonne, disait Schnoudi, la terre est pleine de maux. Quiconque exerce une magistrature ne désire qu'entasser or sur argent et sur cuivre ; et ce n'est plus un homme que celui qu'ils ont dépouillé, manquant de pain et de toute chose nécessaire. C'est un spectacle lamentable de voir le soldat demander sa distribution de blé ! » Cette conduite des gouverneurs déchaînait naturellement une foule de maux sur les provinces qu'ils administraient : les soldats n'étant pas payés, ne recevant pas leurs rations se chargeaient de se payer eux-mêmes et pillaient tout. Villes, bourgs, maisons écartées, chemins, barques, jardins, champs, aires et chaumières, les monastères eux-mêmes, rien n'était à l'abri du pillage de la soldatesque. Si quelqu'un faisait entendre des réclamations, les soldats tiraient leur épée, le menaçaient de la mort : Schnoudi en avait connu qui avaient été laissés demi-morts, après avoir été dépouillés de tout ce qui leur appartenait. En vérité les barbares n'en faisaient pas davantage.

Ce tableau peu flatteur de l'administration des gouverneurs grecs, Schnoudi, selon son propre témoignage, ne craignit pas de le faire en présence de l'un de ces lieutenants de l'empereur de Constantinople. Il ne paraît pas que ses véhémentes paroles aient exercé beaucoup d'influence sur ses auditeurs : ses moines pouvaient lui trouver beaucoup de sainte audace, mais les principaux intéressés ne lui prêtaient qu'une oreille distraite, riaient de ses paroles, lui posaient des questions saugrenues ou même lui disaient de prêcher tout le premier d'exemple. Il avait beau s'écrier : « Ce que je vous dis de ne pas faire, le fais-je moi ? » on ne le prenait pas au sérieux. Pendant qu'il faisait la précédente peinture des mœurs administratives de son époque, un comte, sans doute le gouverneur en personne, l'interrompit méchamment et lui dit : « Quel est le plus long du ciel ou de la terre ? » Schnoudi, furieux de se voir interrompu de la sorte, répondit aussitôt avec colère : « Tu as sans nul doute un cheval qui l'emporte sur beaucoup : monte-le, dirige-le, va, viens et vois s'il t'interroge sur ce qu'il ne faut pas, afin que nous lui répondions ce qu'il faut. Ce qu'il faut, c'est que ceux qui doivent en prendre souci jugent équitablement celui que l'on tourmente, qu'ils distribuent leurs vivres aux soldats et fassent tout ce qui est du devoir des magistrats. » Quelques uns de la suite du comte lui dirent aussi : « Mais, jamais on ne nous a dit ce que tu nous dis ! » — « Si je disais au berger de labourer la terre, répliqua Schnoudi, au laboureur de garder les brebis, au charpentier de forger le fer, au forgeron de travailler le bois, au pêcheur de faire autre chose que pêcher, quel profit en retirerais-je ? De même si je disais au soldat de faire l'office du moine et au moine de remplir l'office du soldat. Je dis ce qui te regarde, ajouta-t-il en se retournant vers le gouverneur, et ce qui regarde ceux qui sont avec toi. »

Si Schnoudi n'avait jamais outrepassé ses droits ou commis quelque action justiciable de la justice séculière, il est probable que ses paroles eussent fait une plus forte impression sur ceux qu'il aurait voulu voir pratiquer la justice. A ses yeux les actions qu'on regardait comme criminelles étaient des actes de vertu héroïque, parce qu'il agissait pour Dieu seul : les puissants du siècle n'avaient au contraire en vue que leur propre bien. Les gouverneurs grecs n'étaient pas aussi subtils ; ils se disaient avec raison que tuer un homme sous prétexte de venger Dieu qui ne confie sa vengeance à personne, ou le tuer pour se venger personnellement, était un crime égal : ils ne voyaient aucune différence entre dépouiller les gens de leurs biens pour enrichir un monastère dont on est le chef, et les piller pour s'enrichir soi-même : la contrainte morale leur apparaissait sœur de la contrainte physique. Aussi si le gouverneur était cupide, il ne s'embarrassait guère des remontrances de Schnoudi ; s'il était intègre, il traduisait le moine à la barre de son tribunal ; nous en verrons un nouvel exemple. Si au contraire le gouverneur était habile, il se faisait un ami de Schnoudi ; soit par pure diplomatie, soit par une sorte de respect superstitieux dont l'histoire de ces siècles nous offre tant de traits, il le visitait et lui demandait humblement sa bénédiction. On racontait tant de merveilles surprenantes de ce moine terrible que les esprits les plus indépendants de cette époque, et il n'y en avait guère, conservaient toujours une sorte de terreur instinctive des prestiges que de tout temps on avait prêtés aux habitants du pays d'Egypte. Lorsque le duc Héraclius voulut aller combattre les Blemmyes, après l'une de ces invasions dont nous avons raconté les malheurs, il ne voulut pas courir les hasards d'une semblable expédition sans se munir de la bénédiction de son vénérable père Schnoudi. Lorsqu'il fut arrivé à la hauteur d'Akhmim, il laissa son armée et se rendit à la montagne d'Athribis avec une nombreuse escorte. Schnoudi ne s'y trouvait pas : préoccupé de la crue du Nil, craignant que Satan n'empêchât le fleuve d'inonder les terres, il était allé dans sa caverne du désert supplier Dieu de laisser encore une fois les eaux bienfaisantes couvrir la terre noire d'Egypte. En laissant le monastère sous la conduite de Visa, il avait donné l'ordre exprès qu'on ne le dérangeât de toute la semaine, sous quelque prétexte que ce fût. Tous les moines le savaient, et voilà que le plus haut personnage de l'Egypte arrivait inopinément. Leur embarras fut grand : d'un côté, l'émir et ses soldats qu'ils redoutaient ; de l'autre leur père Schnoudi dont ils connaissaient les emportements et les colères. Néanmoins à l'arrivée du magistrat, ils s'empressèrent tous autour de lui, curieux de voir ce qui allait se passer. Le duc Héraclius adressa d'abord la parole à Visa, le représentant de Schnoudi : « Où est ton père, » lui demanda-t-il. — « Il s'est retiré dans les profondeurs du désert, » répondit Visa. — « Va me le chercher, » repartit le gouverneur. Tous les moines s'écrièrent alors : « Nous ne devons pas nous rendre près de lui pendant cette semaine entière. » Le gouverneur fut d'abord furieux de cette réponse et de la résistance des moines ; puis en homme avisé, qui sait comment il doit s'y prendre : « Très bien, dit-il, je ne partirai pas d'ici, ni personne de ceux qui m'accompagnent, avant qu'il ne soit venu et ne m'ait béni. » — « Que la volonté de Dieu soit faite, » répondirent les frères. Et le gouverneur s'installa dans le monastère avec toute sa suite, « il passa trois jours à se reposer dans la bénédiction du couvent. » Au bout de ces trois jours, les frères, suivant leur expression, furent à mal, et lorsque le duc insista de nouveau, ils se résolurent d'aller chercher Schnoudi, préférant braver sa colère plutôt que de ruiner complètement leur monastère. Dès qu'ils furent arrivés à la caverne où Schnoudi croyait préparer l'inondation du Nil, ils frappèrent à la porte et attendirent longtemps qu'il plût à leur saint père de sortir. Il apparut enfin, le visage rouge de colère: « Ne vous avais-je pas dit, s'écria-t-il, de ne pas m'envoyer chercher et de ne pas me déranger de toute la semaine ? » Les frères s'humilièrent, ils firent « les modestes » : « Pardonne-nous, dirent-ils, ô père saint en qui l'on peut avoir toute confiance : c'est le gouverneur qui est venu chez nous et nous a forcés de te venir chercher. » Au nom du gouverneur, la colère de Schnoudi disparut : il savait qu'Héraclius était son ami et il était flatté qu'un aussi haut personnage se fût un moment écarté de sa route pour le visiter : « D'ailleurs, dit-il d'une voix caressante, Dieu a eu pitié de nous, et nous a promis l'arrivée du Nil pour cette année encore : il y aura abondance. » Ces paroles rendirent courage aux frères, ils revinrent en toute hâte au monastère et, à la vue de Schnoudi, le gouverneur fut rempli de joie. « Nous allons combattre les barbares, lui dit-il ; ta miséricorde doit nous secourir. Veux-tu que nous les combattions ? » — « Oui, répondit Schnoudi. » — « Donne-moi donc, reprit le duc, la ceinture que tu portes et je m'en ceindrai pour les vaincre. » Schnoudi condescendit à un aussi saint désir, et le duc partit emportant ce palladium d'un nouveau genre. L'expédition fut heureuse et les Blemmyes vaincus. Les moines ne laissèrent point passer une aussi belle occasion d'orner l'histoire. Quand Héraclius, selon leur récit, eut atteint les Blemmyes, il oublia de ceindre la ceinture de Schnoudi : dans les deux premières rencontres, il fut battu et les barbares lui tuèrent « des multitudes » de ses soldats. Mais enfin « son bon sens lui revint », il vit la cause de sa défaite : « Ne suis-je donc pas fou ? se dit-il ; voilà que j'ai oublié de me munir de la ceinture du vieillard, le prophète apa Schnoudi ! » Aussitôt il la ceignit et marcha droit aux ennemis : il en fit un carnage épouvantable, et, au milieu de la mêlée, levant par hasard les yeux au ciel, il vit son protecteur Schnoudi, assis sur sa nuée lumineuse, tenant à la main une épée flamboyante et massacrant les barbares. Ce spectacle réjouit le cœur du duc : Schnoudi mit le comble à sa bénédiction en lui facilitant l'accès de la nuée lumineuse et en le faisant asseoir près de lui ; « et voilà pourquoi, dit le naïf panégyriste, il frappa les barbares d'un grand désastre. » Un si grand bienfait devait être récompensé : une bonne partie du butin fait sur les Blemmyes alla au monastère de Schnoudi.

Ces expéditions devaient se renouveler fréquemment : la paix n'a jamais été stable sur les frontières de l'Egypte, même au temps de la plus grande puissance des Pharaons. Dans une autre circonstance, soit avant, soit après l'expédition du duc Héraclius, car il nous est impossible de le savoir, un autre gouverneur dut monter au sud pour atteindre ces éternels pillards toujours prêts à envahir l'Egypte, dès que les armées égyptiennes, grecques ou romaines, avaient le dos tourné. S'il faut ajouter quelque foi à la place qu'occupe cet épisode dans le panégyrique de Schnoudi, cette expédition aurait eu lieu après celle d'Héraclius. Lorsque le général fut arrivé aux environs d'Akhmim, en face du monastère d'Athribis, moins poli que son prédécesseur, il se contenta de faire dire à Schnoudi de venir le trouver pour le bénir. Schnoudi fut peut-être choqué de cette invitation peu courtoise, mais il obéit. La *dahabieh* du général était gardée par deux lions, féroces selon Visa, mais sans doute apprivoisés, comme c'était la coutume en Egypte dès la dix-huitième dynastie.[1] Lorsque Schnoudi descendit dans la *dahabieh*, les deux lions inclinèrent la tête, comme pour demander la bénédiction du saint homme, qui s'empressa de la leur donner. « Tu es vraiment le saint de Dieu, s'écria alors le général ! bénis-nous de tout ton cœur, car nous partons pour combattre les barbares. » — « Allez en paix, répondit Schnoudi, le succès soit avec vous : vous vaincrez vos ennemis. » L'évènement justifia la prédiction, si la prédiction ne fut pas mise après coup dans la bouche du prophète.

Il ne surprendra personne si, après de si grands services rendus aux armées impériales par le moine d'Athribis, son nom soit parvenu aux oreilles de l'empereur Théodose le Jeune. « Il y a dans la Haute Egypte, avait-on dit à l'empereur, un homme nommé Schnoudi, dont toutes les paroles s'accomplissent ponctuellement. « L'empereur Théodose ne fit pas une longue enquête ; aussitôt

---

[1]. Dans l'un des tombeaux de Scheikh-abd-el-Gournah, le roi Thouthmès III fait présent d'un lion apprivoisé à l'un de ses grands officiers nommé Amen-em-heb. La traduction donnée jusqu'ici de ce passage est inexacte.

il donna l'ordre d'envoyer au célèbre moine la lettre suivante : « Moi, Théodose le Jeune à qui Dieu a donné la royauté sans mérite de sa part, j'écris au père pur apa Schnoudi, homme de Dieu en vérité. Je t'adore, ô mon père saint, et je te supplie de faire hâte : viens vers nous afin que nous profitions de ta bénédiction sainte, moi et tous ceux de ma ville impériale, car le royaume et le sénat désirent ta présence près de nous. N'apporte donc pas de négligence, ô notre père saint, viens à nous ; car nous avons soif de tes enseignements saints, après tout ce que nous ont raconté ceux qui sont venus vers nous des grâces merveilleuses que Dieu t'a accordées. Fais mention de nous dans tes prières saintes. Paix à toi au nom de la Ste Trinité. » Cette lettre bien et dûment scellée fut remise à un vérédaire nommé Eudoxe : il emportait une seconde lettre pour le duc d'Antinoë, c'est-à-dire le gouverneur de la Haute Egypte, chargé de lui faciliter sa mission. Le vérédaire fit diligence. A peine arrivé à Antinoë, il prit le duc avec lui, monta plus haut encore dans le Sa'id et parvint au monastère. En voyant le grand moine, il se prosterna devant lui et lui remit la lettre de l'empereur. Schnoudi la prit et la lut ; mais, arrivé à l'endroit où le roi le pressait de se rendre sans retard à Constantinople, une grande tristesse envahit son cœur : « Quelle chose peut bien me vouloir l'empereur, dit-il au vérédaire ; je ne suis qu'un pauvre moine, bien humble, retiré au fond du désert, occupé à prier

Dieu de lui pardonner ses péchés et à le supplier pour ceux qui partagent ma demeure. » Le vérédaire le rassura : l'empereur ne désirait qu'une chose recevoir sa bénédiction: « Tu ne souffriras rien, ajouta-t-il ; au contraire, si tu te rends près du roi, tu auras gain et profit. » — « Ne peux-tu m'en dispenser, dit Schnoudi ? tu m'excuseras près de l'empereur, car, tu vois, je suis un homme bien vieux pour entreprendre un si long voyage. » — « Je ne peux pas désobéir à l'empereur, mon maître, » répondit le chambellan. Alors Schnoudi se tournant du côté de Visa : « Occupe-toi des hôtes qui nous sont venus, lui dit-il ; traite-les bien, fais-les reposer, et le Seigneur fera ce qui lui semblera bon. » Le vérédaire et sa suite se reposèrent pendant deux jours. Au bout des deux jours, le vérédaire dit à Schnoudi : « Allons, mon père, levons-nous, partons ; sinon, il nous arrivera quelque malheur, et tu ne veux pas me faire encourir la disgrâce du roi. » — « Ne peux-tu me céder, mon fils ? répondit Schnoudi ; ne peux-tu partir seul et dire au roi : l'homme est devenu bien vieux, il n'a pu venir avec moi ? » Mais le vérédaire qui, en prévision de cette résistance, avait reçu des ordres précis, lui répondit. « Si tu ne viens pas de bon gré, voici des soldats qui t'emméneront malgré toi. » — « Eh bien donc, répondit Schnoudi que la volonté de Dieu soit faite : accorde-moi encore un jour ; reposez-vous jusqu'au matin, et, s'il le faut, je partirai. » Le duc et le vérédaire reçurent sa bénédiction et se retirèrent contents. « Et lorsque le soir fut venu, dit Visa, mon père entra près de l'autel et pria en ces termes : « C'est toi, mon Seigneur, qui m'as fait sortir du ventre de ma mère ; écoute, ô Maître, mes supplications car j'aurai éternellement besoin de ta pitié et de ta miséricorde. C'est toi en effet, Seigneur, qui pour toujours me délivreras des combats et y substitueras la paix. Donne-moi ta bénédiction et rends mon chemin facile. » Ces paroles étaient encore dans sa bouche, que la parole de l'Ecriture : « Si tu me pries, je dirai : Me voici, » se vérifia ; aussitôt deux anges parurent, venant du ciel sur une nuée lumineuse, et lui dirent : « Paix à toi, ô le bien aimé, tu iras vers le roi[1] avec gloire et respect ; tranquillise ton cœur, il t'écrira respectueusement une lettre, car tu es le prophète selon l'ordre de Jésus le Messie. » Et ainsi ils l'enlevèrent et arrivèrent jusqu'au roi dans l'espace de trois heures. Le roi dormait dans son lit ; il se réveilla et se leva avec effroi en voyant l'homme environné de lumière ; de peur il se jeta à terre en disant : « Qui es-tu au milieu de cette gloire, ô mon Seigneur ? » — Et notre père apa Schnoudi lui dit : « Je suis le moine que tu as envoyé chercher. Relève-toi par l'ordre de Jésus le Messie : n'aie pas peur. Que le salut de mon Seigneur Jésus le Christ soit sur tes jours,

---

1. Les Coptes ont toujours désigné les pharaons, les empereurs, les sultans, les gouverneurs généraux de l'Egypte sous la domination musulmane par le même mot que je traduis par *roi*.

ô fils des rois orthodoxes. » Et le roi dit au saint :
« Comment es-tu venu ici, et combien de temps
as-tu passé en chemin ? » — Mon père lui répondit : « Le Messie, fils de Dieu, et ses anges
m'ont conduit vers toi pour satisfaire à tes paroles,
ô roi qui aimes Dieu, car j'ai fait la prière du soir
avec les frères avant de venir ici. » Et le roi dit :
« Où as-tu laissé le vérédaire et ceux qui l'accompagnent, quand tu es venu ici. » Et le saint dit :
« Ils dorment dans le monastère. » Et le roi s'écria :
« En vérité, avant ce jour j'avais entendu parler
de tes miracles et je remercie mon Seigneur
Jésus le Messie qui m'a rendu digne de
te voir, ô homme de lumière. Je prie ta
sainteté de me bénir de tout ton cœur, car je ne
t'ai envoyé chercher que pour obtenir ta bénédiction, pour te faire bénir les habitants du palais et
de la ville royale tout entière, afin que les barbares ne nous causent aucun mal et ne préoccupent
pas nos esprits. » Et mon père leva sa main droite,
il bénit le roi avec joie en disant : « Je prie le
Seigneur le Messie, fils du Dieu vivant, de te bénir,
ô beau jeune homme, de t'affermir sur ton trône
comme il l'a fait pour les autres rois pieux,
Arcadius, Honorius et ceux qui leur ont ressemblé ; qu'il te fasse subjuguer tes ennemis et les
rende misérables devant ta Seigneurie. Qu'il te
garde et t'affermisse dans la foi droite de nos pères,
les Apôtres envoyés du Christ, qu'il te rende digne
de la parole d'Emmanuel, qu'il te remplisse de
joie et de contentement en te disant : Courage,

courage, ô serviteur honnête et fidèle dans les petites choses, entre dans la joie de ton Seigneur. » Puis, par trois fois, il signa le roi du signe de la croix. Il y avait dans le corps du roi un mal qui fut aussitôt guéri. Alors il dit au roi : « Sois bon pour moi, écris moi un ordre pour le chambellan afin qu'il ne me tourmente plus, et que le Dieu de tes pères te console et te soulage, ô roi. » — Et le roi lui dit : « Reste près de moi, afin que je me réjouisse de ta vue et de tes douces paroles, préférables aux pierres précieuses. » — Et le véridique lui dit : « Ne retarde pas ceux qui m'ont amené vers toi : ils sont sous un autre ordre que le mien. » — Et le roi eut peur et dit : » Tout ce que tu m'ordonneras, je le ferai avec joie »; et à l'instant il écrivit une lettre en ces termes : « Moi, Théodose le roi, j'écris à Eudoxe le chambellan de ma propre main. Je te salue. Dorénavant et au moment où cette lettre te sera remise par mon Seigneur le père, le véridique, le héros, le vainqueur, le père, le prêtre, le moine, le prophète, votre père l'archimandrite de la terre entière, apa Schnoudi, hâte ta marche vers nous et ne lui impose pas de revenir à nous une autre fois. Il est en effet venu cette nuit avec une grande et indescriptible gloire, il s'est arrêté près de moi pendant que je dormais sur mon lit : que sa bénédiction sainte nous comble et nous guide. » Ensuite il écrivit des mots de passe et secrets, entre lui et le chambellan, il scella la lettre du sceau qu'il portait à son doigt, la lui donna, lui fit présent d'un habit magnifique et le congédia en paix. Il était resté trois heures près du roi. Les deux anges l'enlevèrent alors sur le nuage de lumière, et le ramenèrent à son couvent en trois heures : il fit la prière avec les frères cette même nuit et personne ne sut ce qui était arrivé. » Dès que le matin parut, les envoyés impériaux sommèrent Schnoudi de tenir sa promesse : « Partons, dirent-ils, il y a assez longtemps que nous sommes ici. » Schnoudi, jouissant de son triomphe, prit plaisir à les exciter : « Vois, mon fils, dit-il au vérédaire, j'espère que tu voudras bien dire au roi que je suis un homme trop vieux pour être capable de voyager : ne crains pas, cela ne te causera aucun mal et tu n'y perdras rien. » — « Si tu ne marches pas de bon gré, s'écria Eudoxe, je t'emmènerai de vive force. » Le moment psychologique était arrivé : Schnoudi tira la lettre de dessous son habit et la présenta au vérédaire. Celui-ci, reconnaissant le sceau du roi, tomba de respect à terre ; Schnoudi le signa : « Prends courage, dit-il, et lis l'ordre du roi. » Le vérédaire se mit alors en devoir de lire la lettre impériale : à mesure qu'il avançait dans sa lecture, l'étonnement se peignait sur son visage. Il n'aurait sans doute vu dans cette lettre qu'une ruse du moine, mais les mots de passe ne laissaient place à aucun doute. Par un revirement soudain, loin de vouloir emmener Schnoudi, il confessa qu'il ne quitterait plus le monastère béni où la terre était trop heureuse d'être foulée par un si saint personnage ; mais Schnoudi lui fit doucement comprendre que les services d'un vérédaire aussi distingué étaient trop précieux à l'empereur pour l'en priver. Eudoxe pouvait d'ailleurs se retirer en paix, les prières de Schnoudi l'accompagneraient et le préserveraient de toutes les atteintes de l'esprit malin. La lettre miraculeuse devait lui servir de bouclier. Les deux lettres que contient cet étrange récit sont sans doute tout aussi apocryphes que le récit est inadmissible ; mais il est probable qu'un fait réel se cache sous cette fantasmagorie pieuse. Les œuvres de Schnoudi contiennent une lettre qu'il adressa lui-même à l'empereur, peut être en réponse à une invitation semblable à celle de Théodose le Jeune. Cette lettre est malheureusement fruste : les passages qui en ont été conservés sont assez importants pour être cités ici. Il y parlait de quelqu'un qui osait résister à la foi de Nicée et des trois cent dix huit évêques, puis il ajoutait : « Puisque votre puissance veut bien se souvenir de mon peu de valeur dans une chose qui regarde la foi, ô Seigneur mon roi, quel est le chien mort qui voudrait s'interposer dans une affaire de cette sorte ? D'après la philosophie profane, le chien a coutume de montrer sa domesticité à l'homme doux, en agitant la partie postérieure de son corps, en remuant la queue, en laissant tomber ses oreilles de son cou, comme le dit l'enseignement platonicien. Mais lorsque le chien voit quelqu'un s'avancer pour le battre, levant le bâton ou prêt à lancer une pierre, tu vois sa domesticité de tout à l'heure se changer aussitôt en férocité, en inimitié contre son ennemi ; tu le vois retirer ses lèvres, montrer ses dents, en un mot tu vois tout son corps menacer celui qui a levé pierre ou bâton, il n'a qu'un désir, déchirer les membres de l'homme qui lutte contre lui. Puis donc que je me compare à un chien, si je vais vers votre seigneurie et puissance pour contempler la joie qu'inspire votre gloire, à tout le monde et à moi aussi, à moi le plus petit de tous, je crains de me mettre en marche de peur de ceux qui en chemin me jetteraient des pierres, ou qui mettraient sur mon passage quelque obstacle qui me ferait butter en allant vers vous. C'est pourquoi écrivez-moi de nouveau une autre de vos lettres pieuses avec un sauf conduit, pour me garder de ceux qui me combattraient en chemin, c'est à dire des hérétiques impies.[1] »

Que cette lettre se rapporte ou non à l'invitation de Théodose, il est certain que Schnoudi fut mandé à la cour de Constantinople et il est non moins certain qu'il s'y rendit plusieurs fois. Si la vieillesse l'empêcha d'accéder au désir de Théodose le Jeune et si son disciple Visa entoura son refus des circonstances merveilleuses que nous avons vues, Schnoudi à une autre époque de sa vie où son corps avait conservé toute sa vigueur fit plusieurs voyages à la ville impériale pour venir en aide aux opprimés et sans doute se

---

1. Zoëga : *Cat. Cod. Cop.* p. 363-364.

plaindre des gouverneurs. Le panégyriste n'a pas manqué d'ajouter quelques teintes merveilleuses au récit de ces voyages. Une fois qu'il se trouvait au palais impérial, un des principaux personnages du palais et de l'empire s'approcha pour lui baiser la main. Schnoudi la retira vivement. Ce geste scandalisa tous ceux qui en avaient été témoins : « Ne sais-tu pas, lui dit l'empereur, que c'est un grand sénateur ? fais-moi l'amitié de le bénir. » — « Veux-tu donc, repartit Schnoudi qui connaissait sans doute le personnage, que je donne ma main à un homme qui souille le temple de Dieu par les abominations qu'il y fait. » Et l'empereur, n'osant rien dire, se contenta de louer Dieu et de sourire sans doute de la déconvenue du sénateur.

Ces apparitions dans la ville impériale étaient d'ailleurs pour Schnoudi une occasion de satisfaire sa vanité que Visa n'a pris nul soin de nous cacher. A l'entendre, dès que l'arrivée de Schnoudi se répandait dans la ville de Constantinople, la ville entière se précipitait au devant de lui : c'était à qui se présenterait à lui pour se faire bénir, l'inviterait à loger dans sa propre maison. Pour lui, il se laissait tranquillement dériver au cours de sa popularité, en savourant les douceurs, heureux de voir que son mérite et sa sainteté étaient universellement reconnus. Les moines seuls l'inquiétaient. Peu soucieux de son corps, il continuait à Constantinople le même genre de vie que dans son monastère : au plus fort de la chaleur pendant les mois d'été, il parcourait les rues de la ville pour se rendre aux invitations qu'il recevait : ses moines le suivaient en murmurant, trouvant que la chaleur était plus intolérable à Constantinople qu'en Egypte, disant tout haut que leur père les ferait mourir de faim et de soif, car il laissait passer l'heure du repas sans y prendre garde et leur faisait faire de longues courses. Ils étaient sur le point de se révolter et de faire revivre à Constantinople les scènes du couvent d'Athribis. Schnoudi s'en aperçut. Un jour que l'heure du repas était passée depuis longtemps et qu'un haut personnage ayant rencontré Schnoudi dans la rue s'était attardé à lui parler, les murmures furent plus forts que jamais. « Veut-il donc nous faire mourir de faim, » disaient les frères. Ces paroles rappelèrent Schnoudi à la réalité, il quitta le grand personnage et conduisit les frères dans une certaine rue. En parcourant cette rue, il entra tout à coup dans une maison dont la porte était ouverte, il fit entrer les frères et leur montra une table toute servie, avec deux beaux jeunes hommes tenant des aiguières à la main, tout prêts à obéir au moindre de leurs désirs. « Mangez, » leur dit Schnoudi. Les frères, muets d'étonnement, satisfirent leur faim sans se permettre la moindre réflexion : ce coup d'éclat de Schnoudi les avait domptés, ils avaient retrouvé leur père. A peine sortis, ils questionnèrent le thaumaturge : qui pouvait avoir préparé un aussi beau festin, lui demandèrent-ils ; à peine si dans leur couvent ils auraient trouvé toute chose si bien préparée, et en ordre ; et ces beaux jeunes gens qui les servaient, qui leur donnaient à boire et buvaient eux-mêmes respectueusement ce que les frères avaient laissé au fond de la coupe, qui étaient-ils ? Schnoudi aurait sans doute pu répondre à ces questions : il se contenta de leur dire que Celui qui avait envoyé Habacuc porter son dîner à Daniel dans la fosse aux lions était Celui-là même qui leur avait préparé un festin d'une aussi belle ordonnance, et avait envoyé deux de ses anges pour les servir. Que pouvaient répondre les frères à cela ? Ils étaient trop heureux. L'empereur lui-même eut le spectacle privilégié d'un des plus grands prodiges de Schnoudi. Il lui envoya un jour une table toute servie, couverte de pains et d'un énorme poisson, d'une baleine dit, Visa.[1] Schnoudi fit le signe de la croix sur le poisson, et le monstre reprit soudain la vie. La table fut renvoyée à l'empereur avec ces paroles : « Nous n'avons pas l'habitude de manger ce qui a vie. » L'empereur fut fort surpris ; mais il reçut un second message de Schnoudi qui lui disait : « Mets un pain sur le poisson, il redeviendra mort et nous en mangerons. » Il fut fait ainsi, et l'empereur rempli d'étonnement fit vite venir le grand thaumaturge pour lui dire : « En vérité, tu es le saint de Dieu parmi les hommes. » Schnoudi apprit

---

1. Ce mot baleine doit être entendu dans un sens générique. Je l'ai écrit parce que le texte arabe donne le mot qui est employé pour désigner le poisson qui dévora Jonas. Il s'agit évidemment d'un fort beau poisson ; mais de rien de plus.

à l'empereur de quelle nourriture usaient les moines, et l'empereur la leur fit servir exactement. Et quand le moine quitta la cour, le successeur des Césars lui fit un présent considérable à la condition que, chaque mercredi et chaque vendredi, la prière du soir serait faite par les frères à l'intention de la famille impériale.

Ces traits offrent sans doute quelque chose d'un peu trop charlatanesque, il est facile d'y voir le procédé de Schnoudi ; mais ils étaient appropriés à son temps et à ses moines, il n'en fallait pas davantage pour arriver au but poursuivi. Ces voyages et les honneurs dont on le comblait durent faire plus pour la réputation et la vénération du moine que ses prétendus prodiges et ses fausses vertus. Quand il était de retour à son monastère, il pouvait tout se permettre : il était presque assuré de l'impunité. Les magistrats en firent l'expérience : il faut avouer d'ailleurs que leur mauvaise administration et leurs crimes donnaient beau jeu à Schnoudi. L'un deux, nommé Indious,[1] avait jeté les yeux sur la fille d'un pauvre homme : il l'enleva et en fit sa maîtresse. Afin de jouir de son crime en toute liberté, il exila le père de la malheureuse. Le pauvre homme courut à Schnoudi et lui conta son malheur. Schnoudi écrivit sur le champ une

---

1. Ce nom me semble d'assez mauvaise mine : malheureusement ce trait ne se trouve que dans le texte arabe où les noms propres sont parfois corrompus.

lettre à Indious, lui disant : « Mets en liberté la fille de cet homme et ne commets pas de faute contre elle : il ne t'est pas permis de forniquer avec la fille de cet homme. » Mais le ravisseur ne tint aucun compte de la lettre qu'on lui remit. A cette nouvelle, Schnoudi s'écria : « Cette nuit même le Seigneur jugera ce malheureux, car il est écrit : Confie-moi la vengeance, la décision est dans ma main et c'est moi qui rétribue, dit le Seigneur. » Et voilà que la nuit suivante, Indious fut pris de douleurs intolérables dans les oreilles, il ne pouvait ni dormir ni rester assis,[1] il voulut même se jeter dans le fleuve. Le matin venu, ses serviteurs le prirent et le conduisirent au monastère de Schnoudi. Le terrible moine lui fit fermer la porte, en disant : « Les ignorants et les grossiers périront tous. Laissez-le afin qu'il se corrige et ne soit plus injuste dorénavant. » Mais les frères en voyant les souffrances horribles du malheureux magistrat se sentirent émus, ils supplièrent leur père de permettre l'entrée ; il la permit enfin. Indious s'avança et lui baisa la main : « Aie pitié de moi, dit-il, je ferai tout ce que tu m'ordonneras. Quand à la femme

---

1. Le texte ajoute : pendant plusieurs jours ; ce qui n'empêche pas le narrateur de dire : Quand le matin parut : C'est un nouvel exemple de la manière de raconter propre aux Coptes et aux anciens Egyptiens pour lesquels de pareilles indications ne signifiaient qu'un laps de temps tout à fait vague et indéterminé.

pour laquelle tu m'as écrit, il ne lui arrivera aucun mal. » Schnoudi était fléchi, il prononça une courte prière et fit le signe de la croix sur le malade : aussitôt des vers sortirent des oreilles du magistrat, il était guéri. « Maintenant que tu es guéri, lui recommanda Schnoudi, ne recommence plus si tu ne veux qu'il ne t'arrive pire. » Espérons que la leçon servit.

Malgré tant d'honneur, de réputation et de prodiges mis à son compte, malgré le titre de prophète dont on se servait habituellement pour le désigner, Schnoudi ne voyait pas son autorité reconnue sans conteste. Les païens de la ville d'Akhmim devaient lui résister jusqu'à la fin, et les moines mêmes des communautés voisines lui jalousaient sa célébrité. Soit esprit de corps, soit que l'éloignement les servît mieux pour percer à jour les stratagèmes de Schnoudi dont ils n'avaient point à redouter les colères, ils se refusaient à reconnaitre la vertu du supérieur d'Athribis. Un jour que apa Martyrios, le chef d'une communauté rangée sous la règle de Pakhôme, avait quitté son monastère de Faou pour se rendre vers le Nord, il dit aux frères qui l'entouraient à son arrivé à Akhmim : « Allons baiser les mains du prophète avant de descendre davantage. » — « Quel prophète ? » demanda impertinemment un jeune moine, nommé Jean, secrétaire de Martyrios. — « Apa Schnoudi, » répondit Martyrios. — « En vérité, c'est un beau prophète, répliqua le secrétaire, il ne sait seulement pas ce qu'il a mangé la veille. » Malgré ces observations malséantes, Martyrios se dirigea vers le monastère de Schnoudi : dès qu'on l'en eut aperçu, on sortit à sa rencontre au chant des hymmes, on le conduisit processionnellement à l'église où l'on fit la prière de la bienvenue. Quand on fut sorti de l'église, les moines des deux ordres s'assirent ensemble pour parler des diverses règles monacales et de la vie merveilleuse des moines. Tout à coup Schnoudi, qui venait sans doute d'apprendre les irrévérences de Jean le secrétaire, l'appela en disant : « Où est le frère Jean ? » Les frères se regardèrent, ils ne connaissaient point de frère Jean dans le monastère. « Je veux dire Jean le secrétaire d'apa Martyrios » s'expliqua Schnoudi. Le secrétaire s'avança, ne sachant trop ce qu'on lui voulait. Alors, avec une humilité que l'on ne saurait assez apprécier, Schnoudi lui dit : « Tu as raison, je ne sais pas ce que j'ai mangé hier ; et cependant ce corps si rude parle et s'assied avec les Apôtres, avec le Fils de Dieu, il jugera l'humanité au jour du jugement et dans ce monde. » Le pauvre Jean fut tout honteux. Que pouvait-il faire ? Chanter la palinodie ? C'est ce qu'il fit. « Je sais aujourd'hui que tu portes une âme sainte, dit-il à Schnoudi ; je te prie, mon père, de me pardonner par amitié et miséricorde pour moi. » Schnoudi ne lui tint sans doute pas rigueur ; mais les moines, qui ne craignaient pas de se révolter contre leur père, durent sans doute en eux mêmes trouver frère Jean heureux de ne pas appartenir à leur communauté, car il aurait bien pu apprendre à ses dépens quel grand crime c'était que de suspecter la moindre des vertus de leur père bien-aimé.

V

Ce serait vouloir fort mal connaître Schnoudi que de borner nos investigations curieuses aux légendes plus ou moins merveilleuses dont on entoura sa mémoire. Le bon et simple Visa, en composant le panégyrique parvenu jusqu'à nous, fut plus soucieux de la bonne renommée de son père que de la vérité : il fut trop bon fils. Si jamais y eut un homme taillé à vives arêtes, ce fut Schnoudi : Visa le savait si bien qu'il a pris soin d'abattre toutes les arêtes. Les côtés les plus saillants du caractère de notre héros sont, à dessein, présentés sous un angle qui ne nous permet pas d'en voir les saillies trop vives, et les actions les moins pardonnables nous sont données comme des actes de vertu. Sans doute Visa ne se dissimulait pas que cette vertu avait été parfois intempestive, et le zèle de Schnoudi trop dévorant ; mais sa piété filiale en même temps que les idées dont il était nourri lui firent trouver bon de jeter un voile mystérieux sur les évènements qu'il n'était pas convenable de mettre en lumière. Encore plus que Visa, le traducteur et abbréviateur memphitique ne nous a laissé qu'un extrait édifiant de cette vie peu édifiante en général. Toutes les violences de Schnoudi sont passées sous silence. Il est très facile de comprendre que cet auteur ait agi de la sorte, dès qu'on a saisi le but qu'il cherchait à atteindre. Les moines de Scété n'avaient nul besoin de connaître les violences, les rages, les incendies et les meurtres de Schnoudi : si grande qu'eût été leur bonne volonté, ils n'auraient pu admirer, ni surtout imiter de pareils actes. Dès lors il était inutile de les leur apprendre. La rivalité qui exista entre les moines de la stricte observance, de l'observance mitigée et les cénobites, était une autre raison de ne traduire que ce que tous pouvaient louer : s'il en eût été autrement, quelque esprit indiscret eût sûrement trouvé dans la vie de Schnoudi la preuve que son genre de vie ne valait rien. Pour ces deux raisons, le moine qui traduisit l'œuvre de Visa jugea une traduction intégrale chose peu nécessaire et même nuisible. Si nous ne possédions que son abrégé comme source de nos informations, Schnoudi nous apparaîtrait tout autre qu'il fut réellement. L'œuvre complète de

Visa nous donne plus de lumière, mais cette lumière est intermittente et capricieuse : elle n'éclaire qu'à bon escient. Fort heureusement pour nous, nous avons une autre source d'informations, source indiscutable, où nous ne devons faire la part ni de la piété filiale, ni des idées courantes, explicite et fournie des détails les plus circonstanciés : ce sont les œuvres mêmes de Schnoudi. Dans ses propres ouvrages, nous pouvons saisir toute sa pensée, et d'une foule de faits passés sous silence ou mal interpretés se dégage une lumière aussi complète qu'éblouissante.

Que Schnoudi ait beaucoup écrit, c'est ce qui est certain. Le musée de Naples conserve un grand nombre de parchemins qui renferment les œuvres de Schnoudi : à Oxford, la bibliothèque de la *Clarendon Press* en contient d'autres fragments. Ces œuvres au témoignage de Visa furent considérables. « Notre père apa Schnoudi, dit-il, pendant toute sa vie prêcha les grands et les petits ; jusqu'à la plénitude de son temps ses paroles coulèrent toujours, et à la bouche de ceux qui aimaient les instructions divines, elles étaient plus douces que le miel et ses rayons........ Il imposa des règles nombreuses, remplies de paroles vivifiantes et de recommandations saintes ; il donna des règlements circonstanciés à ses fils, les moines, et à ses filles, les religieuses pures. » Dans les fragments qui nous sont parvenus de ces œuvres, il est à chaque instant question d'autres discours, d'autres lettres, d'autres écrits auxquels l'auteur renvoie ses lecteurs pour y trouver les explications dont ils auraient besoin. S'il fallait en croire Visa, Schnoudi ne craignait pas d'affirmer que pas une seule parole n'était sortie de sa bouche qui ne lui eût été inspirée de Dieu. Le disciple le croyait aveuglément, et il maudit quiconque n'ajoutera pas foi aux paroles de son père. Plaise à Dieu que sa malédiction ne tombe pas sur nous, car les œuvres de ce père tant respecté respirent bien plus les passions humaines que la vérité de la parole divine. Dès son temps, beaucoup d'auditeurs durent être soumis à cette malédiction : les objurgations les plus éloquentes de Schnoudi restèrent frappées de stérilité. Cependant, la plus grande partie de sa renommée lui vint de son éloquence, car parfois il fut vraiment éloquent, parce qu'il parlait toujours de l'abondance de son cœur et que son cœur fut rempli des passions les plus effrénées. Cette réputation fut nécessairement consacrée par un fait miraculeux. Schnoudi avait prononcé un discours fort éloquent, nous assure-t-on, rempli de paroles de détresse, sur la mort : quelques marchands d'Alexandrie qui en possédaient copie le portèrent à Rome où il fut une grande consolation pour les fidèles de cette ville. Un jour même, comme ils priaient sur le tombeau des Apôtres ayant l'œuvre de Schnoudi en main, l'apôtre Pierre lui-même sortit sa main de son linceul, il prit le rouleau écrit, le baisa trois fois et promit à l'auteur le quatorzième siège dans le collège apostolique.

Les œuvres de Schnoudi peuvent se partager en deux grandes catégories : celles qu'il composa pour ses moines, celles qu'il composa contre les païens. Le progrès des moines dans ce qu'il appelait la sainteté, l'anéantissement des idolâtres, voilà en effet les deux grandes passions qui ont agité simultanément sa vie. Dans les unes et dans les autres, Schnoudi a toutes ses qualités et tous ses défauts. Essentiellement impressionnable, il a laissé des écrits qu'il semblerait impossible de lui attribuer au premier coup d'œil. La plus grande partie de ses œuvres a été écrite dans des moments de colère et de rage ; mais d'autres portent l'empreinte d'une exquise sensibilité. L'homme ne peut pas toujours être furieux. Le même individu n'a pas que des défauts, parce que l'âme humaine n'est jamais entièrement mauvaise comme entièrement bonne. Aux fureurs de Schnoudi succédaient des accalmies momentanées : les œuvres qu'il composa dans ces moments et sur des sujets qui n'excitaient pas sa bile doivent naturellement porter un cachet différent. Il est bien rare cependant que de sa poitrine calmée ne sorte pas quelque rugissement soudain qui nous apprenne la présence du lion. Aussi dans celles de ses œuvres qui paraissent le plus ternes, on rencontre presque toujours une phrase, un mot, un tour qui accuse la main de l'auteur. C'est que la passion dominante de son âme était la violence, violence dans le bien comme dans le mal, une sorte d'épilepsie morale dont les accès subits étaient aussi éloquents que terribles.

Malgré l'état fragmentaire de ses œuvres, quoiqu'en outre la plus grande partie de ces fragments soit inédite, il n'est pas impossible de donner au lecteur une idée de ce style étonnant et de cette manière que nous serions tenté d'appeler féroce. Les œuvres qu'il composa dans la première partie de sa vie monacale nous offrent presque autant de douces paroles que de paroles de colère. Visa qui nous a conservé, au commencement de son panégyrique, une sorte *d'extraits* des principales sentences de Schnoudi, cite quelques pensées qui sont vraiment profondes et dont l'expression ne saurait être plus heureuse. « O mon fils, aimait-il à répéter, ne sois point menteur, car le mensonge conduit au vol : n'aime pas l'argent et ne te vante pas, car de la cupidité et de la vantardise provient l'homicide ; ne murmure pas, car le murmure conduit au blasphème ; ne demande pas : qu'est-ce que cela ? ou : pourquoi cela est-il ? car cette vaine curiosité mène à l'adoration des idoles : ne sois pas le parasite des riches, ne les fréquente pas ; mais fréquente les gens humbles et pieux, car c'est à l'humilité que le prophète David a dû plusieurs fois son salut. Ne cherche pas à mettre la discorde parmi les hommes : fais tous tes efforts pour maintenir la paix entre eux. N'ouvre point ta main pour recevoir, ne la ferme point pour donner. Tant que tu le peux, donne aux pauvres, mais en le donnant n'aie pas le cœur double. [1] Ne détourne pas ton visage du pauvre, mais donne-lui selon le degré de ta fortune : partage avec tous les besoigneux ; car si, dans les choses périssables, nous partageons avec ceux qui n'ont rien, nous partagerons avec eux les biens durables et éternels. » Si l'on n'avait de Schnoudi que des pensées de ce style, nous n'aurions pu soupçonner quel terrible personnage il était. Il est vrai que ces sentences étaient sans doute adressées plutôt aux nombreux étrangers qui le visitaient qu'aux frères du monastère ; mais, dans d'autres parties de ses œuvres, on retrouve le même ton de douceur et de charité. Dans son discours sur la mort et le jugement dernier, discours qui, au dire de Visa, excita tant de larmes, de tremblements et fut si merveilleusement loué par l'apôtre Pierre, Schnoudi trouva des accents vraiment pénétrants sans avoir recours à la colère. [2] Par un procédé qui lui était familier, il mit toute la première partie de ce discours dans la bouche de Jésus-Christ qui lui était apparu et l'avait fait conduire en enfer où il avait assisté aux tourments des damnés : le Fils de Dieu lui avait dépeint à grands traits évangéliques la fin du monde, l'arrivée de

---

1. Ce qui signifie qu'il ne faut pas se montrer charitable par égoïsme et afin que l'on rende.
2. Ce discours ne nous est parvenu que dans le texte arabe du panégyrique de Visa : il est malheureusement interpolé, et chose curieuse, l'interpolation m'a fourni le moyen de fixer l'époque à laquelle a été écrit le manuscrit qui a servi à la traduction.

l'Antechrist, ses fraudes et ses violences, les dernières luttes qui précéderaient la ruine totale de l'univers. Après cette première partie, le Christ s'était élevé au ciel et Schnoudi continue pour son propre compte : « Soyons désormais sur nos gardes, efforçons-nous de ne pas commettre de péchés afin d'éviter les reproches qui tomberaient sur nous au jour du jugement de vérité, de la mort pour ceux qui renoncent à leur foi et renient leur Dieu : ils recevront la perte en héritage en ce jour de leur perdition. Qu'il sera rempli de souffrances ce jour de l'inquiétude et de l'angoisse, ce jour du témoignage et de la tristesse, jour de la difficile détresse ! Malheur aux coupables en ce jour effroyable, car le Seigneur a dit de sa propre bouche que les morts ressusciteront sans corruption, et l'on fera une marque pour distinguer les coupables et une autre pour les justes. Et voici la marque des coupables : leurs corps seront de la couleur du Messie noir et la mauvaise odeur de leurs péchés se répandra au loin ; quant aux justes, leurs visages brilleront comme le soleil dans le royaume de leur père, la bonne odeur et le parfum de leurs bonnes actions se répandront aussi au loin et les anges se réjouiront avec eux, ils les revêtiront d'habits de gloire. Et certes le Seigneur dirigera notre royaume avec équité et justice, car il ne fait acception de personne, ni des petits, ni des grands : il ne regarde le visage ni de l'homme libre, ni de l'esclave ; il n'a honte ni d'un juste, ni d'un coupable, mais il traite chacun suivant ses actions. Combien n'est-il pas juste ce jugement sans appel, cette sentence que Dieu rendra contre les coupables en disant : « Retournez à la géhenne ! » paroles contre lesquelles il n'y aura point d'opposition ! pleurs pour lesquels il n'est point de consolation, car celui qui descend dans la géhenne, on ne le retrouvera plus dans la suite. Ecoutez, encore les paroles pleines de joie et de contentement qu'il adresse aux justes : « Entrez dans la joie de votre Seigneur, héritez des biens que nul œil n'a vus, nulle oreille entendus et que le cœur de l'homme n'a point goûtés ! » Voilà ce qui est préparé par Dieu à ceux qui aiment son saint nom. Heureux celui qui méritera d'entendre cette parole de joie, au moment où le Seigneur dira : « Que les cieux se replient comme on plie une étoffe, que jusqu'à ses fondements la terre s'anéantisse ! » et il y aura de nouveaux cieux et une nouvelle terre, comme a dit le Seigneur, afin que les véridiques et les justes y demeurent éternellement. Ils ne se marieront point, mais ils deviendront semblables aux anges de Dieu, ainsi que l'a dit le Seigneur aux impies qui niaient la résurrection. Maintenant donc, ô mes enfants, nous ferons effort et nous pleurerons sur nos péchés avant que Dieu nous interroge, car l'on ne nous permettra pas de rester ici jusqu'à la fin. Réfléchis, ô homme, et sois certain que la vie est courte sur la terre et que ta durée sera de peu de temps. Quel intérêt as-tu dans le monde ?

il n'y a qu'inquiétudes, souffrances, peines, tristesses, actions inutiles, éclat faux et sans fruit. O homme malheureux et méchant, crois-tu qu'on t'a fixé un terme et un âge déterminé ? t'a-t-on informé que tu ne verras jamais la mort ? crois-tu que tu dureras jusqu'à l'âge de Mathusalem qui a vécu neuf cent soixante-neuf ans sur terre ? Certes le Seigneur a dit au commencement du monde lorsqu'il a condamné les méchants : « Mon esprit ne demeurera pas sur cette génération, car ils ne sont que chair et sang, et leurs jours dureront cent vingt ans ; » et s'il y a quelque chose en plus, ce ne sera que peine et inquiétude pour nos âmes. C'est pour cela, ô mes bien-aimés enfants, que l'homme ne demeurera pas toujours dans ce monde : à chaque instant nous perdons la vie sans nous en apercevoir. Où est ton père et ton grand père, ô homme, afin que toi, tu vives toujours ? Tu diras peut-être : je suis jeune, je ne suis pas parvenu à l'âge de mon père ! mais je te répondrai que de plus jeunes que toi sont perdus chaque jour, que ton fils te sera enlevé pendant qu'il est dans tes bras avant que tu n'aies pu te réjouir avec lui, que la fiancée sera enlevée des bras de son fiancé avant qu'elle n'ait été heureuse avec lui, le frère des bras de son frère avant qu'il n'ait rassasié ses yeux de sa vue ; et dans tous les cas, il faut absolument que chaque jour il y ait quelque séparation. Et nous, nous ne veillons pas sur nos âmes ! Ah ! malheur à nous, car ce jour unique nous atteindra et sera général pour tous. Préparons-nous donc avant qu'on ne nous appelle ! tenons toujours nos flambeaux allumés afin que, si l'époux vient, il nous trouve éveillés et que nous entrions avec lui au festin des noces éternelles. Préparez-vous, pour ne pas être comme les vierges folles qui s'endormirent et dont les lampes étaient éteintes. Or savez-vous ce que signifient ces lampes dont le Seigneur a parlé ? Je vais vous le dire. Je compare les lampes aux âmes des hommes, et l'huile aux veilles dans la prière, le jeûne, la charité, la patience, l'amour du prochain comme soi-même, l'amour de Dieu et de sa sainte Eglise, dans toutes les actions bonnes et honnêtes ; voilà le fruit qui nous donnera la vie quand nous sortirons du corps pour hériter du Seigneur le Messie ses biens durables et éternels. Et voici au contraire ce qu'ont fait les pécheurs, ceux qui s'endorment dans leur sommeil et que la mort atteint pendant qu'ils dorment : les mauvaises pensées, le mensonge, l'envie, la colère, le vol, la calomnie, la haine, l'ignorance, le mépris de leur père et de leur mère, le trouble, l'inimitié, la paresse, la pédérastie, le libertinage, la vanité, la dureté, les faux serments, l'orgueil, le bavardage dans l'église au moment où on lit et l'on chante, où le corps et le sang du Seigneur sont sur le saint autel ; et par ceux dont je parle les paroles du Seigneur sont regardées avec raillerie et plaisanterie, car ils ne l'aiment pas et ils n'entreront pas avec l'époux dans le festin des noces de vérité. En vérité si le maître de la maison savait à quelle heure le voleur viendra, ne se montrerait-il pas et laisserait-il trouer sa maison ? et maintenant, frères, éveillons-nous du sommeil de notre nonchalance, du sommeil de notre ignorance, attendons l'arrivé de notre Seigneur Jésus le Messie, afin que s'il vient et nous appelle pour nous faire sortir du corps, il nous trouve sans péché en sa présence et nous donne les biens durables et éternels. »

Dans ces paroles Schnoudi se trouve déjà tout entier avec ses défauts et ses qualités, usant et abusant des images, des métaphores et des figures de rhétorique, ne sachant pas diriger sa pensée et suivant la première idée qui traverse son esprit ; mais pénétrant l'âme de ses auditeurs, leur disant de fortes et dures paroles, obtenant en un mot le but qu'il cherchait. On ne peut le nier, il y a une mâle éloquence en ses œuvres. Sans doute ce qu'on vient de lire peut de nos jours passer à juste titre pour une série de lieux communs ; mais il ne faut pas oublier que ces paroles furent prononcées au quatrième siècle ou au commencement du cinquième. A cette époque, elles n'étaient pas un lieu commun de rhétorique sacrée: on les chercherait en vain avec cette force et cette énergie dans les œuvres des pères de l'église grecque. La terre grecque n'était pas habituée aux pensées d'outre tombe qui avaient toujours été famillières au pays d'Egypte. Ce que les harpistes avaient chanté dans les festins funèbres, dans les syringes éternelles, Schnoudi le répétait à ses moines dans l'église chrétienne. Ce morceau nous permet aussi d'entrer dans la méthode habituelle à Schnoudi : le moine chrétien mettait ses pensées dans la bouche de Jésus-Christ, comme les Pharaons du temps passé se faisaient adresser par leur père Ammon des recommandations et des lois. Ces pensées qui portaient trop souvent le cachet de son étroitesse d'esprit, il les exprimait le plus possible dans le langage de l'Ecriture : il s'était fait un immense approvisionnement de textes scripturaires, son étonnante mémoire les lui présentait au moment nécessaire et ses discours en étaient remplis. Il est probable que, selon la mode de son époque, il commenta plusieurs livres de l'Ecriture : nous le savons pertinemment pour le livre si étrange de l'Ecclésiaste sur lequel il ne fit pas moins de soixante homélies. Ces homélies n'étaient le plus souvent que de simples causeries dans lesquelles à propos du texte qui servait d'occasion à toutes les questions des frères, il répondait aux objections qui lui étaient proposées. Quand son âme était calme, la parole coulait douce et imagée : tous ses moines devaient le comprendre facilement ; quand la colère l'avait envahi et que la passion le dominait, les images les plus étranges se pressaient à son esprit, les figures les plus fortes étaient employées de préférence, la langue était pour ainsi dire tordue, on lui faisait rendre des accents auxquels elle n'était pas accoutumée, les mots les plus inconnus, les plus violents étaient choisis avec amour, et, par un effet d'atavisme intellectuel et linguistique, la construction des phrases redevenait au quatrième et au cinquième siècle de notre ère ce qu'elle était alors que les moralistes des premières dynasties écrivaient leurs belles et simples sentences. Entre certains discours de Schnoudi et certaines recommandations morales du *papyrus Prisse*, il n'y a pas de différence : il est permis de douter que ses moines le comprissent alors comme il l'aurait voulu. Sa manière de traiter l'Ecriture et d'y trouver des sens appropriés à ses besoins n'est pas moins extraordinaire. Adressant un jour des exhortations pressantes à sa congrégation, il lui reprochait son insouciance et sa lâcheté dans le service de Dieu : les saints avaient tout souffert pour Dieu, le froid, la nudité, la faim, la soif ; rien n'avait pu les détacher de l'amour du Christ. Et cependant au temps de l'horrible persécution de Dioclétien, il y aurait eu un motif de se relâcher ; mais maintenant, ajoutait-il, qui nous persécute ? qui nous combat ? C'est nous seuls qui nous persécutons et combattons notre âme pour la forcer à se perdre. C'est ce que notre Seigneur a dit : « Un moment viendra où l'on n'adorera mon père ni sur cette montagne ni à Jérusalem. » Le Christ, sur le bord du puits de Jacob, au pays de Samarie, avait expliqué à la Samaritaine qu'un jour viendrait où l'on adorerait le Père en vérité, partout et non plus seulement sur le mont Garizim ou la montagne de Sion : pour Schnoudi, le mont Garizim était devenu la montagne d'Athribis, et Jérusalem, comme nous l'avons vu, n'était autre chose que l'Eglise de son couvent. Peu lui importait de dénaturer ainsi les paroles de celui qu'il croyait la Vérité même : le but qu'il poursuivait excusait à ses yeux la torture qu'il faisait subir aux textes évangéliques. Comment s'étonner après cela qu'il trouvât dans l'Ecriture des textes qui justifiassent ses actions les moins pardonnables ? Disons à sa décharge qu'il ne fut pas le seul à agir de la sorte : tous les moines ses contemporains ou ses prédécesseurs agirent comme il le faisait lui-même ; ils étaient moins instruits que lui, et leurs explications sont encore plus fantaisistes parce que leur imagination ne s'imposait aucune limite : les sages de l'Occident seuls devaient prendre au sérieux ce qui pour les moines égyptiens n'était que jeu d'esprit et quelquefois d'esprit détraqué.

Schnoudi pour instruire les foules et ses moines ignorants affectionnait les formes les plus simples de la pensée : ses images étaient le plus souvent empruntées aux choses de la vie ordinaire, au spectacle des champs. Tout lui était occasion de tirer des conclusions morales. Il aimait les comparaisons et les paraboles. Le plus souvent alors il était simple ; mais quelquefois il devenait trop compliqué. « Voyez le moût de vin, disait-il, qui est d'abord si doux, et considérez quels nombreux changements le temps opère en lui. Celui-ci devient un vin excellent, de cet autre on tire un vin exquis de qualité supérieure, de ce troisième on n'a que du vin ordinaire. Il y a des vins dont le bon goût disparaît, il y en a d'autres qu'il faut jeter, il faut même briser les vases qui les contenaient, tellement ils sont devenus corrompus. Il y a au contraire du vin bon dès le premier instant et que le temps ne fait qu'améliorer. On dit même qu'il y a du vin qui exhale un bouquet délicieux, superfin et vraiment délicieux, bien différent de celui des vins qui se perdent : quand on en boit, l'esprit s'égaie beaucoup. Tel est l'homme d'élection, bon, simple, sage, vrai, miséricordieux, dans lequel il n'y a ni ruse, ni dissimulation, ni favoritisme, ni mollesse. Il y a encore un vin dont on dit qu'il est fort, très bon, sans avoir le goût des vins qu'on appelle durs et qui ne plaisent pas à ceux qui les goûtent. Tel est l'homme courageux, constant, toujours prêt à remercier Dieu, tranquille dans sa vie ascétique, pur de tout ce qu'on nomme avarice, vaine gloire, cupidité et autre chose semblable, de celles qui se trouvent en celui dont on dit qu'il y a un Juif caché en lui et que la circoncision a été faite en son cœur. Ce même vin, s'il vieillit devient doux et exquis sans se corrompre. Il en est ainsi de l'homme qui persévère dans la pratique des bonnes œuvres. Il y a aussi d'autres vins qui ne sont ni tout à fait mauvais, ni tout à fait bons : ceux qui en boivent sont obligés de cracher à cause du goût que ce vin laisse ; cependant ils ne le jettent pas, car ils pensent au travail qu'il leur a coûté ou au prix qu'ils l'ont payé. Tels sont les hommes qui tantôt disent la vérité, et tantôt le mensonge. Il y a enfin une autre sorte de vin auquel on a coutume de mélanger du miel et d'autres condiments : celui qui en goûte proclame bienheureux le propriétaire qui a su si bien arranger ce vin, car cette boisson mélangée est agréable au goût et rafraîchit les buveurs. »[1] Une lacune nous empêche malheureusement de savoir quelle était la catégorie d'hommes dont ce vin était l'emblème. Dans un autre de ses écrits, on trouve toute une parabole qu'il ne sera pas inutile de citer ici. Le commencement en est perdu, mais on comprend, par ce qui reste, qu'il s'agissait d'un homme qui avait abusé de toutes les bontés de Dieu et de ses semblables : le texte que nous possédons commence au moment où ce méchant homme accumule crimes sur crimes. « Depuis son enfance il faisait du tort aux autres, brûlant tout ce qui poussait dans leurs champs, ce qui leur était nécessaire pour payer le tribut au roi. Mais rien de tout cela n'était assez pour le but qu'il poursuivait. Il se leva et se rendit près du roi : il reçut à crédit des semences, des bœufs et tous les instruments de travail qu'il avait demandés pour travailler aux champs convenablement, de manière à payer l'impôt et tout ce qu'il avait

---

[1]. lib. p. 434-435. Je n'ai pas besoin de faire observer combien ce passage est curieux pour l'histoire des mœurs égyptiennes et comme il dément l'assertion d'Hérodote écrivant qu'il n'y avait pas de vignes en Egypte. Ces manières d'arranger le vin étaient connues dès les temps pharaoniques.

reçu. Il se mit à l'œuvre, non au commencement des semailles, mais à la fin, il travailla aux champs comme un homme qui s'amuse. Après bien des jours [1] il sema ses grains comme il avait fait la veille et l'avant-veille, [2] il allait suivant son attelage, la main placée sur la charrue, non comme il faut, mais de travers, et ainsi jusqu'à la onzième et à la douzième heure. Et voici qu'un homme rusé, avec sept autres compagnons plus méchants que lui, se montra tout à coup : ils le terrassèrent parce qu'il n'avait pas eu assez de prudence pour voir qu'on lui tendait des embûches, et, parce que Dieu le haïssait, il ne cria pas pour appeler ses voisins au secours. Ceux qui l'avaient terrassé détachèrent les bœufs, défirent la clef et le soc de la charrue, ils s'avancèrent dans le champ pour lui enlever ainsi tout ce qu'il possédait. Il se releva alors comme un misérable, courant de côté et d'autre, mais ne trouva rien. Pendant qu'il courait ainsi de ça de là, des animaux sauvages et des renards survinrent : ils coupèrent les cuirs et les liens du joug ; les oiseaux de leur côté pillèrent tout ce qui était semé. De ce qui avait déjà poussé, une partie eut la rouille parce que Dieu ne s'était pas plu à la bénir ; le reste fut ruiné par les mêmes ennemis qui l'avaient dépouillé. Il sortit ainsi de ce lieu dans le plus complet dénûment. Le roi l'apprit, envoya ses soldats, le

---

1. Cette expression tout égyptienne signifie simplement quelque temps après.
2. C'est à dire dans sa vie précédente, selon son habitude.

fit prendre et ordonna de le jeter en prison jusqu'à ce que le malheureux eût rendu tout ce qu'il devait. Les assistants et le fils du roi se prosternèrent en disant : « Seigneur, soit ton plaisir que la colère de ton courroux passe sur lui sans lui faire de mal. » A cause d'eux il lui fit du bien : il ordonna de le vêtir, de lui donner à manger, jusqu'à ce qu'il eût mis sa folie à l'épreuve. Après des jours et des jours, il se rendit au lieu où l'on instruisait les enfants du fils du roi avec quelques serviteurs : quand il en trouva l'occasion, il prit quelques-uns des enfants du roi et quelques petits esclaves qui le suivirent dans l'ignorance de leur jeune âge. Lorsqu'ils furent arrivés dans un lieu où personne ne pouvait les entendre, il violenta les petits innocents, il les étrangla, cacha leur corps et répandit de la terre sur leur sang. Tout d'un coup l'œuvre de tristesse fut connue dans la ville, le roi l'apprit bien vite ainsi que son fils et ceux qui étaient près de lui : tous ensemble coururent et pleurèrent sur le meurtre : la ville entière fut émue. On saisit le coupable avec colère, car il était impossible de le soustraire aux mains du père des enfants morts : on ordonna de le jeter en prison, de lui faire souffrir la faim, la soif et d'autres tourments qui paraissent innombrables aux hommes, mais qui ne le sont pas pour Dieu. Après quelque temps, on l'en fit sortir et lorsque le roi eut jugé le sang[1] de ses enfants et de ses

---

1. J'ai conservé cette image du texte qui se comprend assez facilement et qui est très expressive.

serviteurs, il ordonna de l'emprisonner dans le désert afin que personne ne le vît jamais plus en ce lieu. On lui lia les pieds et les mains, on le jeta dans une fournaise remplie d'un feu qu'on ne peut jamais éteindre ou diminuer, jusqu'à ce qu'il fût réduit en cendres, en punition du sang des jeunes innocents qu'il avait tués. Et celui qui vous tente à cause de ce discours, je vous dirai à qui il ressemble. Il ressemble à un homme insensé et infidèle qui a rencontré quelqu'un qui marche dans les conseils de Dieu. Il l'a tenté en disant : « Si tu sais la vérité, dis-moi ce qui est arrivé à ceux-ci et à ceux-là, ou comment je me trouve dans ma maison avec tout ce qui m'appartient. » Et l'homme fidèle, qui jusqu'alors était dans le calme, lui répondit avec colère et courroux : « Si la chose pour laquelle tu es venu ne te donne pas souci de repentir de ce que tu as fait,[1] je t'apprendrai à qui tu ressembles. Tu ressembles à un piège dont les filets sont nombreux, et ceux qui sont comme toi sont semblables aux oiseaux, en se laissant prendre à tes paroles. Tu ressembles encore à un énorme animal tout en vie : ceux qui te ressemblent sont comme des bêtes féroces qui se rassemblent autour de toi pour te déchirer. Lorsque tu seras devenu un immense cadavre, les oiseaux viendront aussi, ils te dévoreront, ils boiront ton sang et l'eau qui sortira de toi. Tu

---

1. Cela signifie si la simple pensée de ce que tu viens faire ne suffit pas pour te faire repentir.

ressembles à un grand oiseau, aux nombreuses impuretés provenant des nombreuses sortes de nourriture qu'il a absorbées : ceux qui te ressemblent sont comme de vieilles semences jetées dans le désert : l'impureté qui sort de toi découle sur tes semblables comme les excréments d'un oiseau sur tout ce qui est dans le désert. Celui qui est tombé dans le précipice de........, je dirai à qui il ressemble. Il ressemble à un homme qui s'est couché près d'un endroit où coule beaucoup d'eau : il est tout près du précipice sur les bords duquel il s'est endormi : en se retournant, il a roulé dans l'eau. Et à cause de la force et de la violence du vent, les flots l'ont recouvert, il est descendu dans les profondeurs de l'abîme, l'eau l'a englouti et personne ne l'a cherché parce que chacun savait que l'abîme l'avait d'abord recouvert, lorsque son cœur s'était abimé dans les ténèbres après avoir reconnu la lumière. Ainsi il retourna dans les ténèbres dont il était sorti. J'aurais encore beaucoup de choses à dire ; mais je ne les dirai pas maintenant : il y a temps pour tout. Il y a temps de dire ce qui est caché depuis le commencement du monde et restera caché jusqu'à la fin : il y a temps de cacher ce qui est resté secret depuis l'origine du monde et restera secret jusqu'à la fin dernière de ce même monde. Il y a temps pour l'homme de manifester à ses frères, à ses compagnons, à ses voisins, toute œuvre, tout dessein de son cœur, tout conseil de son âme, avec sagesse et bonté : il y a temps pour l'homme de ne manifester à ses frères, à ses compagnons, à ses voisins, aucune œuvre, aucun dessein, aucun conseil de son cœur et de son âme par sagesse et bonté. [1] »

Ce morceau révèle déjà certains traits de l'éloquence de Schnoudi, traits qui ne feront que s'accentuer à mesure que nous avancerons dans la connaissance de ses œuvres : les bizarreries de la pensée et des images semblent faire place tout à coup à une soudaine explosion de colère, qui ne continue pas d'ailleurs. Cet homme dont on veut éprouver les paroles, c'est Schnoudi lui-même ; ses ennemis ce sont ses moines révoltés, dont il fait un portrait si peu flatteur, ses envieux du dehors qu'il comblera plus tard de ses malédictions les plus effectives. C'est pourquoi un éclair de colère traverse soudain son esprit. Le courroux monte encore plus en lui, lorsqu'il parle des pauvres et des riches : tout en analysant assez finement les pensées de l'avarice et de la cupidité, il laisse éclater de soudaines amertumes, qui font présager la tempête comme des rafales annonçant l'orage. Il commençait d'abord par tourner ses contradicteurs en dérision, il finissait par les menacer des plus terribles châtiments. « L'âme de l'impie, disait-il, est charnelle, elle n'aime que le corps : ne portant sa vue que sur cela, elle ne voit rien, car en vérité c'est être au milieu des ténèbres que trop contempler ces choses. » Parmi

---

1. Cf. Zoëga : *op. cit.* p. 470-474.

les impies, certains avaient la science d'être injustes sans tourmenter personne, car ils savaient s'entourer de témoins, de délateurs et de libelles, ils aimaient la flatterie et les pauvres supportaient tout. Les juges lui faisaient l'effet de gens qui mangent du miel, mais qui en mangent avec tant de gourmandise que l'effet de cette salutaire nourriture était tout autre. Ils avaient beau à avoir des maisons magnifiques, à les orner de belles statues, tout cela n'était que vanité, tout cela ressemblait à un son qui n'offre aucun sens, à une lettre ou à une syllabe sans valeur tant qu'elle ne concoure pas à former un mot. Leurs actions étaient un autre signe de leur vanité : c'est ainsi que les enfants font des constructions de sable par pur amusement. Ils ressemblaient, ces juges, à des gens qui lancent des flèches contre les étoiles, qui courent après le vent ou veulent marcher sur leur ombre. Leurs désirs étaient comme autant d'aiguillons qui perçaient leur âme. « Leur avarice est si préoccupée qu'ils ressentent moins de joie de ce qu'ils possèdent qu'ils n'ont de chagrin de ce qui leur manque. Leur partage, c'est la souffrance : nuit et jour, ils travaillent également, le jour ils sèment avec peine, et la nuit le sommeil fuit leurs yeux, car l'espérance du gain chasse le sommeil. » N'était-ce donc pas une vanité. Est-ce que l'on nourrit la vertu avec du pain ? est-ce que l'âme forte est faite de chair bien ferme, est-elle nourrie de bonnes viandes ? La nourriture d'une âme qui progresse dans les bonnes œuvres, c'est la dignité ; son pain, c'est la sagesse; ses mets, ce sont les œuvres de la justice.[1] Comment ne pas admirer l'extraordinaire folie des riches, des magistrats, et de tous ceux qui étaient revêtus d'une charge quelconque ? Leurs cœurs étaient attachés à tous les ornements de leur dignité, à leurs anneaux, à leurs beaux habits, à chaque partie de leur costume. Hélas l'herbe des champ est belle au soleil, mais le jour vient où elle se flétrit ! Insensés, ils couvrent d'ornements des barques qui font naufrage ! Est-ce que la décoration suspendue au-dessus de ces barques les empêchera de faire naufrage, ou les conduira de telle manière qu'elles ne s'ensablent pas ? qu'elles ne se brisent pas sur des rochers ? L'orgueil submerge l'homme comme les flots du fleuve : ce n'est pas un moyen d'éviter le péché que de flatter une orgueilleuse vanité. Quand une barque s'est ensablée ou engloutie, à quoi servent les vains ornements des riches ? est-ce avec ces vaines décorations qu'on les retirera de l'eau ou qu'on les désensablera ? Ce qu'il faut, ce sont des cordes solides, et non des colifichets. Quand une bête de somme tombe dans un fossé, la sauvera-t-on avec les colliers et les ornements qu'on lui a passés au cou, ou avec de solides cordages ? Encore si ces insensés n'avaient fait que des œuvres vaines, Schnoudi aurait pu se contenter de les vouer au ridicule ; mais ils osaient faire peser un joug insup-

---

[1]. Zoëga. *Cat. Cod. Copt.* p. 601-602.

portable sur les pauvres. L'hiver, quand ils allaient à la chasse dans les montagnes, poursuivant toute sorte de gibier, ils laissaient leurs barques à la garde de malheureux qui devaient souffrir toutes les intempéries de la saison ;[1] ils en faisaient courir d'autres devant eux pour prendre à la course des renards, des chèvres sauvages et des bœufs. Moyennant ces durs services, on les nourrissait comme des esclaves. Au jour de leur naissance, au jour de la vendange de leurs vignes, ces riches faisaient des présents, mais à quel prix ? D'ailleurs à quoi bon cacher ce que chacun savait ? qui pourrait énumérer les violences dont les pauvres avaient été l'objet ? « Je connais, disait Schnoudi, nombre de gens qui ont conduit leurs bestiaux chez les boulangers, afin d'en dépenser le prix, parce qu'ils n'ont pas trouvé de nourriture pour eux, qu'ils n'ont point trouvé de paille, ou s'ils en ont trouvé, ils n'ont pas trouvé d'argent pour en acheter à un prix aussi élevé. Je ne vois pas qu'il reste autre chose à faire qu'à les réduire en esclavage, à les attacher au joug et à les presser de l'aiguillon, afin qu'ils tournent les machines pour puiser de l'eau et arroser leurs jardins. Qui ne sait que les nomes, pour ne pas dire le pays entier, sont pleins de cadavres et d'ossements d'animaux morts de l'épidémie que Dieu a envoyée sur

---

[1] Ces intempéries sont relatives, mais réelles. Dans ce qu'on nomme le désert le thermomètre descend jusqu'à 1 degré au dessous de zéro. La différence avec la température du jour est énorme de 20 à 30 degrés parfois.

nous pour nos péchés. Tombe ce grand jugement sur ceux qui oppriment les pauvres, sur la réunion scélérate de ceux qui leur jettent du vin aigri et rempli de vers, car ce Dieu qui a donné son sang pour nous, Jésus, le fils de Dieu, ne force pas les hommes à faire des œuvres divines au-dessus de leurs forces, mais il veut qu'ils agissent selon leur puissance, sans pécher. Et ces hommes violents forcent les pauvres à travailler pour eux au-dessus de leurs forces ! Ceci durera seulement jusqu'à ce que Dieu brise la vie de ceux qui ne cessent d'opprimer les pauvres, jusqu'à ce qu'il les balaie dans le lieu où ils doivent aller, parce qu'ils ont non-seulement commis ces crimes dans une ville et non à l'écart, mais ils savent que celui-ci déchire ses vêtements et que ces autres déchirent quoi ? Ce ne sera pas en vain, car il sait ce qu'il fait. Pour moi, je serais resté tranquille : mais vous, vous n'êtes pas restés tranquille. Ainsi vous vous êtes précipités de nouveau dans vos péchés, vous avez jeté aux pauvres toutes les mauvaises choses de l'année, vous ne craignez pas Dieu et vous ne craignez pas les rois justes pour lesquels ceux qui exercent ces violences sont en abomination. Ordonnez donc de rendre l'argent du vin, puisque vous avouez les avoir entendus témoigner que vos œuvres ne sont plus bonnes. Et moi, je vous dis aussi : Ce n'est pas l'argent du vin que vous rendez, mais l'argent des vers. Les rois se réjouissent dans le Seigneur, car il est écrit : Le Roi se réjouira en Dieu ; mais vous vous réjouissez d'une vaine espérance, comme il est écrit : ceux qui se réjouissent en vain. En tout temps, Dieu donne la puissance à ceux qui espèrent en lui, comme il est écrit..... ; mais pour vous, qu'il rende vaine votre orgueilleuse puissance, ainsi qu'il est écrit : La puissance de votre esprit deviendra vaine et le feu vous dévorera. »[1] Il est visible que dans ce dernier morceau le ton se hausse et l'âme se courrouce : nous retrouverons plus loin ces hommes injustes qui vendent aux pauvres des vins de mauvaise qualité, qui spéculent sur les disettes et l'épizootie ; Schnoudi se chargera de les punir. En définitive, les discours où Schnoudi laissa paisiblement couler de ses lèvres des paroles douces, suaves, allant au cœur par le chemin des impressions délicieuses, furent rares : son âme fut trop souvent pleine de colère et de fiel. Dans de pareils moments, son esprit ne connaissait plus de règles, son imagination de frein, il se livrait à une sorte d'orgie intellectuelle et rien ne l'arrêtait plus. Son discours sur le *glaive* est le modèle de cette éloquence par soubresauts, ce fut un des morceaux favoris de Schnoudi un de ceux dont il se montrait le plus fier et qu'il aimait à rappeler. Il est impossible de savoir à quelle occasion il fut prononcé, car le copiste lui a seulement donné ce titre : *Sur toutes les œuvres mauvaises qui se font sur terre*, mais tel qu'il nous est arrivé, il est digne d'être connu, car

---

1. Zoëga : *op. cit.* p. 501-503.

il donne une idée très précise de ce qu'était l'éloquence de ce moine. « Si tous les hommes, se trompent, dit Schnoudi, si de toute lèvre coule le mensonge, s'il est nécessaire au contraire que Dieu soit véridique et ne puisse en aucune façon proférer un mensonge, le ciel et la terre ne sont-ils pas émus de nos péchés et de nos iniquités ? Que fait donc le glaive de la justice divine ? Il s'est arrêté, il se montre nu aux regards, prêt à agir selon sa volonté, à rentrer, ou non, dans son fourreau selon qu'il lui fera plaisir. Non pas qu'il soit rassasié, mais parce qu'il condescend au désir de l'homme au flanc duquel il est suspendu. Et cet homme est venu, il a examiné le glaive, quelle est sa forme, quelle est sa trempe, quelle est la valeur de son fourreau, quelle est sa longueur, sa largeur, comment il brille et lance des éclairs, où il est resté, et chez qui il est demeuré suspendu. Il n'y aura pas de paroles, ou s'il y en a, elles seront d'autre sorte. Ne pensez pas que ce glaive, dont c'est un bonheur de voir le type et l'image, ressemble à cet autre glaive dont parle le prophète en disant : O glaive, ô glaive, aiguise-toi, entre en colère, immole les victimes, aiguise-toi et luis, prépare-toi à détruire, frappe, ruine, arrache tout arbre. Celui-ci est mis aux mains de l'homme qui tue ; l'autre agit et saisit de lui-même. Ainsi il est dit : Le glaive a été aiguisé, il est prêt à être livré aux mains de l'homme qui tue. Mais lui-même, il saisit l'homme, lorsque l'homme lui est livré. Il frappe ceux qu'il frappe avec le secours de l'homme, mais l'homme ne peut frapper avec lui. L'homme ne le dirige pas vers le lieu où il veut s'en servir pour frapper, mais le glaive mène l'homme où il veut lui-même frapper. L'homme en colère ne se venge pas avec lui ; mais le glaive, par le moyen de l'homme, tire vengeance de ceux qui ont suscité sa colère ; en tout temps il livre ceux qu'il frappe à la main de celui qu'il tient lui-même entre ses mains. C'est ainsi que le saint prophète David a dit : Ils seront livrés à la main du glaive ; car le prophète de son côté nous insinue que ce glaive est aiguisé par l'ordre du Seigneur, lorsqu'il dit : O glaive, ô glaive, viens ici et sois rempli de colère. On lui ordonne aussi de revenir de l'endroit où il frappe. Enfin on le jugera, on lui fera subir un jugement pour le châtier lorsqu'il aura lui-même châtié ceux qu'il a frappés. Il est dit en effet : Reviens ne reste pas dans la terre où tu es né, car je veux te juger dans ton pays. N'est-ce pas le Seigneur qui lui a ordonné de massacrer ? Comment donc lorsque le glaive s'est attardé dans les massacres, quand il est demeuré nu jusqu'à la fin, le Seigneur lui dit-il : Je te jugerai, je verserai ma colère sur toi pour susciter la flamme en toi dans ma colère, pour te livrer aux mains d'hommes barbares qui te perdront, pour te faire la proie des flammes, afin que ton sang soit au milieu de ton pays et que personne ne pense à toi ? Ce n'est pas ici l'heure ou le temps de parler de tout cela, mais je veux vous dire en abrégé quelles sont la forme et la nature de ce glaive qui apparaîtra pour porter témoignage contre ceux qui parmi nous commettent l'iniquité. Personne ne lui a commandé de frapper, personne ne lui a donné l'ordre de suspendre ses coups. Il a de lui-même la puissance de frapper ou de ne pas frapper. On ne le commande pas, lui-même il donne des ordres ; il n'est pas au pouvoir de celui qui frappe, celui qui s'en sert pour frapper est en son pouvoir, il n'obéit qu'à Dieu. Personne ne le met dans le fourreau, il sort de lui-même de son fourreau et il y rentre de sa propre volonté. Il est admirablement prêt à frapper, admirablement prêt à luire. O glaive, promène toi tout aiguisé, à droite, à gauche, de tout côté que tu veuilles tourner ta face. On lui a dit : Par toi je jugerai la terre ; et toute la terre sera jugée par lui, tout le monde sera jugé par lui. La bénédiction et la malédiction, la colère et la grâce sont sur ses deux côtés, ici et là : il brille en rendant des jugements équitables. C'est une terreur de le voir nu, c'est une joie de le voir retourner dans sa gaine. Quand il s'avance pour massacrer, l'anxiété règne : quand il retourne des lieux où il a tué ceux qu'il a frappés, la paix est affermie. Son action est un encouragement, sa présence est une sécurité. La miséricorde, l'indulgence, la bonté, la mansuétude, l'espoir de toute bonne chose, voilà ce qu'il y a dans sa disposition et son ordonnance, voilà quel est son vêtement, voilà de quoi est fait son fourreau. Quand il se manifeste, c'est le soleil qui se lève à l'Orient avant de monter et de répandre sa lumière : personne ne peut en supporter les rayons. Il n'y a pas en lui l'esprit de vie, comme dans les animaux sur lesquels est la gloire du dieu d'Israël, comme a dit le prophète : L'esprit de vie est dans les roues qui le portent et le font avancer ; mais ce glaive est la vie de l'univers entier, tout esprit de vie a été fait de lui. La science et la raison en sont le tranchant, la charité en est l'ornement. Le Dieu tout puissant est sa longueur et sa largeur, car il n'a pas de mesure. Quand il veut s'élever, il s'élève ; quand il veut se dilater, il se dilate ; quand il veut se rétrécir, il se rétrécit ; quand il veut s'abaisser, il s'abaisse. Il ne se manifeste pas selon ses proportions ; mais, selon la mesure de ceux qui peuvent soutenir son aspect, il apparaît dans les lieux où il frappe et guérit. Car il frappe, mais il guérit aussi ; il immole, mais il guérit ceux qu'il a frappés à cause de leur désobéissance ; il guérit encore ceux que les traits de l'ennemi ont affaibli. Sa poignée est une lumière pour les yeux de ceux qui regardent la droiture, la vérité et toute œuvre pieuse. Les lieux où il reste suspendu sont les Ecritures et les lois qui nous ont été données, à nous autres hommes, pour opérer notre salut. La gaîne où il demeure enfermé pendant tout âge est le ciel des cieux, où les hommes dans sa main sont comme des flocons de neige en sa présence. Il est dans la main de l'homme selon la force avec laquelle l'homme peut s'en servir pour frapper. L'acuité de son tranchant ne provient que de lui-même, personne ne l'aiguise, mais il aiguise tous les glaives. Il habite en l'homme qui le cherche ; mais on ne le voit que s'il se manifeste lui-même. Il s'approche de l'homme qui le suit à la trace, mais il s'en éloigne aussi. C'est en lui qu'on a dit que la parole de Dieu est vivante, agit et frappe plus que tout glaive aiguisé. C'est de lui qu'il est ordonné aux soldats du Christ de prendre le casque du salut et le glaive de l'esprit, c'est à dire la parole de Dieu, avec laquelle les forts à la guerre ont terrassé leurs ennemis et se sont avancés allègrement au combat pour immoler le péché qui leur livre bataille. »

Schnoudi continua longtemps encore sur ce ton et dans cette forme : sa manière se montre presque tout entière dans ce discours, ou tout au moins il laisse supposer ce que sera cette manière lorsqu'elle aura atteint son plein développement. De semblables discours défient l'analyse : l'association des idées y paraît nulle, et cependant dans ces effluves de la passion il y a des liens invisibles au premier coup d'œil qui se laissent découvrir à la réflexion et retiennent tous les fils de cette trame ourdie dans un moment où la passion absorbait la vie. Il est douteux que les auditeurs pussent saisir le sens de cette herméneutique unique en son genre ; il doit être certain qu'ils en recevaient une violente commotion : Schnoudi, savait pourquoi il employait ces figures heurtées, ces apostrophes, ces prosopopées terribles. Il semble qu'en voyant trembler ses moines quand il s'écriait : O glaive, glaive, démène-toi, à droite, à gauche, frappe partout devant ta face, l'orateur ait senti un délire subit s'emparer de lui et n'ait plus pensé qu'à porter à la fois leur tremblement et son ivresse jusqu'au paroxysme de la passion. Si nous ne nous trompons pas, c'est là de l'éloquence, non selon les règles, mais conforme à la nature. Au dix-septième siècle, Massillon fit trembler ses auditeurs dans son sermon sur le *Petit nombre des élus*, mais aujourd'hui sa longue prosopopée a perdu la chaleur qui l'animait ; au cinquième siècle, Schnoudi répandit à volonté la terreur sur ses moines, et encore aujourd'hui ses sauvages paroles conservent un reste de vie, parce que loin de composer ses discours il les vivait au plus intime de sa vie.

Ce ne serait pas cependant avoir fait connaître cette éloquence tout entière si nous arrêtions ici cet examen : le véritable Schnoudi ne se trouvait tout entier que lorsqu'il parlait ou écrivait à ses moines ou à ses religieuses. La plus grande partie de sa vie fut consacrée à mettre un peu d'ordre dans cette nombreuse assemblée de cœurs indociles qui croyaient que la robe du moine leur garantissait la possession du ciel, qu'elle était comme une armure avec laquelle ils pouvaient braver les traits de l'ennemi, une sorte de tunique merveilleuse qui les préservait du péché même alors qu'ils se livraient à des actions criminelles : il n'est donc pas étonnant que la plus grande partie de ses œuvres ait rapport à la direction de son ordre tout entier. Ce que nous avons dit précédemment sur la règle qui régissait les moines de Schnoudi a déjà fait connaître en grande partie la vie qu'on devait mener autour et en dedans de cette forteresse d'aspect sévère appelée couvent d'Athribis ; ce qu'il nous reste à dire à propos des œuvres de Schnoudi nous fera mieux juger encore de celle qu'on y menait. Comme nous l'avons déjà écrit, la grande majorité des moines égyptiens étaient des fellahs, natures agrestes, s'il en fut, aussi dures à travailler que le granit des carrières de l'antique Syène ; contents de se dire les serviteurs de Dieu, ces moines n'avaient renoncé au siècle que pour mener une vie exempte des labeurs ordinaires de leur condition dans la société, mus en même temps par un sentiment vague de religion, reste des pensers de leurs pères. Il était difficile, pour ne pas dire impossible, de discipliner de pareilles natures : les explications les plus précises, les plus minutieuses ne pouvaient parvenir jusqu'à leur intelligence grossière, aussi Schnoudi devait-il à chaque instant renouveler ses instructions, descendre dans les plus petits détails, veiller à tous les abus, prescrire les plus petites choses, les plus vulgaires, les moins nobles, ne reculant pas devant le mot propre et défendant aux moines qui ne seraient pas malades ou trop vieux de se servir la nuit de vases à long col, de gargoulettes, ou autres pour satisfaire certaines exigences de la nature. Mais qu'importait aux moines fellahs les prescriptions de leur maître : ils faisaient au monastère ce qu'ils auraient fait dans leur hutte de terre limoneuse, et pis encore, parce que la certitude du lendemain avait développé le germe inné de paresse qui se trouve en toute nature orientale Etait-ce donc pour toutes ces petites choses qu'ils s'étaient faits moines ? Nullement. Ils s'étaient faits moines pour apprendre les psaumes, pour les chanter à l'église au son joyeux des cymbales, pour faire leur tâche quotidienne et aussi pour se donner quelques-uns de ces heureux jours que les poètes de l'ancien temps recommandaient, avec une sorte de tristesse, de multiplier le plus possible dans la vie. Si l'occasion se présentait de faire quelque franche lippée, même en violant la règle, ils ne la fuyaient pas ; ils s'ingéniaient à la faire naître, connaissaient les chemins qui conduisaient aux douceurs de l'infirmerie, aux gâteaux, au vin parfumé. Etait-ce donc là offenser Dieu ? Non, car en se faisant moines ils ne s'étaient nullement interdits les choses qui font le bonheur de la vie pour des cœurs grossiers : le monastère n'était pour eux qu'un grenier d'abondance. Sûrs de cette vie, ils étaient tout aussi assurés de l'autre, et il ne leur en fallait pas davantage.

A côté de cette catégorie d'esprits et de cœurs grossiers, de beaucoup la plus nombreuse parmi ces moines dont l'Occident a fait autant de saints presque inimitables, il y en avait une seconde encore assez nombreuse composée de moines plus instruits, dont les familles tenaient sur la *terre noire* une place plus enviable. Ceux-là, par le fait même de leur éducation première, avaient conçu de la vie un idéal plus relevé. Leur esprit était nourri de célestes chimères. Pendant que leurs compagnons travaillaient à la terre ou à quelqu'un des nombreux métiers que nécessitait une si vaste congrégation d'hommes et de femmes, ils lisaient et méditaient. Ils avaient entendu raconter des merveilles des premiers solitaires, ils entendaient Schnoudi en raconter de plus grandes encore : leur idéal était d'en faire eux-mêmes. Pour arriver à ce but, ils ne reculaient devant aucune pénitence extérieure ou intérieure : ils mortifiaient tout en eux-mêmes, sauf le principe initial d'orgueil caché au fond de toutes leurs actions. L'orgueil se retrouvait encore dans le but atteint. Ils avaient des visions et ils faisaient servir, nous l'avons vu, ces prétendues visions à calomnier leurs frères. Leurs nuits étaient remplies de cauchemars effrayants, ils luttaient contre toutes les puissances diaboliques, ils sortaient nécessairement vainqueurs de ces luttes : c'étaient des saints.

Enfin quelques rares esprits pleins de douceur, de docilité, quelques cœurs ardents dans leur simplicité, étrangers à l'orgueil autant qu'ils le pouvaient, menaient la vie monacale avec autant de perfection qu'il était donné à leur nature de le faire. C'étaient les disciples préférés du maitre, à eux il confiait ses plus secrets prodiges, ses pensées les plus intimes ; pour charmer leurs esprits il inventait ces révélations et ces miracles que nous avons racontés. Aux jours d'épreuves, il trouvait en eux sa consolation ; ils seraient sa couronne dans le ciel. Pour eux, humbles satellites, ils se contentaient de graviter autour de cet astre majestueux. En secret plus d'un entretenait en son cœur l'espoir de s'entourer quelque jour de satellites à son tour.

Les *chères sœurs* de la congrégation de Schnoudi ne différaient en rien de leurs frères. On retrouvait chez elles le même partage et les mêmes catégories, avec cette différence que les défauts et les qualités des hommes étaient portés par les femmes à ce degré d'exaltation et d'exagération qui est la résultante directe des diverses forces de sensibilité et d'énergie qui se trouvent en elles. Elles y ajoutaient les défauts qui leur sont particuliers. Les qualités qui semblent être leur apanage spécial n'avaient aucune occasion de s'exercer. Les divisions intestines étaient plus grandes chez elles que dans les monastères d'hommes ; les causes en étaient aussi d'un ordre moins relevé. Leur adieu au monde n'était qu'une fausse sortie : elles portaient en elles-mêmes le monde et ses désirs, ses vanités et ses coquetteries. A ce monde elles avaient voué un culte qui ne se démentait jamais. Quelques sucreries dérobées, quelques bijoux enviés et portés avec une orgueilleuse ostentation suffisaient pour mettre en révolution cette ruche où l'on se contentait de bourdonner.

Il faut l'avouer, la tâche de Schnoudi était rude.

d'autant plus rude que son idéal de la vie monastique était plus élevé, ses désirs plus grandioses et son tempérament plus violent. Il chercha tous les moyens possibles de remédier aux abus qui empoisonnaient sa vie de fiel et de colère : il n'en oublia qu'un seul. L'orgueil l'empêcha de le voir. Poursuivi par la pensée d'être un chef d'ordre ne le cédant en rien à ses prédécesseurs, sacrifiant tout à cette pensée et croyant qu'une congrégation était d'autant plus florissante qu'elle était plus nombreuse, il ne songea jamais que le désir qui traverse le cœur un moment n'est pas une marque certaine de vocation spirituelle. Au lieu de tenir étroitement fermée la porte qui donnait accès dans son monastère, il la tenait grande ouverte à quiconque se présentait. Ce fut une faute dont on ne doit pas le rendre responsable ; il ne s'en douta jamais et le courant des idées à son époque l'emportait malgré lui. La probation n'était pas assez rigoureuse, ou plutôt il n'y en avait pas. Et cependant, comme il ne pouvait fermer les yeux à la violation de ses règlements, comme il sentait instinctivement que les rouages de son immense machine n'avaient pas un jeu libre de tout soubresaut heurté, il s'écriait à satiété : « Que peuvent pour nous le nom et l'habit sans la pureté du cœur ? Où sont les fruits que nous devons porter, je veux dire ces actes de vertus dignes d'être un honneur pour le Christ notre roi ? Les noms, les habits, les couronnes ne dureront que jusqu'à l'heure de la mort. Nom, habit, rien ne nous servira, car nous paraîtrons devant Dieu dans les mêmes conditions que tous les autres hommes, nous qui portons notre nom et nos habits de moine devant les rois et les puissances établies par Dieu. Ainsi qu'à ceux qui possèdent des richesses, qu'ils en aient fait un bon ou un mauvais usage, il faudra les abandonner, pour recevoir la miséricorde de la part de Dieu, s'ils ont été charitables, ou pour être couverts d'ignominie, s'ils n'ont pas aimé les hommes : ainsi il nous arrivera. En sortant de ce monde, nous laisserons derrière nous le nom et l'habit, et si nous avons fait ce que doivent faire ceux qui ont l'honneur de les porter, nous serons justifiés ; sinon, nous serons condamnés. C'est ici seulement que la distinction vient du nom et de l'habit : ceux qui agissent avec droiture sont honorés et peuvent se glorifier de leur justice ; ceux au contraire qui sont prévaricateurs, sont honorés à la vérité, mais l'honneur qu'on leur rend est faux et ne concorde pas avec la réalité. Mais dans le lieu que nous attendons, personne ne sera exalté à cause de son nom ou de son habit : si quelqu'un est élevé au-dessus des autres, il le sera par suite de la justice de ses actions. » [1]

Les désordres étaient réels, nous l'avons vu, mais peut-être Schnoudi en exagéra-t-il l'importance. Son caractère ne connaissait pas de mesure : pour lui un petit manquement à la plus petite des

---

1. Zoëga. *Cat. Cod. Cop.* p. 415-416.

règles était aussi grand que le crime le plus atroce ; il n'admettait pas davantage de degré dans la répression et nous l'entendrons bientôt lui-même avouer qu'il tua un moine pour avoir dérobé une baguette de palmier. Si, dans ses actions, il s'emportait à une telle violence, on peut juger de ce que devaient être ses paroles quand il parlait aux frères dans un moment de colère, ou quand, après avoir appris quelque désordre, il écrivait une lettre à quelque communauté d'hommes ou de femmes. S'il fallait prendre ses paroles au pied de la lettre, nous devrions conclure que sa congrégation était peuplée des plus grands criminels de la terre. « D'où viennent, disait-il, ces œuvres de ténèbres, de noirceur, d'épines et de ronces où nous nous roulons, où nous nous laissons prendre dans notre infidélité et notre négligence, nous qui savons nous rendre doux ce qui est amer ? je veux dire les souillures, les pollutions, les fornications de toute sorte, tout ce qui est très éloigné des règles d'un mariage honorable, tout ce qui est étranger à la pureté de la couche, les envies, les haines, les calomnies, l'avarice, les corruptions dans les jugements et tous les autres crimes dont nous remplissons la maison de Dieu, tout ce qui est pour nous un piège ou un filet, une pierre, une fosse où nous nous prenons, où nous heurtons, où nous tombons.... Quand même tu n'as pas su garder ta virginité, comme tu l'as promis, ce n'est pas une raison d'être efféminé, de coucher avec des hommes, de connaître une foule de femmes, parce que tu n'en a pas une à toi. De même la femme qui dit : Moi je suis vierge, quoiqu'elle ne le soit pas, elle ne doit pas connaître une foule de maris, parce qu'elle n'en a a pas un à elle. » Ces péchés des sens auraient été nombreux, à l'en croire : les suites en auraient été atroces, car les religieuses surprises par la conception ne reculaient devant aucun moyen pour en cacher les preuves, et ne pas en subir les conséquences. Si, malgré tout, l'enfant venait au monde, elles tuaient la malheureuse petite créature, l'enfouissaient dans la terre, la cachaient dans quelque trou de la montagne ou même la jetaient aux chiens et aux cochons. De pareilles crimes mettaient avec raison Schnoudi hors de lui-même : il en faisait retomber la responsabilité exclusive sur les femmes, véritables suppôts de Satan créés et mis au monde pour la perdition des hommes : « Si tu ne l'avais pas regardé, s'écriait-il, si tu n'avais pas été au-devant de lui comme une prostituée, si tu ne lui avais pas tendu des embûches dans tous les coins, dans tous les carrefours, autour de la maison, cela ne serait pas arrivé, malheureuse femme ! » Ah ! que le temps était à regretter où pour un simple regard jeté en arrière la femme de Lot était changée en une colonne de sel.[1]

Il ne s'en cachait pas : toutes les fois qu'il rencontrerait un criminel, il le chasserait sans

---

1. Id. ibid p. 491-494.

rémission : « Si une autre fois, disait-il encore, quelqu'un ose faire de pareilles œuvres d'abomination au sein de la congrégation du Seigneur, au milieu des frères saints qui se gardent de toute souillure et œuvre mauvaise, il n'en sera pas pour vous cette fois comme vous avez vu qu'il en a été souvent en ton sein, ô communauté, alors qu'il y eut des troubles, que les vêtements furent relevés et les actions violentes : non, il n'en sera plus ainsi tant que vivra celui qui vous parle avec vérité ; mais quand on lui apprendra que quelqu'un a fait en toi des œuvres pestilentielles, il le rendra étranger sans trouble et sans cris. » Il ne faut pas s'y tromper et voir dans ces paroles la résipiscence d'un esprit vieilli et d'un cœur que l'affliction a amolli : non, dans la pensée de Schnoudi, chasser les frères pécheurs de sa congrégation, c'est les vouer à la perte éternelle, c'est une punition bien plus terrible que tuer le corps pour sauver l'âme. Dans la même lettre, il dit sans honte qu'il rendra colère pour colère, malédiction pour malédiction, jugement pour jugement, sang pour sang. S'il se montre doux et bon pour les fervents, il doit être sans pitié pour les coupables qui se vautrent dans leurs péchés comme des cochons dans la fange, contre ces serpents qui empoisonnent la communauté. Ces paroles étaient grossièrement injurieuses ; mais le Seigneur lui en avait lui-même donné l'exemple, car il n'avait pas craint d'invectiver contre les scribes et les pharisiens, de les appeler vipères et race de vipères.[1]

S'il agissait avec violence, si ses paroles étaient pleines d'injures et d'invectives, il avait de bonnes raisons pour agir ainsi : il ne cherchait que le bien de ses enfants. Il savait bien qu'il était à charge, on le lui montrait assez, mais on pouvait se tranquilliser, il ne tarderait pas à quitter le monde. Que pouvait-il faire seul contre tous ? sans doute il n'était pas possible que tous comparussent au tribunal de Dieu avant lui : il s'en irait donc le premier. Il l'avouait ; souvent il avait dit : « Si vous êtes bons pour moi, je le serai pour vous ; si vous êtes méchants pour moi, je serai aussi méchant pour vous. » Aussi ses ennemis l'accusaient de devenir de jour en jour plus insupportable. Que de fois il avait dit à Dieu, prosterné sur le pavé du sanctuaire : « O Dieu, Seigneur universel, Jésus, je t'en prie de toute ma puissance et dans ma tristesse, si c'est ta volonté de me prendre à toi et de m'enlever de cette communauté, ne permets pas que je meure maintenant, ne me rends pas de suite étranger à ce lieu, avant que je ne t'aie vu, ô Dieu, châtier ces orgueilleux qui mangent la chair du lion, de Satan, qui boivent de son sang, c'est-à-dire ceux qui sont coupables de toutes les méchancetés, des risées, des envies, de la haine, de la désobéissance, de l'indocilité, des vols, de la pollution, des mensonges, d'orgueil et de jactance

---

1. Zoëga. op. cit. p. 494-496.

surtout, et de tout le reste. » Il avait même dit:
« Dieu, Dieu, je t'en prie de tout mon cœur et de
toutes mes pensées, si c'est moi qui ai commis
ces violences qui brisent en vain mon âme en moi,
si c'est moi qui les hais et non eux qui me
haïssent, comme ils le disent, que toute tristesse,
toute affection, tout opprobre tombent sur moi, car
c'est tout ce dont je suis digne si, au lieu d'aimer
ceux qui m'approchent, je ne les en hais que
davantage. Mais, si je ne leur ai fait aucun mal,
comme tu connais toutes mes paroles, instruis-les
dans le deuil, les gémissements, la tristesse, dans
des souffrances et des afflictions sans relâche. »
Non pas qu'il parlât ainsi parce qu'il les haïssait,
à Dieu ne plaise, mais parce que son âme était
pleine d'angoisse à la pensée que Dieu était irrité
contre de pareils récalcitrants. Souvent il avait
pris la résolution de manger son pain dans la
solitude, de se retirer dans le désert et de ne plus
reparaître au monastère, de travailler seul à son
salut; mais il avait craint le scandale, il avait
craint surtout de contrister les cœurs fidèles dont
il connaissait l'affliction et la compassion à son
égard et que pas une de ces paroles ne pouvait
consoler. Que de fois au milieu de son discours la
vue des pécheurs l'avait-elle mis hors de lui-même
et l'avait-elle emporté aux violences de la parole ! Souvent il avait pris la résolution de chasser
ces infidèles de l'église, afin de ne pas donner les
choses saintes à des chiens, mais tout avait été
vain. Il avait passé les nuits et les jours à parler

sans discontinuer, à instruire, à consoler, à réprimander, à bénir et à maudire : ses paroles avaient été tour à tour douces et sévères, tristes et joyeuses, bienveillantes et menaçantes, il n'avait pas même reculé devant la plaisanterie, quoiqu'il ne fût pas convenable pour lui de rire et de jouer. Il avait été surpris dans ces interminables discours, au milieu des larmes de rage et de colère, par ceux qui le regardaient comme un ange; des étrangers, bien malgré lui, avaient été témoins de la division intestine qui régnait dans sa famille. Que pouvait-on donc lui reprocher ? Ses paroles dures ? mais il en avait dit de bien douces. D'avoir puni, d'avoir frappé des mains et du bâton ? mais n'avait-il pas frappé ceux qui le méritaient, qui enflammaient sa colère. C'était plus fort que lui, il ne pouvait voir verser en sa présence des larmes hypocrites de pénitence par des gens qui le couvraient ensuite de crachats, qui se disaient justes et n'étaient qu'impies, qui se rassasiaient du miel tombant des lèvres d'une prostituée. Il avait tout employé pour les retirer de leurs péchés : tout avait été inutile. Aussi il ne lui restait qu'une chose à faire, les livrer à la vengeance divine. Oh ! que sa vie avait été malheureuse ! Souvent il n'avait pas même pu recevoir ses visiteurs, tant il était furieux ou affligé, il avait dû envoyer quelques frères à sa place. Etait-ce donc pour obtenir ce beau résultat qu'il avait tant travaillé ? ses enfants le haïssaient, et il ne trouvait d'affection et de respect que chez les étrangers. Les autres ordres réussissaient admirablement, le sien seul ne progressait pas. S'il en avait chassé quelques-uns, c'était à cause de leurs iniquités et non pour une autre raison. Peut-être Dieu leur ferait-il miséricorde, quoiqu'ils se fussent moqués de lui et de ses frères : il l'espérait, mais Dieu serait-il miséricordieux à ce point ?[1]

Ces paroles nous font comprendre à quel point la discorde était montée dans la communauté de Schnoudi. Schnoudi avait abusé des menaces et des violences en paroles et en actions : à chacune des scènes trop violentes qui avaient eu lieu, il avait amoindri le prestige de son autorité et agrandi le nombre de ses ennemis. Si son idéal de la vie monacale était élevé, celui de ses moines était beaucoup plus grossier : ils n'entendaient pas qu'on fît de leur vie une vexation continuelle, qu'on les maltraitât, qu'on les tuât même pour la moindre peccadille. La rébellion s'insinua sans doute peu à peu et se cacha longtemps dans les cœurs, mais elle finit par éclater. On se moqua de lui, on lui fit sentir qu'il ne lui était pas permis de manquer à la règle plus que les autres, on murmura contre ses Davids apocryphes, ses saints de contrebande. Finalement il se forma contre lui un parti puissant d'autant plus nombreux que Schnoudi eut davantage recours à la violence pour le faire disparaître. On ne craignit bientôt plus de s'attaquer à sa personne : une nuit, à l'heure de se

---

1. Id. *ibid.* p. 478-489.

rendre à l'église pour la prière, on plaça sur son chemin une grosse pierre qui devait le faire tomber et le blesser. Ce dernier coup fut dur pour Schnoudi : pendant sept semaines il ne reparut plus aux exercices de la communauté. Etait-ce donc là ce qu'il avait cherché ? Sa vie était bien amère après avoir connu un moment de gloire. Son âme s'emplit d'amertume et un jour il laissa déborder cet amertume dans la page la plus éloquente sortie de son calame.

Après avoir reproché à sa communauté, qu'il prenait directement à partie, tous les manquements à la règle monastique se commettant en son sein, il s'écria : « Pour témoigner de la vérité de ce que j'ai dit, voici que des années entières crient aux oreilles de ceux qui écoutent que la partie ténébreuse en communion avec les ténèbres est malédiction, et que la montagne maudite par le Seigneur est brûlée, noire, désolée ainsi que tous ses rochers ; au contraire la partie lumineuse et en communion avec la lumière est bénédiction, et la montagne bénie par Dieu est bénie, lumineuse, resplendissante avec tous ses rochers. Quels sont donc ceux qui parlent ainsi ? quel est celui qui entend ? Quelle est la montagne tenue en mépris ? quelle est la montagne élevée en honneur ? Quelles sont ces ténèbres en communion avec les ténèbres, cette lumière en communion avec la lumière, ou encore ces ténèbres qui ne laissent pas la lumière se répandre dans le lieu qu'elles remplissent ? Si cette recherche me fait souffrir ou te fait souffrir, toi, tu ne le sauras pas. En effet il est quelquefois bon de chercher pour trouver, selon l'Ecriture ; mais quelquefois aussi il est meilleur de ne pas chercher que de chercher, car, comme le dit l'Ecclésiate, si l'homme souffre de sa recherche, il ne trouvera pas. A quelle heure, à quel jour, en ton sein ou en n'importe quel autre lieu, a-t-on tourmenté des hommes afin qu'ils prissent de la nourriture, de la boisson et ne mourussent pas ? C'est à peine si quelquefois l'homme se contente de ce qui lui est nécessaire, car le commandement est là qui lui fait la guerre : « Ne te laisse pas tromper dans la satiété de ton cœur. » C'est pourquoi si Dieu me laisse faire, je cesserai d'être un capitaine, un soldat, de forcer par la honte les hommes à aimer ce Dieu par nécessité et malgré eux. Quel est celui qui a jamais aimé Dieu et n'a pas gardé ses préceptes et ses paroles ? Celui qui m'aime, a-t-il dit, gardera mes commandements. Donc quiconque dira : j'aime Dieu, doit lui obéir, ou c'est un voleur, un relaps qui attaque la vérité par toute œuvre de trangression. Que celui qui a ou aura soif de Dieu le cherche. Le prophète dit en effet : « Mon âme a soif du Dieu vivant : j'irai et je verrai la manifestation de son visage. » Que celui qui a faim et soif de la justice, mange et boive pour ne pas mourir : il sera ensuite rassasié pour l'éternité. De tous ceux que l'on t'a confiés, jeunes garçons ou jeunes filles, hommes ou femmes, quels qu'ils soient, Dieu demandera compte aux pères qui sont en ton sein, surtout à celui qu'en tout temps on appelle et appellera ton père. J'ai douleur et je m'écrie avec toi, parce que l'image ou la forme du serpent s'est montrée en toute sa longueur et largeur imprimée sur les bras et les épaules de tous ceux qui ont été marqués du signe du serpent. S'il n'a pas été accordé à ceux-ci de le poursuivre pendant le jour, de le prendre et de le tuer, à combien plus forte raison les autres en seront-ils le jouet pendant la nuit, lorsque tu ne te soucieras pas sérieusement de le poursuivre et de le prendre ? Maintenant donc que le serpent sort de son trou ou de sa fosse près de la maçonnerie, dans le côté intérieur de la muraille, sans que personne le voie, il saute sur leurs bras, il s'enroule tout autour et y demeure attaché. En même temps il sortira aussi de son trou du côté extérieur de la maçonnerie, un grand nombre le verront ramper vers quelques-uns, les entourer comme une ceinture, car il les ceint de son habileté pleine de malice. La tête de ce serpent détruira les forces de leurs poitrines, de sa queue il brisera les nerfs et les artères de leurs cuisses jusqu'à la plante des pieds. Non-seulement ils en seront affaiblis, non-seulement il leur enlèvera toute force, mais un grand nombre mourront. Car, pour eux ou parmi eux, il ne se fera pas doux, et ils ne pourront l'enlever lorsqu'une fois il sera enroulé autour de leur corps, depuis la poitrine jusqu'aux pieds. Peut-être me feras-tu honneur et me donneras-tu de grandes louanges, de ce que souvent j'ai forcé par la terreur quelques-uns des tiens à aimer de vive force Dieu et ses commandements, à haïr toute impureté, toute désobéissance, toute œuvre mauvaise. Je me suis fait étranger à la mansuétude et à la longanimité; je me suis fait étranger au deuil, à la colère et à la crainte. Mais sans doute Dieu n'oubliera pas ce qu'au milieu de toi a fait cet homme,[1] car, comme il est écrit, il voit ses troubles et les leurs. Qui donc a pu le forcer à faire de pareilles choses pour toi, sinon l'amour qu'il te portait et l'amour que tu lui portais aussi? C'est Dieu qui l'a poussé à faire tout cela en toi, qui lui a donné l'ordre d'employer la terreur, la colère, les menaces, de frapper les hommes indociles, de se hâter de les punir : c'est lui aussi qui le poussera à cesser d'agir ainsi et lui donnera l'ordre de demander au Très-Haut de lui accorder un peu de patience et de mansuétude, grâce aux prières de ceux qui te composent, hommes ou femmes, qui ont à cœur la paix et le salut de leur pauvre et humble frère. Donc, comme tu l'as vu jadis au milieu de toi tout troublé, furieux, tremblant de colère, tu ne le verras plus en semblable état désormais, car il veut cesser ces actions dures comme l'enfer; sans aucun doute c'est Dieu qui lui a conseillé de te faire cette guerre, c'est lui aussi qui lui conseille maintenant de cesser ces œuvres di-

---

1. Comme l'a fait remarquer Zoëga, Schnoudi dans ce morceau parle de lui tantôt à la première personne du singulier, tantôt à la troisième, tantôt à la première personne du pluriel.

gnes d'un général d'armée et lui fait souhaiter de se reposer, de s'éloigner de toi par dégoût de telles actions. Je vous le dis, mes frères, tous ces troubles, toutes ces œuvres que Dieu nous a faites, tout cela m'a été plus doux et plus agréable que le miel, et nous les avons faites parce que c'était le temps marqué par la volonté de Dieu. Mais Dieu ne lui a pas ordonné de se conduire toute sa vie à ton égard comme un général. Chaque chose à son temps. Il y a temps pour se mettre en colère, car selon l'Ecriture, la colère vaut mieux que le rire ; il y a temps pour être indulgent, parce que la patience est une bonne chose, comme le dit aussi l'Ecriture. Si quelqu'un fait société avec d'autres gens qui s'efforcent de faire tomber un rocher d'en haut sur eux, le rocher tombera sur lui comme sur eux, s'il ne s'éloigne pas. Ainsi ceux qui en toi font ou feront des œuvres trompeuses en toute sorte de transgression, attirant sur eux le chagrin à l'heure du juste jugement de Dieu, s'il ne s'éloigne pas d'eux, il arrivera qu'après les avoir flagellés au temps où la mort était déjà proche d'eux, ils mourront, et lui, il aura du chagrin avec quelques autres pendant tous les jours de sa vie. C'est ce qui a eu lieu quand Schnoudi a tué ces hommes dont le terme de la vie était déjà arrivé, pour lesquels Dieu avait fixé le jour où il allait les visiter. N'est-il pas écrit dans une lettre, ou ne te rappelles-tu plus avec quelle grande douleur, quelle honte, assis au milieu de toi lorsque tout le monde était réuni, il s'est écrié: « O Dieu, ô Dieu, ô mon père, ô ma mère qui m'avez fait naître au monde, qu'ai-je donc de commun avec de pareilles actions ? Suis-je un soldat ? Suis-je un général ? Moi qui ne suis qu'un serviteur, qu'un berger. » Les larmes nombreuses que tu as répandues par compassion n'attestent-elles pas ces paroles et beaucoup d'autres qu'il a versées dans son amertume ? Certes c'est un pur hasard qu'en semblables occasions le jour de la mort soit arrivé pour un homme. N'as-tu pas vu ton frère ou ton enfant qui, interrogé par nous lorsque nous étions tous réunis, nous a menti contre la vérité au sujet de ce bâton (plût à Dieu que ce feu l'eut dévoré) qu'il avait volé et dont il a dit : « On m'en a fait cadeau ? » N'est-il pas arrivé que Dieu ne m'a pas donné en ce jour la patience de le conserver pour faire pénitence ? et il mourut tout à coup sans que nous sachions comment cela s'est fait. Non pas que Dieu l'ait tué parce qu'il avait, en mentant et en péchant, fait plus de mal que n'importe lequel d'entre nous ; mais les jours de son existence étaient complets. Si Dieu l'a tué, pourquoi ne nous a-t-il pas tués, nous qui avons péché plus que lui ? Est-ce que par hasard le jugement de Dieu n'atteindra pas chacun de nous au jour de la colère, si nous ne nous hâtons de nous retirer de nos impiétés avant de mourir comme cet homme notre frère, ou comme quelques autres que nous avons vus mourir tout-à-coup ? Est-ce que celui qui te parle n'en a pas torturé quelques-uns au point de les faire se rouler à terre, comme s'ils allaient mourir, et cependant rien ne leur est arrivé ? Et cependant lorsqu'il a frappé celui qui avait menti, lorsqu'il l'a frappé d'un seul coup de bâton, j'en sais beaucoup parmi vous qui l'ont accusé de l'avoir tué violemment avant le terme marqué pour son existence ! C'est pourquoi non-seulement je cesserai de faire des œuvres dignes d'un soldat, mais même je ne permettrai à personne en toi, ni à d'autres en d'autres lieux, de frapper qui que ce soit en mon nom, pas même au sujet de ce que contiennent les livres qui nous servent de règle. A Dieu ne plaise que si quelqu'un fait en toi des actions bien dures sous l'impulsion et l'ordre de Dieu, un autre ou plusieurs autres essaient de faire la même chose sans impulsion ni ordre de la part de Dieu. Dieu en effet a marqué pour chacun la voie à suivre, selon ce qui est utile en chaque temps, comme a dit l'apôtre : « A chacun selon la mesure de foi que Dieu lui a donnée. » Dieu est témoin à celui qui te parle qu'il n'a jamais rien fait de semblable sans en avoir reçu l'ordre. Que Dieu soit témoin aussi à celui qui fera semblable chose en tout temps ; mais que celui-là prenne bien soin de ne pas transgresser ce qui nous a été ordonné. Que la prudence te garde, selon qu'il est écrit. Si Dieu t'ordonne de faire quelqu'une de ces actions si dures, ne tarde pas de peur qu'il ne te cite à son tribunal. S'il ne te l'ordonne pas, n'aie pas l'audace de les faire et ne t'attire pas de chagrin ; car si ces choses-là se font sans ordre de Dieu, on n'en tire d'autre profit que des luttes, des rixes, des troubles vains et inutiles……………………

Et voilà bien quelle était sa position, obligé de rendre la vue et la raison à cette mère qui l'avait enfanté à la vie monacale, forcé de courir après des frères qui ne voulaient pas entendre sa voix, qui commettaient tous les crimes, volaient, pillaient, se faisaient malades pour manger davantage, amassaient de l'argent avec une insatiable cupidité. Dieu dans sa colère saurait bien les prendre, comme les enfants prennent des oiseaux et des chèvres dans leurs filets. Et cependant ils avaient devant eux, pour leur servir d'exemple, le sort fait par les Blemmyes aux communautés voisines : elles avaient été pillées, ravagées, rançonnées, réduites en esclavage. Malgré ce terrible exemple, ils ne cessaient pas leurs péchés. Sans doute quelques-uns diraient encore que ses paroles ne valaient pas la peine qu'on les écoutât. Eh bien, qu'ils se fissent étrangers à ses paroles, il le voulait bien ; mais lui aussi, il renonçait à toute responsabilité à leur égard au tribunal de Dieu. D'ailleurs il y avait des jours et des mois qu'il ne leur avait pas parlé, qu'il n'avait parlé à personne. A quoi bon dire qu'on l'aimait, si l'on ne voulait pas obéir à ses ordres, observer sa règle. Aussi il conviait tous ses fidèles à se séparer des pécheurs, à ne pas prêter l'oreille à ceux qui disaient : Laisse faire, laisse-les grandir, comme le maître du champ l'avait dit de l'ivraie.

Cette parole n'était pas faite pour eux, pour une communauté de moines, mais pour le monde. On disait encore qu'au festin des noces l'homme qui n'avait pas revêtu la robe nuptiale ne fut chassé qu'à l'arrivée du Maître : que par conséquent on ne devait pas chasser les frères coupables avant l'arrivée du Seigneur Jésus. Mais que signifient ces paroles ! Ses enfants allaient-ils ajouter foi à n'importe quelles paroles qui frappaient leurs oreilles ? Salomon l'avait dit depuis longtemps : Il n'y a que les imbéciles qui ajoutent foi à toute parole, convenable ou non ; le sage se garde bien de ce qui ne convient pas et de ce qu'il n'est pas séant de dire. Mais un grand nombre ne l'écoutaient pas, des jeunes garçons ou des jeunes filles, même des hommes et des femmes d'âge mûr. Malgré tout, il devait leur dire ce qu'il pensait de ces ignorants qui coupaient l'organe de leur virilité pour conserver leur pureté : on devait les mettre tout sanglants encore sur un matelas et les porter sur le chemin pour servir d'exemple à ceux qui passaient : pour l'amour de Dieu, on pouvait les mener mourir chez leurs parents, s'ils en avaient, ou dans un village habité s'ils n'avaient pas de parents ; mais à aucun prix on ne devait les laisser dans la communauté. « As-tu donc oublié, s'écriait-il, les profanations, les pollutions, les vols que l'on a commis sur les vases sacrés de l'autel, et tous les autres péchés qui ont été faits en toi ? Mais toi, vieille femme lorsque tu nous as écrit : « Je vous ai montré mon cœur tout entier, » sans doute tu nous as montré ton cœur, comme jamais homme ne l'a fait à son semblable ? Est-ce que nous t'aimons en haïssant la plus jeune ? Aimons-nous la plus jeune et te haïssons-nous ? ou encore avons-nous quelque amour de préférence pour l'une et de la haine pour quelque autre ? Si nous aimions l'une et haïssions l'autre, ne serait-ce pas faire le mal que nous détestons ? Et pourquoi as-tu tergiversé, as-tu refusé et accepté de venir ici avec elle puisque devant Dieu, devant le vieillard, devant ceux qui étaient venus avec lui et tous les frères qui sont près de vous, elle vous avait dit : « Nous irons ensemble ? » C'est en vérité une belle justification que de dire : « Je ne peux unir mon cœur au sien ! » Je le sais en vérité, pourquoi ton cœur ne peut pas s'unir au sien : tes paroles ne lui sont pas utiles, et les siennes n'ont aucune utilité pour toi. De même si tes paroles nous sont utiles, comment pourrait-il se faire que les nôtres te fussent inutiles ? N'est-ce pas la vérité ce que le vieillard a dit dans sa colère, qu'à chaque instant tu prêtais l'oreille aux conseils du diable ? je te l'ai demandé plusieurs fois : Dis-nous pourquoi tu es irritée contre elle ; mais tu n'as rien dit. Tu n'as pas pu supporter la parole que nous t'avions envoyée sous l'inspiration de Dieu : Eprouve une fois encore ta fille et si tu la trouves désobéissante, écris-le nous. Tu as été plus désobéissante qu'elle. Tu n'as pas pu attendre trois ou quatre jours avant de nous envoyer tes glaives contre elle et vos conversations entre vous. Pourras-tu donc attendre le jugement de Dieu, toi qui chasses ainsi notre sœur à tort et à travers ? Le diable a corrompu le cœur de chacune de vous au sujet l'une de l'autre : penses-tu que Dieu ne te demandera pas en quoi elle t'a fait tort ? Pardonne donc à ta sœur : réconciliez-vous. » Ah ! ces femmes que de mal elles lui avaient causé avec leurs continuelles disputes, leurs basses envies, leurs mesquines jalousies ! Il leur avait prodigué les conseils et les paroles et n'avait rien obtenu. Hommes et femmes lui causaient à l'envie les chagrins les plus cuisants par leurs débordements et leurs désobéissances. A cette pensée son âme se fondait de douleur, et des paroles d'affliction et de détresse [1] s'épanchaient de sa bouche.

« Peut-être n'ai-je pas pris soin, peu-être n'as-tu pas pris soin toi-même, ô communauté, de révérer suffisamment les paroles du prophète : « Le Seigneur Dieu est sujet au courroux, dans sa colère il se venge sur ses adversaires et perd ses ennemis. » Dieu n'a pas de pire ennemi que ceux qui commettent des fraudes. Celui ou ceux que veut dire celui qui te parle, sont au milieu de toi, tu les vois et tu ne les connais pas. Ils sont tout près et sans doute aussi d'autres sont absents. Ils sont au milieu de toi, tu vois leur figure, ils voient ton visage, tu lèves la tête pour les voir, ils baissent la leur pour ne pas te voir. Cherche donc quel il

---

1. C'est le titre même du morceau qui suit dans les parchemins coptes du musée de Naples.

est, quels ils sont, et tu les connaîtras. Celui qui te parle n'est pas assez insensé quand il voit une chose cachée pour la faire connaître et dire ce que c'est, comme cette femme sotte et niaise que Dieu a chassée de nous et qui disait : Viens et fais connaître les œuvres des voleurs ; et de même depuis le commencement un grand nombre d'entre nous on dit de semblables sottises.[1] Je regarde ceux qui prononcent de telles paroles comme insensés en présence de la vérité. Si quelquefois j'ai pensé des choses cachées, suis-je stupidement allé dire à quelqu'un : Je connais les choses cachées ? O pauvres gens qui ne se jugent pas eux-mêmes pour le jour du grand jugement ! Aussi, il n'y a rien de surprenant que tu connaisses les noms nouveaux que l'on donne à celui qui te parle quand on l'appelle lâche, colère, querelleur ! Ne sais-tu donc pas qu'il y a des noms encore plus forts qu'on peut lui donner ? Je vais te les apprendre. Appelle-le douleur, chagrin, gémissement, honte et tristesse. Mais sache-le bien aussi et médite-le : le miel ou ce qui est plus doux que le miel, on le rassemble, on le garde dans le même endroit jusqu'à ce qu'on le partage entre plusieurs qui le mettront aussi en des vases convenables ; le fiel ou ce qui est plus amer que le fiel restera près du miel séparé de lui, jusqu'à ce qu'on

---

1. Schnoudi fait ici allusion aux mises en demeure que lui proposaient les frères lorsqu'il leur disait : Je connais toutes vos œuvres cachées. La femme en question et les moines ses ennemis lui répondaient : Eh bien, nomme les coupables.

l'enlève peu à peu, qu'on le donne à d'autres qui le jetteront au loin. Ainsi parle celui dont tu cherches quel il est : je dirai, moi, ou dis toi-même une chose pour une autre : je placerai moi, ou place toi-même la tête pour les pieds : je placerai moi, ou place toi-même un œil ou les yeux pour une oreille ou pour les oreilles, le nez et les narines pour la main ou pour les mains. Entrouve l'orbe de la terre pour regarder dans l'abîme, ô communauté. Elève tes yeux au ciel pour voir si nous pouvons, toi et moi, en connaître la largeur, a longueur, la hauteur et la profondeur.[1] Je me placerai et me tiendrai dans le lieu où celui que tu ignores a branlé sa tête sur toi par colère et par zèle, il y a bien des jours, bien des années. Le jugement sera remplacé sur l'autel ou à l'endroit où il a maudit depuis le commencement jusqu'à ce jour, à cause des œuvres mauvaises qu'ont perpétrées les hommes et les femmes. Ne te semble-t-il pas étonnant celui qui te dit : Je jugerai celui qui nous jugera, toi et moi ? O Dieu, ô bon Seigneur Jésus-Christ, juge mon cœur, pèse l'âme de celui ou de ceux qui sont pleins de tristesse au sujet des iniquités qu'on a commises ou que l'on commet encore dans tes communautés. Celui qui prend une garantie pour un serviteur imbécile

---

1. Il ne faut pas croire d'après ce passage que Schnoudi admettait quatre dimensions : il était trop intelligent. La hauteur de son ciel allait depuis la terre jusqu'à la première couche atmosphérique qui semble nous apparaître bleue ; la profondeur depuis cette couche première jusqu'à la plus éloignée des planètes.

méprise la loi, comme le dit l'Ecriture : celui qui prête serment pour des hommes ou pour un homme insensé implique le salut de son âme dans le mépris qu'on fera du serment par lequel il aura confirmé un témoignage. Cet homme ou ces hommes qui ont péché m'ont fait pécher aussi. O Dieu, j'ai transgressé le serment que j'avais fait en ta présence ! Cet homme ou ces hommes sont morts, ils nous ont tués, moi et vous. Cet homme ou ces hommes sont devenus tes ennemis et les ennemis de celui qui a été mis à la tête de ton monastère ou de tes couvents, ils m'ont rendu aussi ton ennemi, ô Dieu, et l'ennemi de celui qui s'est arrêté pour séparer les ténèbres de la lumière. Comment puis-je lever mes yeux vers toi dans mes humbles et pauvres prières ? O Dieu, j'ai transgressé le serment que je t'ai fait. Je l'avouerai, je connais mon péché, ta colère s'est appesantie sur moi, tes menaces m'ont entouré, tes terreurs m'ont bouleversé, selon la parole de l'Ecriture. Je me suis endormi dans ma honte et le blâme que j'avais mérité s'est étendu sur moi ; non-seulement parce que j'ai été pécheur en toutes choses, mais parce que j'ai transgressé le serment que j'ai fait en ta présence, à cause de ces hommes qui, depuis le commencement jusqu'à ce jour, n'ont pu se rassasier de pécher contre leurs âmes. Ni serment, ni crainte, ni larmes, ni honte, ni colère, ni malédiction, aucune parole, aucune action faite par ton ordre, ô Dieu, n'a pu prévaloir contre ces hommes et les empêcher de pécher contre leurs âmes. Ne m'impute pas la responsabilité de ce serment, comme on demande compte du sang qui a été versé lorsqu'on a tué quelqu'un. Je sais que mon serment est sur ma tête déjà depuis de longs mois, comme tous les autres péchés que j'ai commis. Je suis plein de honte et d'affliction, ô Dieu, regarde mon âme et sauve-la de la malédiction que méritent la violation de mon serment et tous mes autres péchés : c'est cet homme, ce sont ces hommes qui m'ont rendu ténébreux. Ne détourne pas de moi ton visage, ne l'éloigne pas avec colère de ma pauvreté. Lave-moi de la malédiction de mon serment, rends-moi pur de mon crime, ô Jésus médiateur de ma conscience. Je ne rends pas témoignage sur de l'argent, sur des richesses ou autre chose vaine, mais je veux que celui ou ceux que j'appelle mon frère ou mes frères fassent pénitence, ô Dieu, et se réconcilient avec toi. Et au lieu de me traiter en frère et en compagnon, ils m'ont rejeté comme un étranger, ils n'ont pas eu pitié de moi dans mon grand malheur. N'est-ce pas à cause de mes péchés que tu m'as flagellé ? Et qui sait si je serai sauvé! ou pourquoi ne craindrais-je pas que tu ne renouvelles sur ma petitesse les coups, les tourments et la maladie, que tu ne me flagelles encore en plus des châtiments que tu as envoyés à mon péché! Tu sais, ô mon Dieu, ce qui m'a retenu de faire à ces hommes comme ils m'avaient fait. Quelle crainte sinon la tienne pourrait m'empêcher de faire tomber sur eux la justice ? car ce n'est pas contre lui, Seigneur, qu'ils ont péché cette fois-ci, c'est contre toi. Car tous les membres de tes communautés me sont témoins que la justice est tombée sur moi seul, lorsqu'ils transgressaient le serment que j'avais fait. C'est pourquoi je prends sur moi leurs péchés, comme celui qui avait péché contre son frère septante fois sept fois. Qu'il est grand le péché qu'ils ont commis ! Car mes frères m'ont tué d'un seul coup, oui, ils ont eu assez d'un seul coup, pour faire que tu ajoutes à ma douleur les angoisses et les maux du cœur et du corps. J'ai même craint pour ma tête qu'elle ne fût prise par ce mal ou par ce qui avait toute l'apparence d'une maladie. Qu'il te plaise donc, Seigneur, que veuille ta miséricorde, ô Dieu patient, nous pardonner, à moi et aux autres, et non seulement pour cette fois, mais pardonne-nous tous les péchés que nous avons commis depuis le commencement jusqu'à ce jour. » [1]

Ce long morceau fera mieux comprendre que toutes les réflexions tardives, l'œuvre et le caractère de Schnoudi. On l'y trouve tout entier avec ses violences et ses douceurs, ses haines et ses affections. Sa phrase hachée, tourmentée dont la traduction ne peut donner la ressemblance, est bien l'image de son cœur. Il avait raison, sa vie avait été bien dure ! Mais n'était-il pas lui-même, la première cause de tous les malheurs qui fondaient sur lui. Son orgueil immense était puni

---

1. Zoëga. op. cit. p. 385-411.

dans ce qui l'avait nourri : le repos l'avait fui pour jamais, la mort seule devait faire cesser ses luttes et ses souffrances. Ces luttes et ces souffrances avaient été tellement vives qu'il semble avoir lui-même craint pour sa raison. Son tempérament passionné, ses colères impuissantes, d'autant plus que l'âge l'appesantissait davantage, le spectacle de ses ennemis riant de ses menaces vaines ou peu effectives, tout devait contribuer à le pousser au paroxysme de toutes ses passions. Et cependant on ne peut s'empêcher d'être ému quand on l'entend dire qu'il n'était pas né pour des œuvres de violence, mais pour des œuvres de douceur. Il sut trouver des accents qui vont encore au cœur. Mais si le cœur était chaud, l'esprit était trop borné, trop étroit et ruinait tout l'édifice qu'il avait assis sur des fondements peu durables : les eaux de l'imperfection humaine battaient son œuvre, et cette œuvre s'écroulait parce qu'elle était bâtie sur l'orgueil, sur les petitesses de l'homme aussi mouvantes que le sable de la mer.

VI

Nous sommes arrivé au point culminant de la vie de Schnoudi: quoique nous ne puissions donner aucune date fixe, il est évident d'après l'analyse des œuvres qui précèdent que le moine d'Athribis descendait le dernier versant de la vie. Certes le temps avait marché depuis l'époque où, dans sa caverne au désert, il pensait avec un mélancolique regret à la verdure des champs, à la richesse des aires chargées de blé et au fleuve sacro-saint qui apportait périodiquement l'abondance à sa patrie. Le temps avait marché et le cœur de Schnoudi s'était entièrement fermé à toutes les joies humaines. La contemplation de la nature n'avait plus pour lui le moindre charme; la verdure ne reposait plus ses yeux; les champs de blé ne lui rappelaient plus son heureuse enfance sous la tendresse vigilante de sa pieuse mère ; le Nil n'était plus pour lui le fleuve poétisé et chanté par les beaux esprits des temps pharaoniques, il n'était que l'instrument des célestes vengeances dont lui-même se faisait le ministre. Tout avait disparu en lui et pour lui, afin de laisser place au fanatisme farouche qui s'était emparé de ses pensées. Lorsque le soir arrivait, le soleil, se couchant dans sa gloire derrière la montagne d'Athribis et inondant l'horizon de toutes les couleurs du prisme à la fois, n'attirait pas le moindre de ses regards : ni la nuit s'étendant rapidement sur la terre et faisant apparaître ces myriades de mondes lumineux qui rendent en Orient la nuit plus belle encore que le jour, ni la lune faisant son entrée dans le ciel au milieu d'un éclat admirable, ni le silence solennel qui enveloppe le monde et rend perceptibles les moindres bruits des plus petites créatures, rien ne pouvait le charmer ou l'émouvoir. Sa poitrine ne s'ouvrait pas à ces fortes haleines du désert qui nourrissent autant que les aliments les plus substantiels et que ses ancêtres avaient nommés les *souffles vivifiants du Nord*, désirant les respirer dans la vie d'outre tombe, comme ils les avaient respirés sur la terre d'Egypte ; si les fonctions de l'organisme humain se faisaient en lui comme en tout autre être vivant, il n'y apportait aucune conscience : il ne goûtait rien et usait de peu. Il ne connaissait plus cette intime joie de savourer la vie dans le contentement du corps et de l'esprit.

Au lieu d'admirer la beauté des œuvres de ce Créateur qu'il prétendait servir et qu'il servait en effet à sa manière, il n'avait de désir et d'aspirations que pour la lutte et ses émotions. Le soir venu, fatigué qu'il était de la tension d'esprit et de corps dans laquelle il vivait, quand tous ses moines s'étaient retirés dans leurs cellules jusqu'au moment où la cloche les appellerait à la prière, il allait seul s'asseoir sur le fût d'une colonne brisée dont il n'avait pu trouver l'emploi dans la construction de son église et de son monastère et qui, maintenant encore, est le témoignage de son fanatisme et des ruines qu'il a amoncelées. Là il rêvait, mais non aux choses terrestres et humaines ; il rêvait et ses rêves comme ses veilles étaient peuplés d'esprits bons ou mauvais : il parlait avec le fils de Dieu, ses prophètes, ses apôtres, tous ses saints, ou il luttait contre les esprits infernaux, combattait corps à corps avec Satan, lui infligeait de cruelles tortures, désirant l'anéantir sans le pouvoir. S'il avait trop souffert du poids du jour et de la chaleur, il cédait à la fatigue du corps et s'endormait, et les rêves de son sommeil n'étaient pas différents de ceux qui formaient sa vie éveillée. Jamais il ne pensa à l'histoire du pays qu'il habitait: il n'eût aucune pitié pour ces monuments témoins grandiose d'une grandiose histoire. Il ne connut les Pharaons que pour les maudire. De son temps, comme de nos jours, l'imagination populaire devait se plaire à rattacher à ces antiques possesseurs de l'Egypte toutes les merveilles qu'elle ne pouvait pas s'expliquer ; elle devait trouver une douce jouissance à redire alors, comme aujourd'hui, les récits poétiques, les contes fantastiques dont les antiques habitants de la *terre noire* nous ont laissé des spécimens charmants. Si son oreille en fut bercée pendant son enfance, son âge mûr les oublia ou ne voulut plus les connaître. Des différents noms sous lesquels ses ancêtres avaient adoré la divinité suprême et unique, il ne retint que certaines appellations qu'il couvrait de ridicule parce qu'elles lui semblaient odieuses ; dans les symboles sous lesquels ils avaient voilé avec amour et poésie les mystères qui ne devaient pas être le partage de tous, il ne vit qu'une idolâtrie fantastique, horrible. Aussi tous ses efforts au dehors de son monastère devaient converger vers ce seul but, l'extirpation de l'idolâtrie dans la Haute-Egypte, du moins dans ce pays d'Akhmim qu'il remplissait du bruit de ses mortifications extraordinaires, comme du bruit de ses violences intempestives et immodérées. Tout le pays qui entourait son monastère était couvert de monuments qui, si l'on en juge par les débris qui ont échappé aux dévastations des hommes plus encore qu'aux secousses de la croûte terrestre, devaient être des chefs-d'œuvre admirables. Pour lui, les œuvres d'art n'existaient pas. L'art lui-même n'était pas. Il n'avait jamais réfléchi que l'art est l'une des faces de la vérité, l'une des marques de la posession de cette vérité qu'il croyait tant aimer et cherchait à faire régner autour de lui. La vérité n'avait qu'une face pour lui : il fallait croire comme il croyait, ou mourir. La raison humaine dans ses plus splendides manifestations ne trouva pas grâce devant lui. D'ailleurs connut-il jamais cette raison qui brille en l'homme d'un éclat si admirable que Dieu est dit l'avoir faite son image et ressemblance ! On ne trouve pas un seul mot, dans ce qui nous est rapporté de lui ni dans celles de ses œuvres que nous connaissons, qui puisse faire supposer qu'il reconnut des droits à la raison humaine. Il n'agit jamais d'après les calculs ou les conseils de cette raison : la passion, sous quelque forme qu'elle se présentât, fut toujours la maîtresse absolue de son esprit, l'impératrice de ses pensées, le moteur de ses actions. Il ne sut jamais distinguer entre des choses qu'il est cependant facile de distinguer : tout ce qui de près ou de loin touchait ou pouvait toucher au polythéisme, ce grand ennemi, devait être sacrifié et détruit. Aussi tout ce qu'il put saisir de sa main nerveuse passa à la destruction. Quand ses forces se trouvèrent impuissantes devant la masse étonnante des monuments, il respecta les pierres, mais les figures furent toutes salies, martelées ou détruites. Que la statue fut le portrait d'un roi ou la représentation de la divinité, peu lui importait ; il n'y regardait pas de si près. Voilà pourquoi le voyageur moderne qui vient contempler les monuments que le temps a respectés avec ses révolutions et ses tempêtes, reste muet de colère devant les profanations qu'accomplit un fanatisme aveugle. Non pas qu'il faille dire que l'on doive imputer à Schnoudi toutes les profanations sur lesquelles on gémit depuis Akhmim jusqu'à l'île de Philée ; mais nous savons avec certitude que, si dans les environs du pays qu'il habitait, il ne reste plus un seul monument, c'est à lui que nous le devons ; et ce n'est pas une témérité de penser que son influence poussa d'autres fanatiques, moins coupables que lui sans doute, à l'imiter. D'ailleurs son panégyriste nous apprendra que s'il ne pouvait lui-même prendre part à ces pillages et à ces dévastations, il y envoyait ses moines qui ne savaient rien de mieux à faire que d'imiter leur père. Peut-être se justifiait-il sa conduite en prétextant le décret de Théodose ? Mais ce décret établissait diverses sortes de catégories parmi les monuments consacrés au polythéisme, comme nous le verrons bientôt, et Schnoudi ne fit aucune distinction. Son esprit était incapable d'en faire, il ne regardait jamais que devant lui, car ses yeux étaient attachés sur un point fixe dont ils ne se détachèrent jamais. On a dit que les hommes qui ne lisaient qu'un livre étaient à craindre ! bien plus à craindre sont ceux qui n'ont qu'une seule idée petite ou grande, car c'est le propre du fanatisme. Le fanatisme n'aspire qu'à faire passer son idée dans la catégorie des faits : pour arriver à cette fin tous les moyens lui sont bons, car pour lui la fin sanctifie les moyens. Erreur profonde et néfaste qui a perdu et perd encore l'Orient ! Si le Christianisme ne s'était pas attaché les races jeunes et vigoureuses qui commençaient alors à envahir l'empire romain, s'il s'était contenté de se cantonner en Orient, il aurait dévoré ses enfants, comme l'antique Saturne, ou pour mieux dire encore ses enfants se seraient détruits eux-mêmes après avoir détrôné leur père. Chose étonnante et curieuse ! le même sort aurait été réservé à l'Islamisme si, aux époques critiques de son histoire, alors que ses divisions intestines semblaient lui présager une mort imminente, il n'avait pas à propos reçu une nouvelle et vigoureuse vie par l'entrée en son sein de peuples nouvellement arrivés à la puissance politique.

Il serait assez difficile d'indiquer avec précision à quelle époque de sa vie, Schnoudi commença d'être possédé de l'idée d'anéantir le polythéisme autour de lui. D'après les règles ordinaires du développement de la pensée dans l'esprit humain, cette obsession dut être le fruit lentement éclos de ses pensées et de ses colères. Sans doute, dans sa jeunesse, il put ressentir une haine vigoureuse contre ceux qui ne partageaient pas ses croyances, qui écrasaient sa race et s'enrichissaient de la sueur de ses frères. Mais, avant que cette haine intime pût éclater à l'extérieur, il fallait des circonstances de temps et de personnes qui ne durent se présenter qu'à une époque déjà avancée de sa vie. Si Schnoudi n'avait pas été entouré d'une sorte d'auréole mystérieuse, si le bruit de ses actions de pénitence ou de son administration intérieure n'était pas sorti de son monastère pour se faire entendre dans tous le pays environnant, s'il n'eût pas su se faire un parti de fanatiques toujours prêts à le suivre et à agir selon ses indications, si surtout il ne se fût pas assuré l'impunité, sa fureur eût été impuissante et les éclats en eussent été comprimés dès le premier accès. Pour en arriver à réunir toutes les conditions nécessaires à son succès, il lui fallut du temps : nous ne croyons donc pas nous tromper en reportant aux quarante, peut-être même aux trente dernières années de sa vie, la guerre impitoyable qu'il fit aux adorateurs des idoles.

Au commencement du cinquième siècle, le pays d'Akhmim était encore couvert de temples où se continuaient les sacrifices aux dieux de l'antique Egypte accommodés au goût de la mythologie grecque. La population grecque de ce canton de l'Egypte était encore considérable : la plus grande partie était restée attachée au culte des dieux de son pays. Les païens grecs avaient en main la richesse, par conséquent la puissance ; le pouvoir, les charges administratives étaient souvent le partage de leur éducation et de leur savoir : rieurs et sceptiques, ils ne pouvaient voir sans gaieté l'orgie religieuse, qu'on nous pardonne cette expression, à laquelle l'Egypte se livrait alors dans la ferveur de son nouveau culte. Ils prenaient la vie en amateurs et s'efforçaient de n'en goûter que les charmes et n'en de respirer que les roses.

Sans doute leur foi dans les dieux de leur panthéon n'était que médiocre ; mais leur esprit restait malgré tout attaché à ces mythes gracieux et poétiques où le génie grec a souvent caché un sens profond et dont il a quelquefois voilé des idées grossières. En face de la nouvelle religion qui aspirait à détrôner la leur, ils avaient resserré leurs rangs et la conscience du danger qu'ils couraient les avaient peut-être raffermis dans un culte dont ils devaient au fond se soucier peu. La vue des mortifications monacales les faisait sourire, tout en les effrayant parfois, quand ils réfléchissaient aux suites qui pouvaient en résulter pour eux : leurs fières railleries pleuvaient sans cesse sur ces moines à la figure émaciée, aux habits sales, vivant dans d'horribles trous, sous prétexte d'honorer Dieu. Il était plus facile d'honorer leurs dieux à eux : les Amours, les Ris, les Jeux et les Grâces se montraient d'un accommodement plus facile que le Dieu des Chrétiens. Fidèles au culte de l'art qu'ils avaient apporté de leur patrie, ils avaient su orner leurs maisons d'œuvres délicates, de statues en tout genre et de toute forme : raffinés dans leurs goûts, ils trouvaient que la vie ne vaut pas la peine de vivre, si l'on ne sait pas l'embellir de tous les agréments que l'esprit conçoit et que la main exécute. S'ils se laissaient aller au courant du fleuve, leurs barques étaient pavoisées, richement ornées de tentures et de tapis, la proue était une œuvre d'art ; s'ils donnaient un festin, les mets exquis ne le cédaient qu'au charme de la musique et à l'ivresse des parfums ; le vin coulait à flots et la joie ruisselait avec le vin. La poésie venait se joindre à la musique et à la danse. Leur société était lettrée : peut être fut-elle la première à entendre les œuvres de Nonnus.[1] Ils aimaient le théâtre avec passion, et ils étaient assez amateurs de bonne et ancienne comédie pour faire jouer sur le théâtre de Panopolis les *Oiseaux* d'Aristophane.

Les bruits de ces fêtes parvenaient jusqu'à Schnoudi : plus d'une fois dans sa caverne du désert, la brise du soir dut lui porter les refrains anacréontiques ou bachiques des chants qui plaisaient à ceux qu'il regardait comme ses ennemis. Il voyait, avec une haine d'autant plus violente qu'il était obligé de la concentrer davantage, la félicité matérielle de ces joyeux viveurs, pour lesquels la vie ne semblait avoir que des joies. Sa colère s'exaspérait quand on lui annonçait que ces misérables païens venaient de détourner quelque chrétien du culte du vrai Dieu pour le faire tomber devant d'impures idoles. Cette vie heureuse qui trompait les simples lui était odieuse, il se promettait bien de voir le jour de la vengeance et de s'en faire lui-même l'instrument. Il trouva un puissant auxiliaire dans la

---

1. Ceci n'est qu'une conjecture : M. de Marcellus a donné de bonnes raisons pour démontrer que Nonnus était de Panopolis, mais rien ne peut être affirmé en plus. La lettre de Synésius sur les fils de Nonnus ne saurait prouver, ainsi que l'a insinué M. Revillout, que Nonnus aurait été dépouillé et mis à mort par Schnoudi.

manière dont les riches grecs traitaient les pauvres fellahs. Sans doute, il n'entra dans les cœurs des Grecs de Panopolis aucun sentiment de dureté et d'égoïsme de propos délibéré : ils se contentèrent de traiter le fellah comme il a toujours été traité dans la terre d'Egypte, où on le regarde comme plus qu'une bête et moins qu'un homme. Les malheurs des temps, les famines, les inondations insuffisantes lui furent un secours, car il en fit retomber la responsabilité sur ces païens qui souillaient la terre sainte et qui forçaient Dieu à punir ses enfants afin de les punir eux-mêmes. On comprend d'ailleurs parfaitement que les Grecs aient réservé leurs secours pécuniaires pour leurs frères ou leurs coréligionnaires et qu'ils ne se soient que médiocrement soucié des Chrétiens et des moines. Malgré les foudres et les prédictions de Schnoudi, longtemps leur vie fut calme et tranquille : rien ne vint troubler le pur plaisir de leurs fêtes et de leurs chants. Cette persistance d'un bonheur qu'il croyait immérité était un vrai scandale pour le moine d'Athribis. Le retour de presque toute la ville d'Akhmim au paganisme lui porta le dernier coup et il résolut de se servir de toutes les forces qu'il avait péniblement amassées pour livrer un dernier combat à ses ennemis et sortir victorieux de la lutte.

Cette résolution fut vraisemblablement l'acte des dernières années de sa vie : avant d'agir il avait longtemps parlé, menacé, conjuré, il semble même que tout d'abord les rapports qu'il eut avec certains Grecs de la ville d'Akhmim furent empreints d'une sorte de modération. Quoiqu'il en soit, il commença d'abord par discuter, répondant aux railleries par des railleries, aux sarcasmes par des sarcasmes, prononçant des discours où il réfutait selon l'inspiration du moment les doctrines polythéistes. Dans les fragments que nous avons cités de ses œuvres, ou simplement analysés, nous l'avons déjà vu décocher quelques traits qu'il croyait acérés contre les adorateurs des idoles, contre ces riches qu'il accusait de méchancetés voulues, d'oppressions, de vexations, de tous les crimes que l'argent peut inspirer aux grands contre les petits. Dans une foule d'autres endroits de ses œuvres il revient sur ce sujet et il nous faut, à nous aussi, revenir sur ses ouvrages afin de mieux connaître encore son éloquence et ses idées. Malheureusement nous sommes obligé de nous en tenir encore à des fragments, et nous n'avons même pas eu la possibilité de nous servir de tous les fragments que nous savons exister.

Rien ne semblerait plus en dehors des habitudes d'esprit de Schnoudi qu'un traité didactique où il aurait réfuté *ex professo* les erreurs qu'il combattait : il n'a de commun avec l'école des apologistes que la passion exubérante qui a toujours animé ces sortes d'œuvres, les a rendues éloquentes, mais trop souvent aux dépens du raisonnement. L'œuvre entière de Schnoudi est essentiellement oratoire : ses controverses avec les hellénisants de Panopolis ne diffèrent en rien des lettres ou des discours qu'il adressait à ses moines. D'ailleurs il est très probable que celles de ses œuvres où il semble parler aux païens ont été prononcées devant ses moines : s'il interpelle directement les païens, les Juifs, les hérétiques, c'est par un tour oratoire dont il a usé et abusé. Il y a dans la passion qui l'anime contre les idolâtres une gradation continuelle : à mesure que l'âge avançait, son impressionabilité devenait plus grande, son exaltation augmentait et ses actions dépassaient toutes les limites du droit et de la justice. Tout d'abord il se borna à tourner en ridicule les dieux et les déesses du panthéon égyptien grécisé : il accompagna bien ses railleries de malédictions, mais l'on sent que ses malédictions sont encore anodines et qu'elles ne renferment que de vaines et sonores paroles. Il ne craignait pas d'introduire un Gentil dans l'église de son couvent et de lui reprocher ses idées peu orthodoxes sur la divinité. Ce Gentil qui se piquait de philosophie s'était fait accompagner de ses amis, tous personnages riches et puissants de la ville d'Akhmim et qui le tournaient finement en ridicule d'être venu écouter les divagations d'un moine. Schnoudi prit pour texte de son sermon ces paroles de l'Ecriture : « Le lion rugira : qui ne sera rempli de crainte ? le Seigneur a parlé, qui ne sera rempli de l'esprit de prophétie ? Le Seigneur a donné un ordre, ainsi que son Esprit, qui pourra cacher les choses qui sont utiles à Dieu ? » Puis il commença ainsi : « J'étais un jour assis sur la montagne : je vis en l'air un animal qui luttait contre un autre animal se trouvant sur terre. Et je fus bien joyeux, lorsque je vis l'oiseau sortir de la lutte, vainqueur de celui qui foulait la terre aux pieds. Mais un moment après l'animal terrestre se retourna contre l'oiseau, le saisit et le vainquit. Que les sages reconnaissent en ces paroles les hérétiques dont le cœur est double. Il n'y a rien d'étonnant à ce qu'un Gentil, ou un hérétique n'ayant pas la foi, soit admis dans l'église : souventes fois les oiseaux entrent dans l'église. Voyez ce paon et cette poule. Que si le Gentil et l'hérétique étendent les bras et lèvent les mains en simulant la prière, les oiseaux ne déploient-il pas aussi leurs ailes ? [1] »

C'est un spectacle curieux de voir ici Schnoudi se justifier devant ses moines d'entretenir des relations avec ces païens auxquels il devait bientôt faire une si rude guerre. Sans doute son orgueil était flatté de voir qu'on le prenait au sérieux, qu'on ne dédaignait pas de discuter avec lui : les droits de l'hospitalité n'allaient pas jusqu'à lui faire une obligation d'introduire ses hôtes païens dans son église, mais sa vanité était contente de déployer devant eux toutes les richesses de son éloquence. Cette bonne entente ne dut pas durer longtemps. Dans une autre de ses allocutions, il prit directement à partie les

---

1. Zoëga *Cat. Cod. Copt.* p. 451-452.

idolâtres : « Si vous dîtes d'un veau ou d'une vache, dit-il, ou de quelque autre animal que ce sont des dieux, je vous répondrai que vous êtes maudits car le Seigneur de gloire, le père de Notre Seigneur Jésus le Christ, les a créés pour porter le joug, pour traîner de lourds fardeaux, pour qu'ils vous donnent leur lait à boire ou qu'ils vous livrent leurs toisons. Si vous dîtes des animaux sauvages que ce sont des dieux, vous êtes maudits davantage encore, car c'est le Seigneur Dieu qui leur a commandé d'exister. Si le chien ou le chat est votre Dieu, vous êtes de plus en plus soumis à la malédiction, car c'est le Seigneur Dieu qui a dit : Je suis celui qui suis et il n'y a pas d'autre Dieu que moi ; en les créant il leur a donné à chacun leur emploi, il a fait l'un pour veiller sur nos maisons et l'autre pour détruire les souris. » Et s'animant davantage : « Qu'ils se lèvent donc, vos dieux, pour vous sauver de la colère du Seigneur qui va s'abattre sur vous ! Allons, où sont les crocodiles et tous les habitants des abîmes que vous adoriez ? Où est le soleil, la lune et les étoiles que Dieu a créés pour éclairer la terre et que vous adorez comme des divinités en vous trompant vous-mêmes ? Qu'ils viennent donc maintenant vous délivrer de la malédiction des opprobres et de toutes les calamités que Dieu a fait fondre sur vous ! Où est ce Satan et tous les autres diables qui l'accompagnent, lui qui a assez obscurci votre cœur pour vous faire l'adorer sous les nombreux prétextes de toutes vos idoles ? Qu'il vienne, ou plutôt levez-vous vous-mêmes pour échapper à la colère de Dieu qui d'un seul coup vous a atteints, vous et lui, jusque dans l'abîme. Où est Kronos qui est l'origine du temps, lui qui a tendu un piège à ses parents pendant qu'ils étaient ensemble et, de sa faux, a coupé la virilité de son père, comme cela est écrit dans vos livres ; lui qui dévorait les enfants qu'il engendrait selon vos discours fabuleux ? Qu'il vienne soulager vos malheurs ! N'est-il pas aussi l'un de vos dieux, ainsi que sa compagne que la colère de Dieu saura bien anéantir avec lui ? Vous l'égalez à un Dieu, alors qu'il n'était qu'un homme infâme ! Vous vous en êtes fait un Dieu pour qu'il vous enseigne les iniquités qu'il a commises, à la manière de ces hellénisants qui lui offrent des hommes en sacrifice. Ils avaient aussi Rhéa que vous appelez la mère de tous ceux que vous adorez et ils se livrent à l'infamie afin que votre mère soit contente de vous ! Où est Zeus et son fils Arès qui prend la forme d'un sanglier pour manifester son impureté ? Et Héphaistos qui n'est autre que Ptah, et Apollon cet impur joueur de cithare qui forniqua avec une multitude de femmes et qui souilla les petits enfants, où sont-ils ? »

Schnoudi enveloppait dans sa colère non-seulement les païens d'Akhmim et de son nome, mais encore les Juifs, ceux qu'il traitait d'hérétiques et ceux qui, s'étant jadis convertis, étaient retournés à leur religion première. Cette dernière classe de ses ennemis lui était particulièrement odieuse ; cependant il faisait retomber le crime de ces apostasies plus sur les riches païens de Panopolis que sur les malheureux qui avaient dû renier leur seconde foi pour trouver des moyens de subsistance. Un homme avait eu le talent de s'attirer une haine spéciale de Schnoudi : il se nommait Gésios.[1] Sans doute il était riche parmi les riches, lettré parmi les lettrés et jouissait d'une grande influence sur ses concitoyens. Sa maison était pleine de ces statues d'or, d'argent, de bronze, de pierre ou de bois que Schnoudi exécrait. Il dut être l'un des principaux agents de ces apostasies qui torturaient le cœur intolérant du moine d'Athribis. C'est à son sujet que Schnoudi formait le souhait chrétien de le voir plongé dans les profondeurs de l'enfer, la langue attachée aux doigts des pieds. Gésios mourut avant Schnoudi et le moine rancunier se hâta d'apprendre à ses enfants que le Seigneur l'avait fait descendre en enfer et qu'il y avait vu Gésios en proie au supplice qu'il lui avait souhaité ! Ce fut sans doute une consolation pour Schnoudi : mais avant cette fin de leur querelle, les deux adversaires devaient se livrer plus d'un assaut. Ce qui exaspérait le plus Schnoudi, c'était de voir l'influence de Gésios contrebalancer la sienne : la foule qui entourait le riche païen était parfois plus nombreuse que celle qui se pressait

---

1. Zoëga. *Cat. Cod. Copt.* p. 451-452.

autour de Schnoudi. Un jour voyant la multitude qui s'attachait à cet homme de malédiction, comme nous l'apprend le titre de l'un de ses discours, il prononça l'une de ses plus violentes diatribes, « afin que cet homme fût averti de ce qu'il disait de lui et que les autres se gardassent de ses œuvres. » Ce qu'il voulait surtout, c'était détacher le peuple de Gésios, et avant tous les autres, les chrétiens qui étaient au service du riche païen.

Mais ces païens d'Akhmim, il n'y avait rien à espérer d'eux, ils étaient inconvertissables et ne causaient que du scandale. Maintenant que tous étaient avertis, le temps était arrivé de passer de la parole à l'action. Schnoudi se jeta dans cette œuvre d'intolérance et de destruction avec toute l'ardeur malsaine de son tempérament. Ici encore nous n'avons que peu ou point d'indices chronologiques : aussi nous devons nous borner à raconter les faits et les légendes dont on les a entourés, dans une sorte de suite logique dont nous ne pouvons garantir l'exactitude. La ville d'Akhmim, le centre de l'idolâtrie et de la richesse, dut attirer sur elle les premiers coups ; et parmi les habitants de cette ville Gésios fut tout d'abord désigné à la haine vengeresse du moine.

Une nuit, Schnoudi, accompagné de son secrétaire Jusab et d'un autre moine nommé Akhnoukh, sortit en secret de son monastère. Montés sur leurs ânes, les trois fanatiques se dirigèrent en silence vers la ville d'Akhmim afin de mettre à exécution un projet longtemps caressé : il ne s'agissait rien moins, que de pénétrer dans la maison de Gésios, de lui enlever ses idoles et de les anéantir. Sans doute le maître était absent du logis et Schnoudi avait su se ménager des intelligences dans la place. Tout avait été préparé d'avance pour que l'expédition fût tenue secrète et s'accomplît le plus vite possible. Les trois voyageurs parvenus au fleuve le traversèrent sans encombre et pénétrèrent dans la ville. Arrivés devant la maison de Gésios, ils virent s'en ouvrir les portes, entrèrent en silence, firent main basse sur tous les objets d'art ou les statuettes religieuses que renfermait la maison du riche païen, les portèrent au fleuve, et là se livrèrent à toute leur rage de destruction. De chaque objet enlevé ils en firent deux, comme le dit ironiquement le texte, puis ils lancèrent le tout dans les eaux. Ils traversèrent de nouveau le fleuve et, avant que le matin eût paru, ils étaient de retour au couvent. Schnoudi raconta le lendemain matin son équipée à ses moines ravis ; naturellement les plus petites circonstances étaient tournées au miracle : on avait traversé le fleuve sans barque ni batelier, ainsi que Pierre avait autrefois marché sur les eaux, et, chose étonnante ! pendant toute la nuit, aucun des ânes n'avait fait entendre le plus petit braiement. N'était-ce pas là un signe évident que Dieu avait béni cette noble entreprise ?

Le succès encouragea sans doute Schnoudi, mais les choses ne se passèrent pas toujours aussi pacifiquement que dans cette expédition nocturne. Un jour, il se rendit à Akhmim pour y apostropher un païen dont on s'était plaint près de lui. Cet homme violentait les pauvres et leur faisait subir toutes sortes d'exactions : Schnoudi se devait à lui-même de l'aller trouver, de lui reprocher son injustice face à face et de l'avertir des maux que sa conduite allait lui attirer de la part de Dieu. Il trouva dans la rue l'homme qu'il cherchait ; aussitôt il l'apostropha avec violence ; mais son adversaire n'était pas patient, il leva une main criminelle, bien digne d'être coupée, comme le souhaitait Visa, et souffleta Schnoudi comme il eût fait d'un esclave. Il s'ensuivit sans doute une lutte corps à corps. La légende affirme qu'à peine le païen eut souffleté Schnoudi un homme à l'air respectable, portant les insignes des magistrats royaux, s'approcha du païen, le saisit par les cheveux, et le mena par les rues de la ville, le souffletant sans cesse jusqu'à ce qu'il l'eût conduit sur les bords du fleuve. Une multitude immense s'était amassée à ce spectacle, et en sa présence, le mystérieux personnage se précipita dans le Nil entraînant avec lui l'infidèle qu'on ne revit plus. A cette vue, la foule saisie de frayeur ne sut que rendre gloire à Dieu : certainement c'était un ange qui était venu punir l'athée de ses injustices. Peut-être serons-nous plus près de la vérité en pensant que l'un des moines de Schnoudi ou l'un de ses partisans, sinon Schnoudi lui-même, se fit le vengeur du moine offensé.

Ainsi Schnoudi ne reculait pas devant le meurtre pour satisfaire ses haines religieuses. Il ne recula pas davantage devant la dévastation du pays. Le territoire d'Akhmim était alors, comme aujourd'hui, d'une grande fertilité. Les riches habitants de la ville avaient fait servir cette fertilité à leurs plaisirs comme au bien être de leur vie. Dès ce temps des jardins luxurieux entouraient la ville et fournissaient à leurs heureux possesseurs toutes les bonnes choses qui font les délices des disciples d'Epicure. Nul endroit n'était mieux fourni de jardins et de vignes qu'une île située en face de la ville et nommée île de Panéhîou. Elle fournissait de ces vins succulents dont Schnoudi aimait à tirer ses comparaisons. Elle était tout entière la propriété de riches païens d'Akhmim, qui la faisaient cultiver par de pauvres fellahs chrétiens. De tout temps les fellahs ont été maltraités : ceux de Panéhîou n'échappèrent pas au destin de leur race. Les propriétaires de l'île, s'il en faut croire Visa, imaginèrent de les payer en nature et de leur donner comme salaire tous les vins avariés dont ils ne pouvaient ni user ni se défaire. C'était une criante injustice. Les fellahs eurent recours à Schnoudi. Il commença par faire aux païens des admonestations dont quelques-unes nous sont déjà connues ; mais comme les reproches et les menaces n'avaient rien produit, il prit le parti de passer à l'action. S'il fallait en croire son panégyriste, les choses se seraient ainsi passées. Pendant une nuit ténébreuse, Schnoudi se rendit à cette île ; du bâton qu'il tenait à la main, il frappa un palmier qui se dressait superbe au milieu d'un jardin, et s'écria : « Je te le dis, ô île de Panéhîou, transporte toi au milieu du fleuve, submerge-toi pour l'éternité, et ne sois plus à ces misérables une occasion de faire souffrir les pauvres et les malheureux. » A l'instant même, l'île avec les jardins et les habitations qui la couvraient se déplaça, alla se plonger au milieu du fleuve et fut recouverte par les eaux. Le matin n'avait pas encore paru que les mariniers naviguaient sur l'emplacement de cette île, la gloire et la richesse du pays d'Akhmim. Evidemment la destruction ne se fit pas de la sorte : sans doute les eaux du Nil montaient et la rupture soudaine des digues au milieu de la nuit suffit à submerger l'île entière ; peut-être même la disparition de l'île ne fut-elle que l'effet d'un de ces caprices soudains dont le fleuve d'Egypte a donné tant d'exemples. Aujourd'hui encore, le souvenir de l'île disparue est resté vivant chez les indigènes. Si la catastrophe fut purement accidentelle, les moines de Schnoudi surent, on le voit, en tirer parti ; mais il est bien plus probable, qu'en cette occasion, les rancunes et les haines du moine vinrent en aide aux forces aveugles de la nature. Quoiqu'il en soit, la disparition d'une cause de scandale, la punition des riches païens achetée même au prix d'une foule de vies humaines et d'un crime que les plus antiques habitants du pays regardaient déjà comme énorme,[1] c'était plus qu'il n'en fallait à Schnoudi pour croire qu'il avait servi d'instrument à la justice divine.

En si beau chemin, il n'avait garde de s'arrêter. Non loin d'Akhmim se trouvait un bourg nommé Pleuit.[2] Les païens y étaient encore nombreux et disposaient de la richesse du pays. Les persécutions dont leurs frères d'Akhmim étaient l'objet de la part de Schnoudi leur avaient fait prendre en haine le moine et son fanatisme. Sans doute, ils avaient annoncé qu'il ne se laisseraient pas maltraiter comme les Grecs d'Akhmin et qu'ils sauraient bien arrêter en chemin le fougueux destructeur Ces paroles rapportées à Schnoudi ne firent qu'exciter son ardeur et il ne cacha pas qu'il allait se rendre à Pleuit pour détruire les temples et les dieux des idolâtres. A cette nouvelle, les habitants du village menacé eurent recours à un moyen tout égyptien : sur des rouleaux de papyrus ils écrivirent les incantations magiques en si grand honneur dès les temps les plus reculés de l'histoire égyptienne, ils composèrent des recettes dont ils avaient le secret et ils enfouirent le tout dans le chemin que devait suivre Schnoudi. Il n'y avait pas dix chemins pour entrer dans leur village, et ils étaient bien sûrs que les charmes qui jadis avaient eu tout pouvoir contre Set, le mauvais principe,

---

1. Parmi les crimes que l'âme d'un Egyptien en présence d'Osiris devait déclarer n'avoir pas commis se trouve *la rupture des digues*.
2. Ce village est appelé en arabe Banouit.

contre les crocodiles, les serpents, et en général contre tous les fléaux qui fondent sur la pauvre humanité, viendraient à bout d'un simple moine. Or, un jour, Schnoudi monta sur son âne et se mit en marche vers Pleuit. Son chemin fut facile, dit son panégyriste ; lorsqu'il arriva à l'endroit où les écrits et les recettes magiques avaient été enfouis, l'âne s'arrêta de lui-même et se mit à creuser la terre de son sabot. Le domestique qui accompagnait Schnoudi, selon la méthode ordinaire, se mit à frapper la pauvre bête pour lui faire continuer son chemin : « Ne le frappe pas, dit Schnoudi, il sait ce qu'il fait. » Bientôt, sous le sabot de l'âne, rouleaux et recettes apparurent : « Prends tout cela, dit le moine à son domestique, et nous le pendrons au cou de ces infidèles violents. » Bientôt après il entrait dans le village. A sa vue les païens furent déconcertés : comment leurs livres enchantés et leurs recettes infaillibles avaient-ils ainsi pu tomber aux mains des chrétiens et manquer leur effet? Chacun s'enfuit au plus vite et se cacha. Schnoudi s'avança résolument vers le temple, y entra et mit les idoles en pièces. Après cette première destruction, il voulut essayer sur ses adversaires l'effet de son éloquence : mal lui en prit. Pendant qu'il parlait, les païens se rallièrent et l'entourèrent menaçants : bientôt des pierres furent lancées de toutes parts. Mais Schnoudi n'était pas venu seul, et il y avait sans doute à Pleuit un parti chrétien. Aussitôt la mêlée devint générale : « mais le Seigneur donna la force aux Pères saints qui furent victorieux des idolâtres et leur frappèrent la tête à coups de pierres, si bien que leur sang coula. » Maîtres de la victoire, ces saints hommes détruisirent le temple de fond en comble et se félicitèrent d'avoir exécuté l'œuvre du Seigneur.

Dans le canton d'Akhmim se trouvait un autre village nommé Pihamaloli, c'est à dire le pressoir du raisin. Les vignes y devaient être nombreuses, et peut-être les habitants en buvaient-ils le vin plus que de raison. On les accusa près de Schnoudi de commettre d'horribles péchés. Le moine eut bien vite pris son parti : il livra le village aux flammes : ainsi aucun des *hypocrites* n'y pourrait plus habiter. En effet depuis ce jour le village disparut avec ses habitants : et tout cela, ajoute le naïf Visa, fut fait pour la glorification de Dieu.

Il ne faudrait pas croire cependant que toutes ces horreurs n'aient soulevé aucune protestation. Les habitants encore païens d'Akhmim et de Pleuit se plaignirent aux dépositaires de l'autorité impériale : ils se rendirent à Antinoë près du duc gouverneur de la Haute Egypte et accusèrent le violent Schnoudi d'avoir brisé leurs idoles et détruit leurs temples. Le duc d'Antinoë dut se trouver dans un assez grand embarras : le vent n'était plus au paganisme agonisant, et, si Schnoudi osait se livrer à une pareille débauche de fanatisme, il devait se sentir soutenu non seulement par la foule qui le suivait, mais encore par une puissance plus élevée. Le gouverneur était donc perplexe : mais les délits étaient si manifestes et le crime si grand qu'il envoya chercher Schnoudi pour le juger. Le moine d'Athribis dut se soumettre à l'ordre du gouverneur et partir pour Antinoë. Peut-être, en descendant doucement le fleuve, son esprit se reporta-t-il à cette autre comparution au tribunal du gouverneur, à la condamnation à mort qu'il avait encourue et à laquelle il n'avait échappé que par l'intervention de la foule ! Peut-être en repassant près du village où s'était écoulée son enfance en revit-il les jours heureux et le souvenir de sa mère traversa-t-il son esprit ! La chose est peu probable ; cependant il conçut quelques craintes. Avant d'arriver à Antinoë, ses gardes s'arrêtèrent au soir près d'un village pour y passer la nuit ; non loin des rives du fleuve se trouvait une vigne sous laquelle Schnoudi obtint de prier pendant que la navigation n'était plus possible. Sa prière fut fervente, il avait besoin que Dieu le gardât et le fortifiât : n'était-ce pas pour Dieu seul qu'il avait agi et qu'il avait suscité contre lui l'inimitié et la haine des hommes ? Les actions méritaient récompense et non punition. Comme il priait, raconta-t-il ensuite, l'ange du Seigneur lui apparut et lui dit : « La paix soit avec toi : ne crains rien ; au lieu de parler au gouverneur sur terre, tu lui parleras du haut des airs ! » Une pareille promesse devait sans le moindre doute tranquilliser Schnoudi. Lorsque le matin parut, on poursuivit le voyage et bientôt la barque abordait à Antinoë. Sur le champ on conduisit l'accusé au prétoire du gouverneur, au milieu du camp de ses soldats, et on le fit comparaître au tribunal du magistrat suprême. La ville entière d'Antinoë était accourue pour voir ce qui allait se passer : les païens pour fournir les preuves de leurs accusations et être témoins du châtiment infligé à leur ennemi ; les chrétiens pour se tenir prêts à porter secours à leur champion en cas de besoin. Le gouverneur adressa aussitôt la parole à Schnoudi : au témoignage du disciple de Schnoudi, ses paroles furent grossières et pleines d'orgueil ; comme il parlait, Schnoudi fut soulevé en l'air par les anges du Seigneur jusqu'à une hauteur d'où il pouvait encore se faire entendre. A la vue d'une telle merveille, la foule ne put contenir ses sentiments de joie et de vénération : « Il n'y a que le Dieu de notre père, le saint anba Schnoudi, » criait-on de toutes parts. Le thaumaturge resta ainsi suspendu dans les airs au-dessus du tribunal du gouverneur pendant assez longtemps ; puis il redescendit peu à peu, et à peine eut-il touché la terre que la foule le chargea sur ses épaules et le conduisit en triomphe vers une église située près du Nil. Tous, hommes, femmes, enfants, vieillards, se pressaient autour de lui pour le toucher et recevoir sa bénédiction. Une fois encore il venait d'échapper à la justice humaine, grâce à l'intervention de cette foule qu'il avait su fanatiser. Son âme en fut remplie d'orgueil. Quand il fut de retour à son monastère, il laissa déborder les sentiments qui remplissaient son cœur ; son discours fut un chant de triomphe contre les idolâtres et leurs faux dieux : « Dieu, s'écria-t-il en commençant, Dieu a fait gronder son tonnerre du haut du ciel, et sa voix s'est élevée ! » Malheureusement ce discours est perdu, et nous sommes ainsi réduit aux éléments légendaires du récit, sans avoir la possibilité de savoir ce que cachent cette fantasmagorie et cette mise en scène théâtrale.

Cette impunité que lui assurait la foule dut être un puissant excitant pour son ardeur déjà si grande. Jusqu'ici il ne s'était attaqué qu'à de simples particuliers ou à des villages sans grande importance : la ville d'Akhmim restait toujours le boulevard du paganisme et rien ne serait fait tant que les temples païens y demeureraient debout. Cette pensée le poursuivait, il en devint obsédé. Dès lors les monuments de la ville d'Akhmim étaient condamnés. Le récit de cette œuvre de destruction est l'un des plus curieux que nous ait laissés Visa, le disciple chéri du moine destructeur. Il sera bon de le citer presque en entier afin de donner une idée de l'exaltation religieuse qui régnait à cette époque parmi les moines de la Thébaïde et de la manière dont ils ont, sans scrupule, voilé l'histoire sous des apparences merveilleuses.

Il y avait dans la ville d'Akhmim une grande statue de bronze dressée au milieu du marché. Satan voyant que la ville entière allait se convertissant, grâce aux prédications de Schnoudi et de ses moines, en conçut un violent dépit. Il résolut d'employer les grands moyens et jeta dans la ville une foule de diables de toute forme et de toute figure, [1] pour séduire les pauvres humains et les détourner de la foi sainte. Le chef de cette troupe établit son quartier général dans la statue : par la bouche de la statue il rendait des oracles fallacieux et disait à la foule : « Je suis l'ange de Dieu et je suis venu pour garder votre ville. » De leur côté, les simples démons entraient dans le corps des habitants de la ville, y importaient avec eux toutes les maladies et toutes les infirmités, puis disaient aux malheureux : « Allez à la statue, elle vous guérira. » Et effectivement les malades qu'on portait à la statue étaient guéris. Une trame si savamment ourdie ne pouvait manquer d'avoir de solides résultats ; d'autant plus que, par la plus insigne fourberie, les démons en vinrent bientôt à dire aux malheureux qu'ils trompaient : « N'allez plus à Schnoudi, à ce moine qui vous séduit par ses paroles. » Et alors les habitants d'Akhmim cessèrent de se rendre à l'église pour adorer Dieu et retournèrent au culte des idoles. Mais l'archange Gabriel veillait. Un soir que Schnoudi était à l'autel, Gabriel lui dit : « Paix à toi, ô homme bien aimé ! Lève-toi, entre dans la ville d'Akhmim et fais-y cesser publiquement, devant les hommes, cette action détestable. » — « Je ferai avec joie ce que tu m'ordonnes, » répondit

---

1. Parmi ces diables le texte mentionne les *marids*, sorte de diables longs d'après les croyances populaires de l'Égypte.

le moine. — L'archange reprit : « Prends avec toi quelques frères, entre dans la ville d'Akhmim, avance-toi vers la statue de bronze qui est dans le marché, cause de cette grande fourberie. Tiens-toi debout, prie et tu verras la gloire de Dieu qui t'apparaîtra bientôt. Pour moi, j'irai en avant afin que tu exécutes ce que je t'ai ordonné de la part de Dieu. Paix à toi : n'aie pas peur. » Dès que la prière du matin fut terminée, Schnoudi, sans le moindre retard, prit avec lui quelques frères vénérables et se mit en marche vers la rive du fleuve. Il vit bientôt l'archange Gabriel qui le précédait sous une apparence humaine ; il dit alors aux frères : « Précédez-moi à la ville, je vous rejoindrai sans retard. » Puis il s'approcha de l'archange et lui dit : « Que ton arrivée soit la bienvenue. » Alors l'ange, lui ayant appris ce qu'il devait faire, entra avec lui dans la ville. Schnoudi avait pris un déguisement et personne ne le reconnut. Quand les deux saints personnages furent arrivés près de l'idole, Gabriel prit Schnoudi sur ses ailes, l'éleva au-dessus de la statue et de la foule, et lui dit : « N'aie pas peur de ce démon, ni de l'abondance de ses paroles, car il ne peut pas sortir de la statue. Pour toi, trouve un moyen de faire sortir ce Satan, car les œuvres du Seigneur s'accompliront par ton entremise, afin que les habitants de la ville soient persuadés que les œuvres de Satan sont des tromperies sans réalité. Quand sa faiblesse et son impuissance seront reconnues, je te ferai apparaître aux yeux des habitants de cette ville afin qu'ils te voient : ne crains rien, car le Seigneur est toujours avec toi. Pour le moment, fais venir un menuisier qui perce le talon de la statue : à l'instant où il sortira j'irai et le brûlerai d'un grand feu et Satan s'écriera, disant : Voici que nous sortons à cause du fils de Dieu que tu adores ; puis il se montrera à la foule qu'il a séduite. » Ayant ainsi reçu les instructions de l'archange, Schnoudi étendit les mains en forme de croix et se mit à prier à haute voix : « Exauce-moi, s'écria-t-il, ô mon Seigneur, quand aujourd'hui je te prie et t'implore pour les habitants de cette ville, afin que tu leur accordes un cœur nouveau et que tu les rendes à leur commencement. Fais briller sur eux avec abondance ta lumière, c'est-à-dire ta foi sainte que Satan leur a fait renier ! » Ces paroles parvinrent aux oreilles de la foule toute surprise d'entendre parler et de ne pas voir celui qui parlait. Schnoudi entonna alors le psaume : « Que Dieu se lève et que ses ennemis soient dissipés : que ceux qui lui désobéissent s'affaiblissent et se dispersent comme s'évanouit la fumée, qu'ils fondent comme la cire devant le feu : ainsi ils fondront devant le visage du Seigneur. »[1] Quand le diable caché dans la statue entendit ces paroles du saint anba Schnoudi, il ne put y tenir, il se mit à proférer des discours que l'on ne peut répéter et dit : « Va-t-en, Schnoudi ; tu ne peux pas me vaincre,

---

1. *Psaume* 65 v. 1 et 2.

car je suis plus fort que toi. J'ai combattu plusieurs dévots personnages et je les ai vaincus. Je suis le plus fort parce que j'ai été créé le premier. » Ces invectives n'étaient pas faites pour désarmer Schnoudi ; « Ferme ta bouche, s'écria-t-il, impur damné : j'ai reçu de mon Seigneur Jésus-Christ l'ordre de te disputer avec violence et de t'exiler éternellement loin de cette ville. » La foule, qui entendait cette conversation de Schnoudi avec le diable caché dans la statue et qui ne voyait personne, était de plus en plus déconcertée. Quelques-uns s'écrièrent alors : « Nous t'en prions, ô notre père, montre-toi, bénis-nous ainsi que notre ville et désormais nous ferons tout ce que tu nous ordonneras. » Aussitôt Schnoudi se montra et apparut debout au milieu de la foule. « Viens à notre aide, s'écrièrent les assistants, ô saint béni, car nous avons erré comme des brebis sans pasteur, et si tu n'étais venu vers nous, nous eussions été dévorés vivants. » De la main, Schnoudi leur fit signe de se taire et les pria de faire hâte. On amena alors un menuisier avec un vilbrequin de fer : « Je veux, lui dit Schnoudi, que tu me perces le talon de cette statue. » Le menuisier fit ce qu'on lui ordonnait. Puis Schnoudi frappa l'idole de son bâton, disant : « Au nom de celui qui a été crucifié, je t'ordonne de sortir et de t'en aller. » Mais le diable ne voulut point s'en aller : « Je ne sortirai pas de ma demeure, » dit-il. Pour la seconde fois Schnoudi frappa la statue en disant : « Certes, au nom du Seigneur

Jésus le Messie, les montagnes tremblent ! Qui es-tu toi pour résister quand tu entends son nom ? » Aussitôt le diable se dissipa comme une fumée et s'écria : « Je sors de cette statue, ô moine Schnoudi, à cause des tourments horribles que je viens d'endurer à ton occasion. » Puis il prit la forme d'un nègre d'Abyssinie, d'une haute taille et d'une horrible figure. Schnoudi lui dit : « Montre-toi, afin que tous les habitants de cette ville voient ta faiblesse et ta confusion. » Le diable lui dit : « Jure-moi par le Dieu vivant que tu ne me feras pas périr avant mon temps, afin que je puisse retourner chez mon père Satan ; alors je me montrerai et je te parlerai. » Schnoudi le fit entourer afin qu'il ne prît pas la fuite. Aussitôt le diable se montra, et la foule fut prise d'une grande frayeur. « Pourquoi as-tu osé entrer dans cette ville et faire cette grande fourberie ? » demanda Schnoudi. — « Lorsque les habitants de cette ville, répondit le nègre, eurent aimé le bien, bâti des églises, après qu'ils furent allés vers ton monastère, que tu les eus prêchés, exhortés à aimer, à fréquenter l'église et à faire l'aumône, ils cessèrent de faire le mal pour faire le bien et n'exécutèrent plus les ordres de mon père ; alors il me donna l'ordre d'agir ainsi pour séduire les hommes, les faire renoncer à tes enseignements, leur faire accepter toutes mes volontés et tous mes désirs. » — « Où sont tes compagnons, demanda Schnoudi, que je les exile, afin qu'ils ne reviennent plus ici désormais pour séduire les hommes. » — « Je te je jure par la puissance du Crucifié, répondit le Satan, ils se sont tous retirés dès que tu es entré dans la ville ; j'y suis resté seul pour te combattre, et voilà que tu l'emportes sur moi par la puissance que t'accorde Dieu, le maître de tous. » Alors Schnoudi s'écria : « O méchant qui m'as combattu, par la puissance de mon Maître le Messie, de son Père honnête et du Saint-Esprit, ne séduis plus les hommes. » Aussitôt le diable devint comme une fumée : à la vue de toute la foule, il s'éleva dans les airs et se dissipa comme une vapeur. Schnoudi entra dans l'église : la foule le suivit. Il lui fit une belle exhortation et lui défendit de prêter désormais l'oreille à Satan. Puis il rentra à son monastère, glorifiant Dieu et ses saints. Comme si tous les prodiges de cette histoire n'étaient pas encore assez, en homme humble, il confia à Visa que l'archange Gabriel lui avait fait traverser le fleuve sans barque, rien qu'en le tenant par la main droite.

Tel est le récit fantastique de la plus importante destruction dont Schnoudi se rendit coupable. Tel qu'il nous est parvenu on peut y reconnaître les supercheries dont se servit le moine d'Athribis pour perpétrer son œuvre : il lui fallut se déguiser, faire agir des comparses, se prêter aux illusions de la foule, tous moyens indignes d'un homme, indignes surtout de Dieu. Toutefois si les choses s'étaient bornées à ses supercheries le crime ne serait pas grand. On ne se douterait pas après un tel récit que la ville d'Akhmim fut le théâtre des scènes les plus violentes qu'il y eut un massacre accompagné d'incendies, que le pillage suivit la destruction. C'est cependant ce qui eut lieu : le temple ruiné d'Akhmim est encore là pour l'attester et Schnoudi lui-même va nous fournir un témoignage inappréciable. « Qui de nous, dit-il dans un de ses sermons, n'a connu dans Akhmim cet homme ennemi et ses richesses : en sa présence Jésus les a dévastées et il l'a perdu lui-même après elles. Je parle de celui dont le nom serait une souillure, si je le prononçais ici. Je suis vraiment surpris de la colère qui est tombée sur ceux qui s'étaient faits les participants de son iniquité. On n'a plus entendu parler de lui et des autres, leurs ossements après leur massacre ont été jetés au vent. On les a brûlés vifs à cause des insolentes paroles qu'ils avaient prononcées au sujet de leur maître pour lequel il n'avait pas suffi de maudire les serviteurs du Christ, mais qui avait encore blasphémé le Christ, le maître des serviteurs. Mais il est enfin tombé dans ses mains, lui, ses serviteurs, et ses semblables. » [1]

Il s'agit ici de Gésios, de cet ennemi par excellence qui avait blasphémé Jésus et nié sa divinité. On peut voir la vengeance qu'en tira Schnoudi. On peut aussi s'imaginer facilement quelle lutte dut avoir lieu dans la ville, avant que Schnoudi et ses moines aient eu le pouvoir de se porter à de telles extrémités. Le récit de Visa est bien pâle auprès

---

1. Zoëga. *op. cit.* p. 470.

des paroles de Schnoudi. Sans doute le disciple était surpris des actions du maître. Désormais Schnoudi restait en possession du champ de bataille; il avait anéanti ses ennemis, et il n'aurait plus à se plaindre près des gouverneurs des tracasseries des païens d'Akhmim ; désormais les gouverneurs n'auraient plus à lui reprocher de toujours parler de ses ennemis, comme l'avait fait Elien; les hostilités étaient bien finies à Akhmim, car la partie opposante avait été anéantie. Il semble même qu'après ce grand massacre Schnoudi n'ait plus pris qu'une part indirecte aux destructions du voisinage. Au terme de sa vie, il retrouva cependant encore assez de forces pour envoyer quelques-uns de ses moines porter secours à l'évêque de Tkôou [1] que les lauriers de Schnoudi empêchaient sans doute de dormir et qui brûlait de marcher sur ses traces.

Cet évêque, dont le nom fut célèbre, se nommait Macaire. D'un esprit très borné, d'un fanatisme ardent, ne connaissant que ce qu'il avait pu comprendre de la doctrine chrétienne et ignorant complètement la langue grecque, il était le type de ces évêques portés sur un siège épiscopal dans un moment d'exaltation populaire. Il avait conçu contre les païens, qui semblent avoir été nombreux dans son diocèse, l'une de ces

---

1. Aujourd'hui Qâou-el-Kebir au sud d'Assiout, sur la rive gauche du Nil.

haines farouches auxquelles les croyances religieuses servent de prétexte. Le temple païen qui se trouvait encore dans son diocèse et où les pompes de la religion grecque se déployaient fastueusement lui paraissait une honte pour son pays Il nourrit sans doute longtemps le désir de le ruiner ; mais du désir à l'action il y avait loin, et sa ville n'était pas éloignée d'Antinoë où siégeait le gouverneur de la Haute Egypte. Réduit à ses seules forces, Macaire n'eut peut être pas songé à se faire l'exécuteur d'une œuvre de destruction ; mais le monastère de Schnoudi n'était pas loin et le moine d'Athribis pouvait envoyer ses enfants au secours de leurs frères de Tkôou. L'empereur Théodose le jeune n'était pas mort sans doute à cette époque, ou Marcien venait à peine d'être choisi pour époux par l'impératrice Pulchérie. Les pieux empereurs étaient favorables à la religion : Schnoudi jouissait de leur faveur. Macaire pouvait donc avancer sans crainte. C'était en l'année 449 ou 450. La vieillesse accablait Schnoudi ; lorsque l'évêque de Tkôou lui fit appel, il était malade. Les envoyés de Macaire avaient été précédés par Jésus Christ lui-même ; il n'avait pas dédaigné d'apparaître à Schnoudi pour lui recommander d'envoyer ses moines au secours de Macaire qui se trouvait en danger. Schnoudi n'avait eu garde d'y manquer, et, si la vision est légendaire, la destruction est bien historique.

Le temple dont la vue était un scandale pour Macaire était situé dans un village sur la rive occidentale du fleuve et était dédié à Kothos.[1] La statue du dieu était placée au fronton du temple, dans une niche élevée. Quiconque entrait saluait de la tête le dieu et sa statue. Une collégiale de prêtres était attachée au service du temple et leur chef se nommait Homère. Entre le sacerdoce chrétien dont l'intolérante puissance s'affermissait chaque jour davantage et le sacerdoce païen agonisant la lutte ne pouvait manquer d'être vive. La calomnie, arme toujours chère au fanatisme, fut employée avec amour. Les prêtres chrétiens accusèrent les païens des plus noires horreurs. S'il fallait en croire l'auteur du panégyrique apocryphe de l'évêque Macaire, panégyrique attribué au patriarche Dioscore, les prêtres de Kothos auraient été surpris en flagrant délit et convaincus de leurs crimes par leur propre aveu. On les accusa du moins d'enlever les jeunes enfants en leur présentant des morceaux de pain et d'autres bonnes choses. Les enfants qui ont toujours cédé aux friandises suivaient les prêtres qui les faisaient entrer dans le temple, les cachaient dans des chambres souterraines d'où l'on ne pouvait entendre leurs voix plaintives, puis les immolaient à leur dieu Kothos. On se servait à deux fins de ces jeunes victimes : des intestins les prêtres païens faisaient des cordes pour les lyres sur lesquelles ils chantaient leurs

---

[1]. Je ne sais à quelle divinité du panthéon grec correspond ce Dieu.

dieux ; des chairs et des ossements réduits en cendres on tirait parti pour découvrir les trésors. La recherche des trésors a toujours été à l'état endémique dans le pays d'Egypte : maintenant encore cette maladie exerce de cruels ravages. Les prêtres païens de Kothos au cinquième siècle répandaient une grande quantité de cendres produites par la combustion des petites victimes sur le lieu où ils soupçonnaient qu'un trésor était enfoui, sur leurs cithares aux cordes humaines ils chantaient un hymne sauvage à la divinité protectrice des trésors cachés ; aussitôt la terre s'entrouvrait et les chercheurs d'or contentaient leur soif de richesse. Tous ces détails furent avoués par les prêtres eux-mêmes, lorsqu'ils eurent été traduits devant le magistrat grec. Leur aveu, fait remarquer l'auteur copte, fut obtenu sans torture : mais, comme les juges étaient cupides, ils renvoyèrent indemnes les accusés. Sans doute il n'y avait là qu'une de ces calomnies que les confessions religieuses se renvoient l'une à l'autre dans la réciprocité et l'ardeur de leurs haines.

Quoiqu'il en soit, le fougueux Macaire prit cette solution de l'affaire comme un déni de justice. Il résolut d'en finir et envoya demander secours à Schnoudi. Le vieux lutteur, nous l'avons dit, ne désirait rien tant que concourir au succès d'une telle œuvre, quoiqu'il fût lui-même dans l'impossibilité de prendre part à la lutte. Il envoya Visa, son disciple chéri, accompagné de quelques moines. Macaire n'avait pas attendu leur arrivée pour engager les hostilités : il s'était rendu à cinq milles au Nord de sa ville épiscopale avec trois compagnons, et là le temple s'était tout-à-coup dressé à ses yeux dans son imposante et sévère beauté. Deux de ses compagnons effrayés voulurent s'enfuir : « Mon père, dirent-ils à l'évêque, allons loin d'ici, car on va nous tuer. » — « Vive le Seigneur, répondit Macaire, dusssent-ils me tuer, je ne m'en irai pas que je ne sois entré. » Il se dirigea aussitôt vers la porte, et dès qu'il parut, au dire du narrateur, l'idole Kothos s'écria du haut de sa niche : « Venez, venez chasser Macaire de Tkôou, sa voix nous fait trembler et, s'il reste encore une heure en ce lieu, nous nous en allons pour ne plus retourner. » A ces paroles les prêtres, les armes à la main, sortirent en toute hâte avec leurs femmes et montèrent sur la terrasse du temple d'où ils faisaient pleuvoir une grêle de pierres sur leurs adversaires, en criant : « N'est-ce pas toi qui est ce malfaiteur, Macaire de Tkôou ? Que veux-tu ? Notre Dieu n'a cessé de nous avertir de ta haine contre nous ; qu'as-tu à faire avec nous ? » — « Si je n'ai rien à faire avec vous, répondit Macaire, qu'avez-vous à faire avec les enfants des chrétiens que vous immolez à vos idoles ? » — « C'est un mensonge, » répondirent unanimement les prêtres. — « Si ce n'est pas vrai, laissez-moi entrer que je regarde dans votre temple. » — « Entre, » répondirent-ils. Les deux prêtres, compagnons de Macaire, remplis de frayeur, ne voulaient point entrer ; mais soudain la porte s'ouvrit et les vingt prêtres de Kothos entourèrent les quatre audacieux, les firent entrer de vive force dans le temple et leur dirent : « Votre vie est finie en ce jour : c'est ici le lieu de votre mort ! » Aussitôt ils garrotèrent les prisonniers et se mirent à faire les apprêts du sacrifice : les femmes accouraient joyeuses et s'écriaient : « Nous allons aujourd'hui fêter notre Dieu avec ces malfaiteurs de chrétiens. » Mais le grand-prêtre, nommé Homère, était absent : sa présence était nécessaire pour que tout se passât dans l'ordre, et, sur l'observation du premier des prêtres, on envoya quelqu'un le chercher.

Cependant Macaire avait le loisir de réfléchir sur les inconvénients de son zèle prématuré. Malgré l'horreur de sa position, il n'avait pas perdu tout espoir, et sans doute l'idée du martyre le rassurait. Son diacre Pinoution lui dit alors : « Resteras-tu sans prier et nous laisseras-tu mourir, car l'heure de notre mort est proche sans aucun doute ? » — « Pinoution, mon fils, dit Macaire, ne crains rien et le Christ nous secourra. » Il parlait encore que Visa à la tête de onze moines frappait à la porte en criant de l'ouvrir. Les prêtres de Kothos se gardèrent bien de le faire, mais celui qui avait ouvert les portes de la prison devant l'apôtre Pierre ne pouvait manquer de faire tomber les serrures devant les défenseurs de son nom. Visa n'eut qu'à prier et la porte fut bientôt enfoncée. A la tête de ses onze moines, il se précipita comme un torrent, et en le voyant, les païens demeurèrent muets de stupeur, « comme des pierres sans âme. »[1] Le premier soin des nouveaux arrivants fut de délier leurs amis. Les deux partis étaient alors presque d'égale force ; seize chrétiens contre dix-neuf païens. Mais soit que les prêtres de Kothos fussent en effet paralysés par la crainte, soit que les moines de Schnoudi plus habitués à de semblables expéditions fussent supérieurs en force ou en adresse, la lutte ne semble pas avoir été longue. « De deux choses l'une, cria Visa à Macaire, ou prie pendant que je mettrai le feu, ou mets le feu pendant que je prierai. » — « Non, répondit Macaire, prions debout et le feu du ciel descendra de lui-même. » Ils n'avaient pas achevé ces paroles que déjà le feu était aux quatre coins du temple : à peine les envahisseurs eurent-ils le temps de s'échapper. Les prêtres et leurs femmes périrent dans les flammes, jusqu'au bout fidèles au Dieu qu'ils avaient servi. Bientôt il ne resta plus du temple que des fondements calcinés. Macaire, debout sur les ruines, semblable à l'ange dévastateur, trouva encore la force de maudire l'emplacement désert : « Que nul arbre, dit-il, n'y produise d'ombrage, que nulle semence n'y pousse, qu'il soit la demeure des bêtes sauvages et des reptiles de la terre ! »

Cette scène de sauvage destruction n'avait pu se passer sans attirer l'attention des habitants du

---

[1]. C'est-à-dire comme des statues.

village voisin. L'un d'eux, un démon sous forme humaine, au dire de l'auteur, parcourut le village en criant : « Fuyez, fuyez-tous, car voici Visa et Macaire de Tkôou. » Comme les destructeurs allaient entrer dans le village, ils rencontrèrent le grand-prêtre Homère : « Pourquoi donc n'es-tu pas venu célébrer la fête de notre égorgement ? lui dit Macaire d'un ton insolent ; on a été sur le point de nous couper la tête en l'honneur de ton dieu Kothos ! » — « Toi, vieillard, répondit Homère avec mépris, tu n'es pas digne que de ton sang on fasse une libation à notre dieu ! — « Qu'on le saisisse, » s'écria Macaire transporté de fureur. Et le grand-prêtre dans la naïveté de sa foi pria son dieu : « O grand dieu Kothos, s'écria-t-il, archistratège de l'air, fils d'Apollon, sauve-moi, car je suis ton grand-prêtre. » Mais hélas ! Kothos resta sourd et son grand-prêtre fut brûlé vif au milieu du village. Toutes les statues qu'on trouva furent brisées et jetées dans un immense brasier : il n'y en eût pas moins de trois cent six. Les chrétiens exultaient, la victoire de leurs chefs était complète. Les païens du village s'étaient enfuis pour la plupart vers la montagne : ceux qui étaient restés durent recevoir le baptême. Le butin fut immense : les propriétés abandonnées devinrent la proie des vainqueurs, et chacun se retira content d'avoir ainsi servi le Seigneur. Dieu ratifia-t-il leurs pensées et vit-il pareille action d'un œil agréable ?

Ce fut le dernier acte de vandalisme auquel se

trouva mêlé Schnoudi, et nous devons maintenant voir quelle est la part de responsabilité qui lui incombe. Une seule circonstance pourrait l'excuser, l'obligation où il se fût trouvé d'adopter une pareille conduite. Si le gouvernement des empereurs grecs l'eût chargé de ruiner les temples, de briser les statues et de faire disparaître tout vestige de l'ancienne religion, l'historien pourrait le plaindre d'avoir été désigné pour une pareille œuvre, mais il ferait remonter la responsabilité plus haut. Mais jamais on ne lui donna de semblables instructions. On a souvent répété que le décret de Théodose a ruiné tous les anciens monuments de l'Egypte. Les historiens grecs Socrate, Sozomène, après Théodoret auquel il faut joindre Rufin en Occident, en racontant la destruction des temples de l'Egypte par le patriarche Théophile, ont écrit que ces actes de vandalisme s'opérèrent avec le consentement de l'empereur, sous l'administration de Romanus, comte d'Egypte. Or il se trouve que dans le code Théodosien on a conservé un rescrit impérial adressé à ce même Romanus au sujet des sacrifices idolâtriques dans les temples égyptiens : ce rescrit est daté du 15 des kalendes de juillet 291.[1] On n'y saurait découvrir la moindre parole qui pût encourager à la dévastation des monuments de l'antique Egypte. Seul, un décret d'Arcadius, de l'année

---

1. On peut voir ce décret dans le *code Théodosien*, édit. Ritter 1748, tom. VI p. 249.

399 ordonne de démolir sans trouble et sans tumulte les temples qui se trouveraient dans les campagnes.[1] C'est sans doute ce dernier décret qui assura les dévastateurs de l'impunité et qui encouragea Schnoudi. Ce moine, peut-être en raison du même décret, parla toujours d'Arcadius en termes pompeusement élogieux et le regarda comme un saint. Cependant malgré le décret impérial, Schnoudi n'avait d'aucune manière été chargé d'exécuter la volonté de l'empereur. S'il se jeta dans la dévastation avec la fougue et l'impétuosité que nous avons vues, il ne fit qu'obéir à son propre tempérament. Sans doute il avait connaissance des exploits de Théophile le patriarche et des moines alexandrins : il ne voulut pas rester en arrière. Que pouvait-il faire de mieux que de marcher sur les traces du patriarche révéré comme un Dieu ? Le patriarche était saint, il ne pouvait commettre d'action coupable : d'ailleurs comment la ruine d'impurs édifices idolâtriques aurait-elle pu offenser Dieu ? Sûr de la sainteté d'une pareille conduite, n'ayant pas d'un autre côté à redouter la justice humaine, ayant au con-

---

[1]. Voici les termes du décret lui-même : si qua in agris templa sunt, sine turba ac tumultu diruantur. His enim dejectis atque sublatis omnis superstitionis materia consumetur. — Évidemment ce décret est de trop, mais la manière dont on l'exécuta en Egypte dépassa de beaucoup les termes mêmes de la loi. Il est vrai que la connaissance du caractère et des mœurs des habitants de l'Egypte eût dû ouvrir les yeux ; mais les jurisconsultes, tout comme les autres hommes, ne peuvent penser à tout, et ils comptaient sans doute sur les gouverneurs locaux pour prévenir les désordres comme ceux dont Schnoudi fut la cause et le héros.

traire en sa faveur les sympathies et l'assistance de la foule, Schnoudi ne pouvait manquer d'agir comme il agit. Il ne regarda que son Dieu et la loi elle-même. Peu lui importa que le Dieu qu'il se faisait fût rempli d'imperfections et que la loi mît certaines conditions à la démolition des édifices consacrés au culte polythéiste : quand même les païens n'auraient pas opposé de résistance, il eût trouvé moyen de les faire sortir de leur calme, afin d'avoir le plaisir et le mérite d'exterminer leur race impie. Ce qu'il fit dans le village de Pleuit le montre suffisamment. Aussi ni la licence donnée par la loi, ni l'exemple du patriarche Théophile ne peuvent lui enlever la plus petite des charges qui pèsent sur lui : la loi ordonnait de ne procéder à la démolition qu'au cas où la ruine pouvait se faire sans désordre : Schnoudi, pour arriver à ses fins, massacra ses concitoyens, employa le fer et l'incendie, fit disparaître des villages entiers. L'emploi judicieux de sa raison eut dû lui montrer que de semblables actes ne peuvent être approuvés de Dieu malgré l'exemple d'un patriarche, quel qu'il fût. Schnoudi est donc complètement inexcusable dans sa conduite envers les païens du nome d'Akhmim. Il n'obéit qu'à son fanatisme aveugle, d'autant plus coupable, qu'il avait à son service une intelligence plus développée et une instruction plus étendue. C'est sur lui et ses pareils, plutôt que sur les lois et les actes de l'administration grecque, qu'il faut faire retomber toutes les sévérités de l'histoire. Il y eut sans doute de son temps beaucoup de dévastations et de ruines en Egypte : il suffit de parcourir les monuments encore debout pour en être convaincus, car, dans les temples qu'on n'a pas détruits, on n'a pas épargné une seule sculpture ; mais nulle part, pas même dans la ville d'Alexandrie, on ne déploya une pareille fureur : dans tout le pays d'Akhmim il ne reste pas un seul édifice debout, Schnoudi détruisit tout, à peine retrouve-t-on l'emplacement des temples à Akhmim et près du couvent du célèbre moine.

A quelque religion qu'il appartienne, à quelques pensées philosophiques et à quelques systèmes qu'il soit attaché, un historien qui ne fait pas partie d'une nation encore barbare, ne peut approuver un pareil fanatisme. La pensée inspiratrice de semblables sacrilèges ne saurait trouver grâce à ses yeux. Dieu n'a confié à personne ici-bas le soin de le venger, ni même de le faire connaître de gré ou de force : il a donné à chaque mortel un merveilleux instrument pour arriver à sa connaissance. L'homme est libre, et rien n'est plus sacré que la conscience individuelle. La force n'a aucun droit contre la conscience : les religions qui l'oublient s'exposent à se voir appliquer la peine du talion : l'histoire est là pour montrer que les mêmes causes produisent toujours les mêmes effets, que tout sur terre commence petitement, grandit et décroît ; seule l'idée est immuable.

VII

La mort épargna à Schnoudi l'amertume des évènements qui allaient se produire pour l'Egypte. Comme son père Dioscore se rendait à Constantinople pour assister au funeste concile de Chalcédoine, le vieil archimandrite achevait sa cent dix-huitième année et ses jours étaient désormais comptés. Souvent il avait répété à ses enfants : « Dieu m'a accordé de vivre sur la montagne d'Athribis la vie que vécut Moyse ; mais, si vos crimes m'y contraignent, je lui demanderai d'abréger mon existence. » La précaution était sage. D'ailleurs nul doute que les dernières années du vieux lutteur n'aient été abreuvées d'amertume. Il recueillait à la fin de sa vie les fruits de ses violences immodérées de paroles et d'actions. Il avait eu beau maudire ses moines, ses malédictions n'avaient pas rapproché leurs cœurs du sien. Il avait autour de lui entassé ruines sur ruines et voilà que ces hommes, dont il avait en quelque sorte opéré le salut malgré eux, ne lui en savaient aucun gré et même lui en tenaient rigueur. A quoi donc lui avait-il servi de dépenser ainsi sa vie pour les autres? Au moins Dieu lui restait, Dieu qui voit le fond des cœurs et qui avait vu combien ses intentions étaient pures. Il ne semble pas avoir un seul moment conçu le plus léger doute à cet égard : c'est sa meilleure excuse devant l'histoire, car elle prouve combien il était convaincu ; mais elle ne peut d'aucune façon le faire absoudre.

Il pensa souvent dans ses derniers jours à l'avenir de sa congrégation, quand il aurait disparu d'au milieu d'elle. Il avait trop conscience de l'imperfection de son œuvre pour ne pas voir cet avenir sous les plus sombres couleurs : il connaissait ses moines, il savait que sa main de fer n'avait pu les contenir : qu'arriverait-il donc quand il ne serait plus là? Pourquoi avoir répété sans cesse les plus belles promesses, pourquoi avoir essayé de noyer les cœurs dans la confiance la plus absolue, si l'heure de sa mort devait être l'heure de la décadence? Cette décadence n'était-elle pas d'ailleurs commencée de son vivant? Ces pensées assiégeaient son esprit à toute heure, et le jour vint où il ne put les retenir. Il le savait bien, dit-il à ses moines, un jour viendrait parmi eux, où celui ou celle qui voudrait servir Dieu en toute fidélité se trouverait au milieu d'une multitude ennemie de Dieu, se délectant dans les profanations, les fraudes et les iniquités de tout genre. Il n'y aurait plus en son monastère que vols, mensonges, jeux, dires, bavardages, calomnies, murmures, avarice, acception de personnes, gourmandise, vaine gloire, blasphèmes, scurrilité, risées, haines, inimitiés, envie, sottise et indocilité ; bien plus, toutes ces œuvres ne seront pas mises au nombre des péchés : hélas ! hommes et femmes, par suite de l'abondance de leurs crimes, ignoreront que les enfants profanes, selon la parole de l'Ecriture, sont étrangers à Dieu. La fornication du cœur surpassera la fornication charnelle, et tour à tour la fornication de la chair laissera loin derrière elle la fornication du cœur : les mauvais désirs, les œuvres de la chair envelopperont hommes et femmes dans les festins, l'ivresse et toute sorte de luxure, surtout parcequ'on se livrera à la paresse et à l'oisiveté et que la ferveur sera éteinte. Aussi Satan avec tout le bataillon de ses impuretés fondra sur eux : tous aimeront le mal ; la justice, la vérité, l'observance de la règle en seront réduites à se cacher. Cependant elles règneront toujours en quelques cœurs qui ne se laisseront jamais entamer par l'iniquité, la sottise et le mensonge. Pendant sa vie ceux qui lui avaient été fidèles avaient foulé aux pieds les œuvres du démon : il en serait de même après sa mort. Ni Satan, ni pécheurs, aucune iniquité ne pourrait prévaloir contre ces heureux, mais rares serviteurs de Dieu. Finalement il le voyait bien, la parole du prophète s'accomplirait : « Le Seigneur t'a nommée un olivier bel à voir, donnant de l'ombrage à celui qui l'émonde ; mais maintenant le feu l'a dévoré, il est dans la désolation et toutes ses branches ont été dévastées. » Il avait lui aussi espéré que sa vigne chérie produirait une abondante récolte de raisins, et voilà qu'elle n'avait produit que des ronces. C'est pourquoi la colère de Dieu passerait comme le souffle violent de la tempête, soulevant la paille et la poussière, les dissipant dans les airs. Souventes fois il avait voulu les arrêter dans leurs péchés ; mais quel est l'homme qui peut avoir la puissance d'arrêter le pécheur se précipitant dans l'iniquité. Qui était-il, lui Schnoudi, qu'étaient ses paroles pour retenir qui que ce fût dans la voie du crime, homme ou femme ? pour les empêcher de commettre leurs ruses, leurs vols, leurs faux serments, de lutter les uns contre les autres, de mentir, de se jalouser réciproquement ! Il était dans la position de quelqu'un qui aurait accusé ses frères d'une faute qu'il aurait lui-même commise. On lui reprochait en effet un grand nombre des actions de sa vie, d'avoir profané le temple de Dieu dans sa jeunesse, au jour où il avoua sa fornication, lorsque la crainte seule de Dieu le poussa, par l'entremise de l'homme qui l'avait interpellé, à porter secours à ce même homme, à l'arracher des mains de Satan, à le tirer de son iniquité et à le soustraire à la colère de Dieu. Une autre fois, sans que personne l'interrogeât, il avait menti.[1]

Ainsi se termine ce fragment dont nous ne pouvons trop regretter la mutilation ; s'il nous fût arrivé complet, ce sermon du vieux moine nous eût permis de connaître un à un les reproches qu'on lui faisait. Evidemment, alors que ses forces avaient baissé, on le craignait de moins en moins et les actions qu'il croyait avoir été le plus animées du zèle de Dieu lui étaient reprochées comme des crimes. Aussi son âme dut être en proie à des douleurs sans nom et à un profond découragement. Il avait encore, il est vrai, à son service la ressource du merveilleux ; mais ses prodiges ne trompaient plus que ceux qui voulaient être trompés. Ce fut vers la fin de sa vie qu'il dit avoir été favorisé par l'apparition de la Vierge Marie. Il dut y avoir recours pour calmer l'une de ses inimitiés si fréquentes dans les couvents ou dans les cloîtres. Il y avait dans le couvent de Schnoudi un frère nommé Psoti : il connaissait en perfection l'art de la culture, était aussi habile à planter les arbres qu'à semer les légumes ; mais il avait le cœur charitable et la main généreuse. A quiconque lui faisait une demande, il donnait. Ses largesses s'étendaient surtout aux frères besogneux qui vivaient dans les tombeaux, habitaient dans les grottes, aux anachorètes retirés dans la montagne : il leur

1. Zoëga. *op. cit.* p. 439-449.

portait lui-même les légumes et les fruits du jardin. Pareille conduite excita les murmures de ceux qui se croyaient toujours à la veille de manquer de tout : « Psoti le jardinier, dirent-ils à Schnoudi, n'épargne rien de tout ce qui se trouve au jardin : nous ne pouvons plus avoir ce qu'il nous faut pour nous-mêmes et pour les hôtes. » — « Si vous ne manquez de rien, répondit Schnoudi, Psoti n'a pas tort. Ne trouvez donc pas de défauts en vos frères pour des riens. S'il le faut, je le ferai sortir du jardin ; mais la charité est bonne et ceux qui la pratiquent ne seront jamais pauvres. » Schnoudi connaissait la vertu de Psoti : c'est pourquoi il avait répondu de la sorte. Le soir de ce même jour, lorsqu'il eut fini sa prière, le vieil archimandrite s'étendit sur sa natte et le sommeil lui ferma les yeux, lui apportant l'oubli et le repos. En songe, il vit une femme d'une merveilleuse beauté, le visage étincelant comme l'astre du jour au milieu de sa course. Elle tenait par la main Psoti le jardinier et lui dit : « Ne crains rien et n'empêche pas la charité que l'on pratique au jardin. Je suis la mère de la Vie : le Dieu du ciel et de la terre est mon fils bien-aimé. Je suis contente de toi, et content aussi est mon fils, Jésus le Messie. » En entendant ces paroles Schnoudi comprit que la dame était la Vierge. Elle s'adressa alors à lui : « Je t'ai amené, lui dit-elle, celui dont on est allé se plaindre hier près de toi ; s'il faisait quelque chose de mal, je serais la première à le punir ;

mais maintenant on ne peut rien lui reprocher. » En ce moment, la cloche du matin fit cesser le charme de la céleste vision : Schnoudi se leva et entra dans l'église où allaient se réunir tous les frères. Au milieu de la nef, il vit Psoti priant les mains élevées et les doigts lumineux comme des lampes. « Qui es-tu ? » lui dit-il. — « Je suis ton fils Psoti, » répondit le fellah. — « Qui t'a conduit ici ? » demanda Schnoudi. — « Celle qui te parlait tout à l'heure, » lui fut-il répondu. Schnoudi encouragea le frère, et, à la troisième heure du jour, il se rendit lui-même au jardin pour voir ce qui s'y passait. Psoti vint au devant de lui, se fit bénir, et Schnoudi fut tout émerveillé de voir qu'une belle Dame se tenait près d'un bassin rempli d'eau, y lavait ses deux mains et celles de Psoti, et arrosait le jardin entier de cette eau sanctifiée, disant : « Que par ton travail tout croisse et se multiplie. » Puis elle disparut au milieu d'une gerbe de lumière. Dès lors on n'inquiéta plus Psoti.

C'est la seule fois que, dans la vie de Schnoudi, il soit fait mention de la vierge Marie. Cependant il était allé à Ephèse, en 431, avec le patriarche Cyrille. L'auteur de sa vie lui fait jouer dans le concile un rôle important et raconte qu'il frappa Nestorius au milieu de l'assemblée. Malheureusement Nestorius ne se rendit jamais au concile. Pour revenir en Egypte, Schnoudi, oublié par son ami Cyrille, fut transporté dans les airs par le ministère des Anges. Il se consola sans doute ainsi par ces légendes de la petitesse du rôle qu'il joua.

Ce fut encore vers ce temps extrême de sa vie que Schnoudi se mit en communication avec l'apôtre Paul. Jusqu'alors il ne semble pas lui avoir prêté grande attention : sans doute les œuvres du grand apôtre ne l'intéressaient que médiocrement. Un soir, il s'endormit en priant, et voici qu'un homme à l'air respectable, le visage lumineux comme le soleil, portant une ceinture d'où s'échappait un parfum merveilleux, lui apparut en songe. « Qui es-tu, Monseigneur, lui demanda Schnoudi, et quelle est cette grande gloire qui t'entoure ? » — L'homme lumineux lui répondit : « Je suis Paul, l'apôtre et le serviteur de mon Maître Jésus le Messie, Fils du Dieu vivant. Comme tu as aimé la charité, chéri l'aumône et pratiqué la miséricorde, comme tu as appris et pratiqué tout ce que j'ai écrit sur la charité, le Seigneur m'a envoyé vers toi pour te louer et te remercier de tout ce que tu as fait pour les pauvres et les indigents. » L'Apôtre resta près de Schnoudi jusqu'à ce que la cloche appelât les frères à la prière du matin ; il prit alors congé de lui, en lui donnant un pain béni par le Christ lui-même et en lui recommandant de le mettre dans le magasin à pain. Au son de la cloche, Schnoudi se réveilla et trouva le pain. Il bénit Dieu et, comme les frères entraient dans l'église, il glissa le pain dans le magasin à l'insu de tous, fit la prière et se retira dans sa cellule. Lorsque l'heure vint où chacun devait vaquer à son travail journalier, le frère Tamarnios alla trouver Schnoudi et lui dit : « Père, viens bénir le nouveau magasin que je vais ouvrir pour y prendre le pain de la journée. » — « Mon fils, répondit Schnoudi, prends d'abord tout ce qu'il y a dans celui qui est ouvert présentement. » — « Pardonne-moi, père, reprit Tamarnios, il n'y a plus qu'une grande couffe. » — « Va donc, répliqua Schnoudi, sors cette couffe et tu verras l'œuvre du Seigneur. » Tamarnios se rendit au magasin où l'attendaient les frères sous ses ordres ; après quelques instants, comme Schnoudi n'arrivait pas, Tamarnios donna l'ordre de sortir d'abord la grande couffe ; mais la porte, quand on voulut l'ouvrir, résista à tous les efforts. Il fallut la présence de Schnoudi pour que la porte récalcitrante cédât ; et alors, ô merveille, le magasin apparut aux yeux ravis des frères, rempli de pains autant qu'il pouvait l'être. En souvenir de ce prodige on a nommé ce magasin le *Trésor de bénédiction*.

Il fut sans doute fort heureux pour le monastère et ses habitants que le ciel prît soin de pourvoir à leur nourriture ; car pendant les dernières années de la vie de Schnoudi la situation ne paraît pas avoir été brillante. Un jour vint même où la famine apparut hideuse à la porte du couvent. « Le Seigneur a condamné la terre, dit Schnoudi à ses moines ; nous devons porter notre part de la condamnation. » Comme le blé manquait totalement, Schnoudi donna l'ordre à Visa de prendre l'argent du couvent et de se rendre à Akhmim pour y acheter du blé. Mais soit que la disette fût grande, soit que le souvenir des horreurs dont elle avait été le théâtre eût indisposé la ville contre le moine, personne ne voulut vendre de grain à Visa. En vain frappa-t-il aux portes les plus amies : toutes se fermèrent à son approche. Il lui fallut retourner au couvent sans rien apporter. A la nouvelle de cet échec, Schnoudi s'emporta contre la ville égoïste, il la maudit, elle et tous les accapareurs qu'elle renfermait en son sein. Le vieux moine se rendit alors à l'église où quelques frères se rassemblèrent bientôt, il ouvrit la porte du sanctuaire, pria amèrement et, la main droite levée au ciel, il s'écria : « O Dieu, ne nous chasse pas d'ici, mais regarde cette sainte demeure et ton peuple malheureux qui t'implore. » Alors il ferma la porte de l'autel. Longtemps encore il continua sa prière et, à chaque imploration, ceux des moines qui l'avaient suivi, prosternés sur le pavé du sanctuaire, répondaient de leurs voix profondes : « *Kyrie, eleison*, Seigneur, prends pitié de nous. » L'angoisse était grande : ces saints religieux ne pouvaient considérer avec calme la mort venant à eux avec les tortures de la faim. Soudain la porte du sanctuaire s'ouvrit d'elle-même : l'église apparut éclairée comme en plein jour, quoique la nuit fût profonde, et, dans la nef, ô miracle, un immense tas de blé. Visa, qui se trouvait le plus rapproché de la porte, fut le premier à s'apercevoir du prodige, sans se douter que quelque âme charitable avait eu pitié de leur détresse et l'avait suivi de près ; il avertit son père et ses frères du prodige qui venait de s'opérer. Schnoudi se leva et fit relever les frères : tous admirèrent le secours de Dieu, mais trois seulement Schnoudi, Visa et Juzab le secrétaire de l'archimandrite, virent le triple bataillon des saints martyrs, des Anges et des moines qui étaient rangés autour du tas de blé. Schnoudi les connaissait tous ; à la requête de Visa, il les lui nomma par leurs noms. Puis on appela quelques frères à la dérobée, on transporta le blé dans les magasins et quand, le matin, la communauté entra dans l'église pour la prière, nulle trace n'y restait de ce qui avait eu lieu et personne ne se douta que le couvent venait d'échapper à la famine.

De pareils faits montrent combien la situation était tendue et qu'à la longue les défauts de Schnoudi avaient porté leurs fruits. La nuit se faisait autour de lui, de plus en plus profonde : ses plus ardents admirateurs disparaissaient les uns après les autres, ses amis le quittaient pour l'autre monde : il restait seul de sa génération. Il éprouvait ainsi les inconvénients de cette trop longue vieillesse qu'il avait aimé de représenter à ses moines comme la récompense de ses mérites, et qui, à bien plus juste titre, pourrait être regardée comme le châtiment de sa vie. Il se retirait souvent encore dans sa caverne du désert, et là, seul avec lui-même, n'osant peut-être plus autant peupler sa solitude de fantômes divins, il avait tout le temps de repasser son existence et de méditer ses actions. Il ne semble pas cependant que le moindre doute ait envahi son âme : il avait, croyait-il, conscience d'avoir accompli sa destinée. Jusqu'à la fin son corps était resté assez robuste et sa pensée n'avait eu d'autre défaillance que celle qu'apporte nécessairement une vie trop prolongée. Quand il était seul, il pouvait donc encore avoir confiance en lui-même ; mais quand il se retrouvait dans son monastère, quand il n'y voyait plus ces âmes courageuses qui avaient lutté avec la sienne, alors qu'il n'était qu'un enfant, l'ennui le prenait, il doutait et désespérait de l'avenir et retrouvait ses plus rigoureux accents pour donner ses dernières instructions, persuadé que plus la parole serait violente, plus l'impression serait forte. Il se trompait : s'il put le voir de l'autre monde, il dut en être convaincu.

Quoiqu'il en soit, il se promettait les honneurs de la sainteté après sa mort, mais il redoutait les frères qui s'étaient montrés ses ennemis. Il prit donc ses précautions contre eux, il les voua sans pitié à la malédiction dans l'une de ses allocutions par lettre qui fut peut-être la dernière. « Sur les hommes et les femmes qui observeront mes recommandations, dit-il, descendront de Dieu toutes les bénédictions que j'ai dites. Mais que toutes ces malédictions tombent sur quiconque après ou avant ma mort les empêchera de lire les paroles écrites dans ce livre, dans cette lettre, dans celles que nous avons déjà écrites ou que nous pourrons encore écrire. Soient bénis tous ceux qui, en tout temps, montreront du zèle pour lire mes écrits ou du plaisir à les entendre, qui observeront et rempliront les préceptes que j'ai donnés. C'est pourquoi non-seulement j'ordonne aux frères qui ne forment qu'un même cœur avec nous de prendre soin de toutes les paroles que nous écrirons dans ce livre ou que nous avons déjà écrites ; mais je leur recommande de garder encore les vêtements que j'ai souvent mis en pièces, les déchirant du haut en bas, quand mon âme était triste jusqu'à la mort. Je recommande donc à ces frères qui nous sont unis et qui me survivront de garder mes vêtements déchirés pour les montrer à ceux qui viendront après nous ; et alors, ou dès maintenant, à quiconque entendra les paroles écrites dans ce livre ou dans mes lettres précédentes, ou celles que je pourrai encore écrire, et dira : « Qu'est-ce donc que ces vêtements déchirés ? que ces discours écrits avec des malédictions ? » on répondra : « Celui qui veille sur le monde entier et le parcourt souvent en secret, est souvent passé par nos communautés, ne se révélant à personne, homme ou femme, sinon à ses seuls anges. » On répondra encore : « En ce temps-là le Seigneur dans sa grande colère nous a maltraités ; il a détourné son visage de nous dans la grandeur de son courroux : il a fait tomber sur nous de grandes malédictions, de méchantes oppressions, de dures épreuves parce que nous avions péché envers lui. Il a déchaîné Satan contre nous, comme un lion qui ravit et brise tout ; il a frappé ceux qui nous appartenaient. » Qu'on dise encore : « Mais lorsque nous eûmes fait pénitence dans une grande affliction, dans la faim et dans la soif, dans des pleurs et dans des larmes sincères, il a tourné son visage vers nous, il a oublié sa colère pour ne pas nous châtier, il nous a enlevé ses malédictions, il nous a fait une grande miséricorde, il nous a comblés de ses bénédictions. Il a étendu sur nous avec pitié sa main et sa verge : il nous a purifiés comme le métal, il a fait disparaître du milieu de nous des hommes impurs et pécheurs plus que tout homme, ainsi qu'il est écrit : Je perdrai ceux qui sont désobéissants, j'enlèverai de toi tous les impies et tous les orgueilleux, afin que j'affermisse leur jugement, comme il était d'abord, et que je rende leurs conseillers à leur premier état. » Qu'on ajoute : « C'est ainsi que le Seigneur s'est conduit avec nous, car nous sommes ses serviteurs : il nous a instruits avec pitié, réprimandés avec miséricorde, car nous sommes tous ses enfants et il est notre père. » Et que tous ceux qui en ce temps-là ou dès maintenant prendront souci des paroles écrites en ce livre répondent en disant : « Maudit soit celui qui traite de vaines ces paroles, les malédictions et les bénédictions qu'il a prononcées, car rien, disent-ils, n'arrivera de ce qu'il a dit ; que toutes ces malédictions s'abattent sur eux en ce temps-là ou dès ce jour. » Qu'on dise encore : « Qu'ils meurent et soient étrangers à celui qui les a créés, ceux qui ne croient pas que Dieu fera toutes ces choses avec nous ; car il est écrit : Dieu n'est pas le Dieu des morts, mais des vivants. » Qu'est-ce à dire que Dieu n'est pas le Dieu des morts, mais celui des vivants, sinon que ceux qui sont morts sont étrangers à Dieu, et que ceux qui vivent appartiennent à Dieu. » [1] Et sur ce texte cédant à son amour des explications extraordinaires, le vieux Schnoudi se lança dans des digressions sans intérêt. Comme toujours l'œuvre est incomplète ; nous ne pouvons savoir jusqu'à quel point allèrent les craintes de Schnoudi ; mais ce que nous venons de citer suffit à montrer que ces craintes existèrent et qu'elles empoisonnèrent les derniers jours de sa vie.

Vers ce temps un fait vint encore lui rappeler qu'il n'était pas immortel et que bientôt sans doute il lui faudrait sortir de ce monde périssable. Ce fut la mort de Thomas, anachorète qui habitait la montagne de Schinschif, [2] grand homme de bien, grand ami de Schnoudi. Ce saint homme, au rapport de Visa qui prétend citer les paroles de Schnoudi, avait été favorisé des mêmes faveurs célestes que l'archimandrite d'Athribis, et une affectueuse intimité s'était établie entre les deux ascètes. Quand sa mort fut proche, Thomas en fut averti par une révélation, et il se rendit près de

1. Zoëga : op. cit. p. 483-486.
2. Montagne au sud d'Akhmim sur la rive droite du Nil.

Schnoudi pour lui dire un dernier adieu sur cette terre. Schnoudi se trouvait alors au désert, dans sa caverne. Les deux amis parlèrent longtemps des grandeurs de Dieu : c'était le seul sujet de conversation que pouvaient avoir deux saints comme eux. Puis Thomas dit à Schnoudi : « Je te quitte : aujourd'hui le Seigneur vient me rendre visite. C'est la dernière fois que je te vois des yeux du corps ; car, la nuit dernière, l'ange du Seigneur me l'a appris en m'apprenant aussi l'heure de ta mort. Tu mourras le même jour et à même heure que l'archevêque d'Alexandrie Cyrille et que Victor l'archimandrite de Tabennîsi, [1] le sept du mois d'Epiphi. » — » Et comment saurai-je le jour où tu mourras ? » dit Schnoudi. — « Je t'apprendrai une merveille étonnante, répondit Thomas. Cette pierre sur laquelle tu t'asseois hors de ta demeure pour voir les péchés du genre humain tout entier, au moment où mon âme se sera séparée de mon corps, elle se fendra en deux comme un livre que l'on ouvre ; et celui qui guida Tobie fils de Tobit au pays étranger, l'archange Raphaël, tu le verras marcher devant toi et devant ceux que tu auras choisis, jusqu'à ce que tu arrives à ma demeure sans avoir eu besoin de barque. Fais-moi alors le plaisir d'enterrer mon pauvre corps, parce que je suis orphelin et n'ai personne au monde. J'ai confiance que tu recevras la

---

1. Ce sont les deux compagnons de Schnoudi au concile d'Éphèse.

récompense de ta charité, ainsi que les frères qui viendront avec toi. » Ces paroles attristèrent profondément Schnoudi ; mais il se soumit et, par un geste qui semble lui avoir été familier, frappant ses mains l'une contre l'autre, il dit humblement : « Que la volonté de Dieu soit faite. » Thomas lui baisa la main et dit : « Je te confie maintenant à Dieu : nous ne nous reverrons plus que dans l'assemblée des saints. » Sur cette heureuse espérance, ils se quittèrent. Trois mois après comme Schnoudi, ayant terminé sa prière, se tenait debout près de la pierre, il s'assit pour se reposer un peu. Aussitôt la pierre se fendit en deux. Schnoudi comprit aussitôt ce que signifiait le prodige. « En vérité, dit-il, Schinschif a perdu la lumière étincelante du monde ! » Mais déjà l'archange Raphaël l'attendait, lui faisait signe et le pressait de se mettre en marche pour aller rendre les derniers devoirs au bienheureux Thomas. Il faisait nuit, et il fallait retourner au monastère pour prendre quelques frères. A son arrivée, Schnoudi passa près d'un moine fervent qui récitait le psaume : « Je me lève à minuit pour chanter tes paroles, tes bénédictions et tes justices. » — « Suis-moi, » lui dit Schnoudi. Ils rencontrèrent bientôt frère Akhnoukh qui disait en priant : « Je m'abriterai à l'ombre de ses ailes et sa justice m'entourera comme une armure. » — « Suis-moi, » lui dit encore Schnoudi. Ils arrivèrent enfin près du frère Jusab, le secrétaire de l'archimandrite. Jusab disait : « Nous faisons

hâte et, au nom de notre Dieu, nous nous levons. »
— « Paix à toi, ô fruit délicieux, lui dit Schnoudi.
Suis-moi. » La petite troupe ainsi formée entra
dans le sanctuaire de l'église pour prier avant son
départ ; puis chacun suivit l'archange qui les fit
parvenir à Schinschif, sans qu'ils eussent eu
besoin de barque ni de batelier pour traverser le
Nil. En entrant dans la cellule du mort, Schnoudi
s'écria : « Bénis-nous, ô père. » On lui rendit sa
politesse et le roi prophète, David en personne,
lui répondit : « Que béni soit celui qui vient au
nom du Seigneur. » Schnoudi put alors baiser le
Messie bouche à bouche ; David saisit sa harpe et,
de sa plus belle voix, chanta : « Nos bouches sont
remplies de joie et nos langues d'allégresse. » Le
Sauveur monta ensuite au ciel au milieu de toute
sa cour. Schnoudi et les frères hâtèrent les préparatifs de la sépulture, enterrèrent avec soin le
corps du défunt et retournèrent au monastère
comme ils étaient allés à Schinschif. Personne
n'osa dire mot : le sceptre de feu que portait
l'archange remplissait la petite troupe d'une
religieuse terreur. Ce fut le dernier fait merveilleux de la vie merveilleuse de notre héros. Jusqu'à
la fin il sut entourer ses actions de cette fantasmagorie d'emprunt qui sied si mal à la simple et
véritable vertu.

Enfin le jour vint où il fallut céder à la destinée
des mortels. Le vieux lutteur tomba pour ne plus
se relever. Ce fut le premier jour du mois
d'Epiphi (le 25 juin 451) que Schnoudi sentit les

atteintes d'une maladie qui allait l'emporter. Il dut garder sa cellule et s'étendre sur son lit. Malgré l'avertissement de son ami Thomas, il ne semble pas avoir cru sa mort aussi prochaine. Il avait toujours caressé l'idée qu'il vivrait cent vingt ans : il lui restait encore deux ans avant d'atteindre ce chiffre qu'il regardait comme fatidique. Sa pensée se portait vers le concile qui allait se réunir à Chalcédoine. Il aurait voulu y assister et voilà que la maladie l'en empêchait. Malgré tout, il ne perdait pas espoir. Il fallut que le Sauveur vînt lui-même le faire renoncer au long espoir et aux vastes pensées. Une nuit, raconta Schnoudi, Jésus descendit du ciel et s'assit sur le lit de Schnoudi pour lui tenir compagnie. « O mon Maître et mon Dieu, lui dit le malade, ne veux-tu donc pas me rendre la vigueur que j'avais autrefois afin que je puisse aller au concile, car le patriarche m'a envoyé chercher pour me faire connaître les blasphèmes qu'ont proférés les hérétiques contre la Trinité sainte et les imperfections qu'on lui a attribuées. »[1] Le Seigneur de sa plus douce voix lui répondit : « Comment, ô mon élu Schnoudi, tu voudrais vivre encore à l'âge où tu es arrivé ! Tu as déjà vécu cent dix-huit ans et deux mois depuis ta naissance jusqu'à ce jour, tu t'es revêtu de la

---

[1]. Il faut observer que le concile de Chalcédoine n'eut rien à faire avec le dogme de la Trinité : ce passage est une preuve de la manière dont Schnoudi ou ses moines étaient au courant de la controverse.

robe angélique alors que tu avais neuf ans, et tu as passé cent neuf ans et deux mois dans la vie monacale. Le septième jour du mois d'Epiphi, qui est un jour saint, tu viendras dans mon royaume, le séjour du repos, pour t'y reposer éternellement. Sache que dans ce concile on me blasphèmera comme Arius l'a fait autrefois, lorsque je me suis montré au saint archevêque Pierre le dernier des martyrs d'Alexandrie : [1] ma robe était déchirée et j'en retenais les deux parties afin de cacher ma nudité. Mon serviteur fidèle, Pierre, me dit : « Qui a déchiré ta robe, ô mon Seigneur ? » — Je lui dis : « C'est Arius qui l'a déchirée, en me séparant du Père et du S¹. Esprit. » Alors Schnoudi s'écria dans l'ardeur de son zèle : « Que n'était-il près de moi ! je l'aurais frappé de ce bâton que j'ai à la main, si bien qu'il serait mort avant d'étendre vers ta robe sainte cette main qu'on eût dû lui couper jusqu'au coude ; je lui aurais coupé la langue jusqu'à la racine pour l'empêcher de te blasphèmer, toi, le Créateur du ciel et de la terre. » Le Seigneur fut sans doute charmé de cette protestation de dévouement si bien en accord avec tout ce que nous connaissons du caractère de Schnoudi, et il lui répondit : « Que le bonheur soit avec toi, ô mon élu Schnoudi ! ta piété sera récompensée puisque tu as souffert pour moi. »

---

1. Selon les traditions coptes ce fut en effet le patriarche Pierre qui fut le dernier martyr de la persécution de Dioclétien en Égypte.

Cette récompense devait être que le corps de Schnoudi serait, après sa mort, enseveli dans l'une des parties de la tunique sans couture du Christ :[1] les anges l'apporteraient à Akhmim, la déposeraient aux mains de Visa qui rendrait les derniers devoirs à son père spirituel. Le Messie recommanda encore à son serviteur de nommer Visa chef du monastère : seul, il pouvait lui succéder. Puis au milieu de son cortège angélique, au chant des hymnes de louange, Jésus remonta vers les cieux.

Schnoudi prit grand soin de raconter toutes ces merveilles à Visa qui nous le confesse : jusqu'à la fin fidèle aux idées qui avaient dirigé sa vie entière, il entourait déjà sa mort et ses dernières volontés de tous les prodiges qui pouvaient le plus agir sur l'imagination et le cœur de ceux qui l'environnaient. C'était pousser un peu loin la vie factice qu'il s'était créée : il fallut toutefois descendre de ces hauteurs et se reconnaître homme et mortel. Le second jour de sa maladie, il eut envie de manger quelques légumes bouillis : il dit à Visa : « Je désire que tu me donnes quelques légumes cuits à l'eau. » Visa se hâta de faire ce qu'on lui demandait. Quand il eut fait cuire les légumes, il les apporta au malade. Mais déjà sans doute Schnoudi s'était reproché cette

---

1. Cette légende ne se retrouve pas ailleurs. Je dois faire observer aussi que la tunique sans couture, d'après les Evangiles ne fut pas partagée, mais tirée au sort. Les auteurs coptes ne s'arrêtent pas en si beau chemin pour si peu.

faiblesse, il refusa de manger et dit à son disciple :
« Prends-les et dépose-les en haut sur la terrasse,
jusqu'à ce que je te les redemande. » Le
lendemain, il les redemanda en disant à Visa :
« Va, apporte-moi les légumes bouillis. » Visa les
apporta ; mais ils n'avaient pas été vainement
exposés pendant vingt-quatre heures au soleil de
la Haute Egypte pendant les derniers jours d'avril.
Quand on eut enlevé le couvercle du vase qui les
renfermait, une odeur fétide s'en exhala : « Voilà
donc, ô mon âme, ce que tu désires ! dit Schnoudi.
Tu peux les manger à présent ! » Et il ne voulut
rien goûter. A ce spectacle, la douleur envahit
l'âme de Visa : il aimait Schnoudi, et il ne pouvait
se dissimuler que la mort approchait inévitable.

Trois jours encore, la maladie s'aggrava, sans
que rien d'extraordinaire n'arrivât. Le sixième
jour, soit sur la demande de Schnoudi, soit de
son initiative privée, Visa réunit les membres les
plus influents du monastère et les conduisit près
du moribond. « Je vous confie à Dieu, mes
enfants, leur dit le vieillard : la volonté de Dieu
exige que je quitte cette demeure et que mon âme
se sépare de mon misérable corps. Ecoutez dorénavant votre père Visa : c'est lui qui vous
servira de père et de pasteur après moi. » A ces
paroles, le visage en larmes, Visa répondit :
« Pardonne-moi, mon père, je ne le peux pas. » —
« En vérité, reprit Schnoudi, c'est le Seigneur
Messie lui-même qui t'a nommé père de cette
communauté : personne ne te fera opposition.

Que le Seigneur fasse durer sa bénédiction sur toi et sur ces saints lieux : ô mon fils, affermis-toi chaque jour dans sa paix ; après ta mort, que l'on dépose ton corps près du mien. Prends bien garde de laisser mon corps à l'endroit où on le déposera, de peur qu'il n'acquière par la suite une mauvaise réputation ; mais fais-le mettre à l'endroit où tu m'as plusieurs fois entendu parler au Messie. » A ces paroles, les cœurs des assistants éclatèrent à la fois : tous, disciple et moines, se jetèrent sur le cou de Schnoudi, pleurant amèrement, exhalant les plaintes les plus déchirantes, le conjurant de rester encore parmi eux et de leur dispenser la nourriture divine plus encore que la nourriture humaine. Schnoudi fut ému de ces témoignages d'affection : peut-être ce moment lui fit-il oublier toutes les heures de haine qui avaient rempli sa vie ; il les exhorta tendrement à suivre ses règlements, à s'aimer les uns les autres, à faire l'aumône aux pauvres et aux étrangers, à ne repousser personne. « Son âme, leur promit-il, reviendrait parmi eux : il leur apparaîtrait, ils ne seraient pas orphelins. »

Enfin le troisième jour du mois d'Epiphi, la maladie avait fait de tels progrès que la mort ne pouvait plus tarder que quelques heures. Un peu avant midi, Visa, qui se trouvait seul avec le mourant, lui dit : « Ô mon père, je suis bien triste à ton sujet aujourd'hui ! je suis bien malheureux ! » En ce moment, Schnoudi eut comme une défaillance morale, l'assurance qu'il avait de son salut sembla l'abandonner : « Le chemin est long, dit-il, et la marche difficile. Sur la route, il y a des difficultés effroyables et des puissances pleines de violence. Malheur à moi! Comment arriverai-je jusqu'à mon Seigneur ? » Visa le rassura. « La miséricorde de Dieu est grande, reprit Schnoudi ; le salut de chacun est entre ses mains. » Le silence régna quelques temps après ces paroles ; puis le mourant pâlit et, dans le délire de son imagination mourante, il vit venir à lui le ciel entier, Antoine, Macaire, Bgoul, Bschai, Pakhôme, tous les grands moines et les grands ascètes. Il leur adressa la parole avec exaltation, les pria de s'asseoir dans sa cellule, et, quand en dernier lieu, il vit le Seigneur Jésus arriver, il voulut se lever. Ses forces le trahirent en ce moment extrême ; il retomba sur son lit. Il était mort au milieu de ses enfants et de ses idées. On était au septième jour du mois d'Epiphi, à la sixième heure, c'est à dire à midi, le 2 juillet de l'année 451.

Au spectacle de cette mort, la douleur des assistants fut bruyante : « Ce jour, s'écrièrent-ils, selon le récit de Visa, nous a enlevé le bras droit de notre monastère ; une grande colonne est tombée de cet édifice ! Ce jour nous a privés d'une grande lumière ! Nous avons perdu le flambeau resplendissant qui éclairait cette sainte demeure ! » Soudain des hymnes ravissants se firent entendre : aux portes du Paradis, les anges souhaitaient la bienvenue à l'âme de Schnoudi, et l'écho de leurs chants parvenait sur terre jusqu'aux oreilles des enfants orphelins. Sans doute, dans l'ombre, il y eut d'autres chants et d'autres cris : plus d'un cœur dut se sentir débarrassé d'un poids bien lourd que tous les efforts avaient été impuissants à soulever tant que le terrible homme avait vécu. Comme le climat et la température n'admettaient pas qu'on pût conserver longtemps le cadavre, on dut se hâter et achever promptement les préparatifs des funérailles. La nouvelle s'était répandue bien vite dans le pays environnant. On accourut de tous côtés assister au sacrifice divin que l'on célébra en présence du cadavre A la fin de cette première partie de la cérémonie, une grande foule était réunie. Elle s'achemina le long de la montagne jusqu'à l'endroit où l'on devait déposer le corps. La triste cérémonie s'accomplit au milieu de la plus grande douleur et de la plus profonde désolation. Au coucher du soleil, tout était terminé et les frères étaient rentrés dans leurs cellules.

Quand les ombres de la nuit se furent épaissies et que tout bruit se fut éteint, Visa qui s'était, dit-il, nourri de cendre au lieu de pain et s'était abreuvé de ses larmes, se mit en devoir d'accomplir les dernières recommandations de Schnoudi. A la dérobée il prit avec lui trois frères, Jusab, Akhnoukh et un autre dont le nom n'est pas connu avec certitude : tous les quatre, ils se rendirent à l'endroit où avaient été déposés les restes misérables de cet homme qui, le matin encore, inspirait tant de terreur. Ils mirent le cadavre dans un sarcophage tout préparé, le rapportèrent au monastère à l'insu de tous et l'enterrèrent dans cette Jérusalem céleste où le Seigneur avait tant de fois condescendu à converser familièrement avec son serviteur, c'est à dire, si nous ne nous trompons, sous l'autel, dans le sanctuaire.[1]

Sept jours durant le deuil fut profond. Sans doute les frères étaient si surpris de ne plus sentir la verge de fer de leur père qu'ils n'osaient peut-être pas croire à leur délivrance. Peut-être n'était-il qu'absent et reviendrait-il les surprendre comme il avait fait autrefois ! D'ailleurs n'avait-il pas dit lui-même qu'il reviendrait ? Et il revint en effet, ainsi que le raconte Visa. Le malheureux Visa eut besoin sans doute de cette ineffable consolation pour y trouver la force factice de résister à toutes les difficultés premières de la succession qu'il avait recueillie. Depuis bien longtemps déjà le soin de la communauté entière était retombé sur lui ; mais il avait toujours senti derrière lui l'appui de son père ; maintenant qu'il était livré à ses propres forces, qu'allait-il advenir ? Il suivit, à tout évènement, selon ses petites forces, la politique de son père, usa et abusa du merveilleux. Du reste, on se soumit à son autorité tout au moins nominale ; mais les cœurs ne changèrent point. Les défauts furent tout aussi nombreux, les vices

---

1. C'est la seule manière, je crois, de comprendre les paroles obscures du texte, puisque c'était l'Eglise bâtie par Schnoudi qui avait été si souvent désignée de ce nom par lui-même.

tout aussi horribles. Lui-même, dans une lettre que nous avons citée dans le cours de cette vie, a pris soin de nous instruire. Après lui, la nuit se fait sur l'histoire de ce monastère de Schnoudi qui eut un moment tant de célébrité ; on ne connait pas le nom d'un seul des successeurs de Visa. L'œuvre était condamnée à périr : le monastère seul est resté debout, mais combien déchu de son antique splendeur. Où les pieds de tant de saints, du Messie lui-même, s'étaient posés si souvent, le pied impur de la femme se pose aujourd'hui ; les derniers enfants de Schnoudi se sont mariés et ont ainsi introduit dans le sanctuaire de Dieu une abomination de la désolation à laquelle n'avait sans doute point songé le prophète Daniel. Ces pauvres ménages vivent des maigres revenus de rares feddans, pêle mêle avec les bestiaux qui leur appartiennent. Ils ont toutefois conservé le souvenir de l'homme terrible dont ils croient que l'ombre hante toujours leur demeure. De nos jours on s'y rend encore en pélerinage ; mais de nos jours aussi, comme au temps de Schnoudi, les pélerinages religieux sont trop souvent l'occasion d'orgies aussi primitives que répugnantes. Un jour, lit-on dans la vie du grand Antoine, on demanda à ce saint homme quand arriverait la fin du monde : « Quand les moines se marieront », répondit-il. A ce compte-là, la fin de l'Egypte est depuis longtemps arrivée.

Telles furent l'œuvre et la vie de Schnoudi. Le lecteur qui nous aura suivi jusqu'ici peut maintenant se prononcer en connaissance de cause, il connaît l'homme, ses vertus, ses défauts, ses passions, ses paroles et ses actions. S'il suffisait pour avoir droit à l'admiration respectueuse de l'histoire d'avoir été animé d'intentions aussi ardentes qu'elles semblaient éloignées de tout but personnel, Schnoudi pourrait revendiquer pour lui cette admiration et ce respect. Mais l'histoire ne doit l'un et l'autre qu'aux hommes qui ont vraiment servi l'humanité de quelque manière que ce soit. Malheureusement ce n'est point ici le cas. Né de parents obscurs, doué d'une merveilleuse organisation, Schnoudi s'éleva par ses seuls efforts jusqu'à une hauteur qui paraissait à ses contemporains et à ses compatriotes l'une des plus élevées qu'il soit donné d'atteindre à l'homme ; mais il fut peu scrupuleux sur les moyens qu'il employa pour arriver à son but. Au lieu de chercher à relever le niveau moral en relevant d'abord le niveau intellectuel de ses moines, il s'appliqua seulement à abaisser le second pour élever le premier. Il comprit au premier coup d'œil quel parti il pouvait tirer de la superstition immense qui l'entourait : il ne fut plus dès lors préoccupé que de la rendre plus profonde encore et de la diriger à son profit. De là cette profusion de mensonges, de supercheries, dont les exemples remplissent le récit de sa vie. Peut-être ne faut-il pas trop l'en rendre responsable, car le milieu dans lequel il vivait suffirait à l'excuser, si sa réelle intelligence n'eût pu lui montrer qu'il faisait fausse route. Les idées qui avaient cours de son temps nous font comprendre aussi l'impétuosité avec laquelle il se jeta dans les dernières luttes entre le Paganisme et le Christianisme ; mais elles ne l'excusent d'aucune façon. Dieu n'a pas donné une plus grande intelligence à certains hommes d'élite pour qu'ils précèdent la foule dans ses erreurs : une plus grande raison doit toujours être accompagnée d'une plus grande vertu.

Cette vertu, Schnoudi crut la posséder et c'est en son nom qu'il se dit et se fit le justicier de Dieu. Le crime sous tous ses aspects, ou du moins ce qu'il regardait comme crime, exaspérait son être : il ne put jamais le contempler sans sentir aussitôt son âme envahie par le désir de le réprimer. Toutes les fois qu'il en eut la possibilité, il le réprima avec emportement. Ce fut un tort. Il ne se douta jamais que Dieu n'a départi à personne ici bas le soin de punir ceux qui l'offensent. La justice ici bas ne peut être qu'humaine : elle résulte d'un contrat tacite passé entre l'individu et la société. Plus elle est conforme aux règles de la morale, plus elle est grande : jamais elle n'est divine. L'autorité byzantine eût pu lui confier une petite part dans l'administration de cette justice qui lui tenait tant à cœur, il semble même qu'elle l'ait fait ; mais dès lors Schnoudi était tenu de se conformer aux lois qui régissaient son temps et son pays. Il ne le fit jamais. Au lieu de chercher à s'éclairer, il refusa toujours d'écouter toute raison qui allait à l'encontre de ses sentiments personnels : l'équité et la justice n'étaient plus rien pour lui, dès que son esprit s'était arrêté à une décision dont il ne se demandait jamais si elle était conforme à cette justice qu'il voulait honorer. Les recueils des actes administratifs, des lois et des décrets des empereurs ne lui inspirèrent aucun de ses jugements : son code à lui, c'était la Bible. Il y trouvait les raisons de sa conduite et quand il n'avait aucun autre motif à alléguer pour justifier les moins pardonnables de ses actions, il avouait avec une assurance qui ne manquait pas de naïveté qu'il avait simplement agi comme le prophète Samuel. Il eut le tort plus grave encore de se faire lui-même l'exécuteur de ses sentences. La justice humaine, quand elle est obligée de frapper l'un de ces grands coups qui doivent rappeler au respect de la loi, se voile la face pour cacher sa pudeur et ses regrets : Schnoudi ne connut pas de plus grand plaisir que d'exécuter lui-même le coupable condamné. S'il s'était borné à ces châtiments corporels qui furent en usage constant dans son pays, s'il n'avait fait qu'user modérément de la verge et du bâton, il ne faudrait pas trop sévèrement l'en blâmer, quoique le Maître qu'il prétendait suivre soit venu sur la terre remplacer la terreur par l'amour ; mais trop souvent il ne recula pas devant le meutre, et pour des causes légères.

L'aveu qu'il a fait lui-même de ces actions criminelles au premier chef, les remords qu'il semble avoir eus de quelques-unes d'entre elles, les soulèvements qu'elles occasionnèrent parmi ses moines nous montrent clairement que lui-même en eut conscience. Sa responsabilité n'en est donc que plus grande, et la sévérité de l'histoire à son égard doit en être augmentée. De son vivant il aurait pu lire dans les sentiments de ceux qui l'entouraient le jugement de la postérité. A ne lire que le panégyrique de son disciple Visa, on croirait que jamais homme ne fût plus tendrement aimé et plus généralement respecté : la piété filiale a pris soin de voiler la vérité, mais la passion de Schnoudi n'a pas connu ces subterfuges et les œuvres du personnage lui-même nous ont fait connaître les sentiments de la majorité des moines d'Athribis pour leur supérieur. On ne lui épargna aucun déboire, aucune tristesse, aucun reproche, aucun tourment : il fut le but de la vengeance de chacun. Cette vengeance dut longtemps s'en tenir à des paroles, mais elle en vint à des actes et les débordements de toute sorte dont nous avons entendu Schnoudi accuser ses moines et ses religieuses ne sont pas l'une des moindres preuves de la résistance générale que l'on opposait à ses règlements. Ici encore l'on en doit faire retomber sur lui la plus grande part de responsabilité. S'il n'eût pas été possédé du désir d'élever sa communauté au premier plan, s'il n'eût pas admis quiconque à l'éminente vocation qu'il regardait comme la première au monde, s'il n'eût pas en un mot cherché à contenter son orgueil sous le couvert du service de Dieu, il eût apporté une grande prudence dans l'admission des novices, il eût vu que le trop grand nombre dans une communauté mène tout autant à la ruine de l'institution qu'à la ruine de la ferveur, et il eût ainsi pu prévenir les crimes énormes qui se commirent dans l'enceinte des couvents ou des cellules rangés sous son obédience. Mais, quoique ces crimes fussent pour lui la source des plus amères afflictions, quoiqu'il chargeât les moines récalcitrants des plus sonores malédictions, il ne put jamais s'avouer à lui-même que sa congrégation ne marchait pas en tête de ces chœurs angéliques, de ces moines bénis qui donnaient à la terre le spectacle de la vie des Anges. Etrange aberration mentale, fille d'un orgueil indomptable !

Malgré ces défauts si graves, on doit reconnaître que Schnoudi s'était fait de la vie monastique un idéal assez élevé. Si les moines eussent observé les règlements si précis qu'il leur avait donnnés, nul doute que nous n'eussions à leur reprocher aucun des crimes atroces qu'ils commirent : mais cet idéal était à la fois trop élevé et trop étroit ; trop élevé, il ne s'adressait qu'à un petit nombre d'âmes qui peuvent seules se dégager des soucis et des passions de la terre ; trop étroit, il ne laissait pas assez d'initiative à la vertu individuelle, il ne reposait que sur la crainte et non sur l'amour de Dieu. Il y a lieu d'avoir beaucoup d'indulgence pour les fautes charnelles sous un ciel de feu ; mais on a toujours montré beaucoup de sévérité pour ceux qui, après avoir pris des engagements solennels, ne les ont pas tenus. Si les moines et les religieuses de Schnoudi n'avaient fait que céder à la faiblesse de leur chair, on ne saurait pas les en blâmer trop rigoureusement, car ce serait affaire de conscience individuelle, et Dieu seul en est le juge ; mais ils s'emportèrent malheureusement à des crimes que la morale universelle réprouve et stigmatise. Dans ces crimes Schnoudi vit seulement deux choses, l'offense faite à Dieu et le déshonneur qui en rejaillissait sur lui-même ; la seconde était de trop et la première n'était pas assez. Il fallait de plus tenir compte de l'injure grave faite à l'humanité et à la société. Mais lui-même, il prenait peu de souci de ces sortes d'injures : n'en faisait-il pas journellement de semblables quand il tuait ses moines ou des étrangers, quand il saccageait des villes et des villages, brulant les prêtres grecs et anéantissant les temples ? l'exemple du crime est chose contagieuse : l'âme vulgaire ne sait point discerner entre telle ou telle manière de violer les lois divines et humaines, elle suit ses désirs mauvais et trouve dans les exemples d'autrui l'approbation qu'elle est toujours prête à se donner.

S'il fallait chercher la raison première de la vie entière de Schnoudi, nous la trouverions dans l'idée qu'il se fit de la divinité. Personne, après avoir lu sa vie, ne doutera qu'il n'ait aimé Dieu de toute son âme et que son premier désir n'ait été de s'élever jusqu'à celui qu'il aimait. Certes il le voulut; mais pour s'élever jusqu'à Dieu, il abaissa Dieu jusqu'à lui. Il le dota de toutes les passions qui remplissaient son cœur, sans voir qu'au fond de son âme, c'était à lui-même qu'il élevait des autels, c'était lui-même qu'il adorait. Il n'avait pas dégénéré; fils de l'antique race égyptienne, il conservait les traditions de ses pères. Mais le peuple égyptien n'avait jamais eu des idées très élevées sur la divinité; les doctrines sublimes étaient rigoureusement restées cachées du vulgaire au fond des temples de Thèbes et de Memphis, pendant que la foule se prosternait devant les symboles : Schnoudi, fils de fellahs, avait, sous l'impulsion de la foi nouvelle, impétueusement arraché, détruit et anéanti tous les symboles, mais il avait conservé, sans le savoir, l'idée qui leur avait donné naissance. Cependant il crut à la vérité ; mais cette vérité, il la fit à la mesure de son étroit cerveau. Il eut le cœur grand, mais à tort il se persuada qu'aimer Dieu, c'était presque haïr les hommes. Toutes ses grandeurs furent mêlées de petitesses étonnantes. Son orgueil seul fut immense. Exemple éclatant que la nature humaine ne se compose que de qualités contradictoires et qu'au fond des cœurs les plus détachés en apparence de la terre et de ses biens, l'égoïsme, un froid et insatiable égoïsme, apparaît en dernière analyse ! De là vient que jamais

Schnoudi ne travailla pour le bien universel, pour la raison immanente des choses, et qu'il ne connut pas l'idéal. Il exigeait un dieu pour lui seul : au reste des hommes il laissait les pensées étroites dont ils ont besoin. Oubliant, par l'effet de son égoïsme, que la divinité ne peut se plaire à l'injustice et au crime sous quelque forme qu'ils se manifestent, il s'était fait un Dieu passionné, avide, méchant, égoïste, toujours prêt à vendre sa justice à la dernière et plus grande flatterie. Il ne se doutait pas que Dieu étant la perfection même, le sien n'existait pas et que par conséquent il n'était qu'un athée adorant sa propre personne. Au fond l'amour de Dieu n'eut aucune prise sur lui : sous le beau ciel d'Egypte, il n'enseignait aux hommes que la crainte et non ce filial abandon des âmes qui adorent en esprit et en vérité. Ce respect, cet amour ineffable dont l'on doit entourer la divinité n'étaient pour lui que crainte et tremblement. S'il osait s'approcher de la divinité dans la prière et se mettre en communication avec elle dans ce commerce d'autant plus doux qu'il est plus secret, c'était toujours avec l'arrière pensée qu'il avait le privilège de la corrompre ou de la gagner en l'importunant. Il ramena tout à la terre sous le faux prétexte de travailler pour le ciel : ses larmes elles-mêmes ne furent pas le sacrifice de son cœur humilié, mais l'écoulement de son orgueil.

Et maintenant qu'on nous permette de rapprocher de ce portrait moral de l'un des plus grands et des plus célèbres moines de la Thébaïde cette autre peinture tombée de la plume la plus sainte peut-être qui ait été tenue par une main humaine. L'Eglise chrétienne tout entière, sans distinction de communion, n'a pas eu assez de louanges, de respects et d'admirations pour ces illustres solitaires, moines ou cénobites qui firent fleurir le désert ; mais jamais un auteur n'a prononcé leur éloge d'une manière plus touchante que le pieux auteur de l'*Imitation*. « Oh ! quelle vie stricte et pleine de renoncement les Saints Pères n'ont-ils pas menée dans le désert ! que de longues et pénibles tentations ils ont supportées ! que souvent l'ennemi les a tourmentés ! que de nombreuses et ferventes prières ils ont offertes à Dieu ! que de rigides abstinences ils ont pratiquées ! que leur zèle et leur ferveur ont été grands pour leur avancement spirituel ! quelle courageuse guerre ils se sont faite pour dompter leurs passions ! Combien était pure et droite l'intention qu'ils dirigeaient vers Dieu ! Le jour, ils travaillaient ; la nuit, il se livraient à de longues prières, bien que leur travail ne les eût aucunement distraits de la prière mentale. Ils utilisaient tous leurs moments ; toute heure leur paraissait trop courte pour s'occuper de Dieu, et la grande douceur de leur contemplation leur faisait oublier le soin de leur réfection corporelle. Ils renonçaient à tout, aux richesses, aux dignités, aux honneurs, aux amis, aux parents, ils ne voulaient rien avoir du monde, en prenaient à peine le nécessaire à la vie : c'était pour eux une affliction de servir le corps, même lorsque la nécessité l'exigeait. Ils étaient donc pauvres des choses terrestres, mais extrêmement riches en grâce et en vertus. Pour le dehors ils étaient dans l'indigence ; mais à l'intérieur ils étaient ranimés par la grâce et la consolation divine. Ils étaient étrangers au monde ; mais proches de Dieu et ses amis familiers. Ils se regardaient comme des néants et le monde les méprisait ; mais ils étaient sans prix et chers aux yeux de Dieu. Ils se tenaient dans la vraie humilité, ils vivaient dans la simple obéissance, ils marchaient dans la charité et la patience : c'est pourquoi chaque jour ils faisaient des progrès dans leur esprit et obtenaient de Dieu une grâce immense. Ils ont été donnés en exemple à tous les religieux, et ils doivent plus nous exciter au progrès que le nombre des tièdes ne doit nous provoquer au relâchement. » [1]

Nous devons l'avouer en toute franchise, la vie de Schnoudi ne répond guère à cet éloge enthousiaste, et cependant si le hasard eût fait tomber sa vie entre les mains des auteurs grecs qui ont trompé l'Occident tout entier, il est plus que probable qu'il eût été placé sur les autels en compagnie des Antoine, des Pakhôme et des Macaire. Le hasard seul a empêché cette profanation au cinquième siècle : la prudence de la cour romaine, rarement mieux inspirée, l'empê-

---

1. *De Imitatione Christi* lib. 1 cap. XVII n°s 2-4.

cha de nouveau à une époque plus rapprochée de nous. Mais dans son pays la sainteté de Schnoudi a été reconnue, fêtée en tout temps et de toute manière : on fête aussi Macaire, Pakhôme, Antoine ; mais on n'a pas d'eux cette crainte prodigieuse qui entoure encore le nom de Schnoudi et qui seule peut-être a conservé intact le monastère qu'il bâtit.

La mort lui fut clémente : elle l'enleva de cette terre d'Egypte au moment où l'abomination de la désolation allait y faire son entrée. Il ne vit point les profanations sans nombre qui se multiplièrent par le plus aveugle fanatisme sous le prétexte de conserver pure la foi en Dieu ; il ne vit point la majesté des patriarches violée, traînée dans l'exil quand elle ne l'était point dans la boue ; les sanctuaires ruisselant de sang ; les frères se livrant des guerres fratricides ; la vie se retirant peu à peu de cet arbre grandiose et merveilleux dont les rameaux avaient ombragé la vallée du Nil tout entière. Il n'apprit point dans sa solitude que des mercenaires impies avaient envahi les demeures angéliques, violé les clôtures les plus sacrées, dispersé les frères les plus unis. Comme ses frères, il n'eût pas manqué de se tenir fermement à la confession de son patriarche, comme eux il eût chargé les dissidents d'anathèmes et les eût voués à la perdition éternelle. Que n'eût-il pas fait en de telles conjectures, lui qui regrettait de n'avoir pas vécu au temps d'Arius pour lui arracher la langue et le tuer à coups de bâton ? Sans rien comprendre à des discussions théologiques où l'on ne se comprenait d'aucun côté, il n'eût certainement vu que le canon du concile de Nicée ordonnant à l'Egypte de s'en tenir à la foi de son patriarche, et il se serait jeté dans la mêlée avec l'ardeur de son premier âge. Mais la mort vint à la veille de ces déplorables évènements, il ne joua aucun rôle dans ce grand schisme, il s'endormit dans ses craintes ; on ne peut avec justice lui reprocher d'avoir précédé et inspiré un schisme dont les résultats devaient être si funestes pour ce pays d'Egypte qu'il aimait à sa manière, mais qu'il chérissait profondément.

Depuis quatorze siècles il était resté enseveli dans l'oubli du tombeau : un heureux hasard le rend aujourd'hui à la connaissance des hommes. Il n'aura peut-être guère à s'en féliciter, s'il a conservé par derrière la tombe les idées étroites qui ont animé sa vie ; mais s'il s'est enivré aux torrents de vérité, il se réjouira de voir que les leçons de sa vie peuvent être enfin comprises. S'il y a place pour le deuil en son cœur, il doit amèrement regretter certaines actions de sa vie ; mais il n'est plus pour les saints de tristesse, plus de soupirs, plus de douleurs ; toute larme a été étanchée de leurs yeux, tout ce qui fut précédemment s'est évanoui. Ils moissonnent dans l'allégresse ce qu'ils ont semé dans les pleurs. Pour nous qui n'en sommes encore qu'aux semailles et aux tristesses de la vie, qui devons toujours chercher cette vérité qui ne se découvre que faiblement, peu à peu et tardivement à nos yeux sans puissance, il sera bon de la reconnaître telle qu'elle se montre à nous, malgré les préjugés qu'elle peut blesser, et d'avouer que jamais le fanatisme n'a pu honorer Dieu, que la plus parfaite adoration de la divinité est l'emploi judicieux de notre raison pour parvenir jusqu'à elle et mériter son approbation.

FIN

www.ingramcontent.com/pod-product-compliance
Lightning Source LLC
Chambersburg PA
CBHW071856230426
43671CB00010B/1364